Nada é como parece

Sucessos de
Marcelo Cezar
pelo espírito **Marco Aurélio**

Direção de Arte: Luiz Antonio Gasparetto
Capa e Projeto Gráfico: Marcelo da Paz
Diagramação: Cristiane Alfano
Revisão: Mônica Gomes d' Almeida

Primeira edição formato POCKET: julho 2011
2ª impressão - setembro 2012
5.000 exemplares

Dados Internacionais de Catalogação na Publicação (CIP)
(Câmara Brasileira do Livro, SP, Brasil)

Aurélio, Marco (Espírito).
Nada é como parece / pelo espírito Marco Aurélio ;
[psicografados por] Marcelo Cezar.
São Paulo : Centro de Estudos Vida & Consciência
Editora, 2011 — (Coleção pocket)

ISBN 978-85-7722-171-4

1. Espiritismo 2. Psicografia 3. Romance espírita I. Cezar,
Marcelo. II. Título. III. Série

11-06005 CDD-133.9

Índices para catálogo sistemático:
1. Romances espíritas psicografados: Espiritismo 133.93

Este livro adota as regras do novo acordo ortográfico (2009).

Editora Vida & Consciência
Rua Agostinho Gomes, 2.312 - São Paulo - SP - Brasil
CEP 04206-001
editora@vidaeconsciencia.com.br
www.vidaeconsciencia.com.br

Marcelo Cezar é um dos principais escritores espiritualistas do país, cujos romances enfatizam a espiritualidade de maneira natural e proporcionam entendimentos para uma vida melhor. Com mais de meio milhão de livros vendidos, é autor de vários *best-sellers*. Em 2010, seu romance *O amor é para os fortes* permaneceu por vinte semanas nas listas dos mais vendidos. Já publicou, pela Editora Vida & Consciência, treze romances e, recentemente, a edição revisada e ampliada de *A vida sempre vence*. Todos os seus livros são ditados pelo espírito Marco Aurélio.

Marco Aurélio, em sua última encarnação, nasceu e viveu na cidade do Rio de Janeiro, no final do século dezenove. Depois de seu desencarne, ocorrido em 1931, ele se uniu a uma colônia espiritual destinada a trabalhar com médiuns no nosso planeta por meio da psicografia, trazendo ao público histórias reais. Esse grupo trabalha no desenvolvimento do ser humano, permitindo que, ao ler as histórias por ele ditadas, você possa se conscientizar do seu grau de responsabilidade diante da vida e acionar a chave interior para viver melhor consigo e com os outros.

Prólogo

Os primeiros raios de sol surgiam fortes e esparramavam-se vigorosos sobre a cidade. A brisa soprava suave, balançando as copas das árvores, produzindo os primeiros sons do dia, misturados aos trinados de alguns pássaros que saltitavam de galho em galho.

Amauri abriu a janela do quarto e espreguiçou-se deliciosamente. Perpassou um olhar curioso para a rua, na tentativa de encontrar algum rosto conhecido. Calculou ser muito cedo, visto que o leiteiro e o rapaz do pão corriam céleres para agilizar o serviço de entrega nas portas das residências.

— Como é bom estar de volta — suspirou.

Era sua primeira manhã em São Paulo após uma ausência que beirava os cinco anos. Enquanto seus olhos ainda inchados alcançavam as copas das árvores alinhadas e floridas, formando um encantador corredor verde a perder-se de vista no horizonte, lembrou-se saudoso da época em que concluíra o científico e deixara o País.

Rodou nos calcanhares e com um gesto vago espantou as reminiscências. Dirigiu-se até o banheiro, tomou uma ducha demorada e reconfortante. Vestiu-se com apuro, apanhando do armário uma roupa esporte chique e em seguida desceu para o desjejum.

Na sala de almoço, encontrou o pai, a mãe e a irmã adiantados na refeição.

— Não quisemos incomodá-lo — foi logo alteando a voz dona Chiquinha, como as damas da sociedade a chamavam.

— Qual nada, mãe — respondeu ele, esboçando um sorriso e beijando-lhe a testa. — Encontro-me bem-disposto. Vou tomar o café e andar pelas redondezas.

— Isso mesmo, meu filho — aquiesceu Elói. — Nesses anos em que esteve fora, muita coisa mudou. São Paulo não para de crescer.

— Os Lima Tavares perderam tudo, e a casa teve de ser vendida. E olha que por pouco não namorei o filho deles, Wilson. Imagine em que situação eu estaria agora? — interveio Maria Eduarda, com sorriso mordaz nos lábios.

Amauri nunca se interessara pelos fuxicos sociais. Ao ouvir os comentários da irmã, meneou a cabeça negativamente. Sentou-se, pegou o bule fumegante de café, serviu-se e apanhou uma fatia de bolo.

— Quais as novidades? Como anda o País sem Getúlio? — indagou, procurando dar outro rumo à conversa.

Elói pousou a xícara no pires e considerou:

— Alguns setores da sociedade ainda se encontram chocados. Faz pouco mais de dois meses que Vargas se suicidou; todavia, Café Filho está desempenhando bem o papel de presidente.

— Getúlio era tido em alta conta na Europa, papai — tornou Amauri. — Seu passamento foi destaque em toda a imprensa, principalmente em Portugal...

Amauri ia continuar a conversa com o pai, porém Maria Eduarda interveio:

— O presidente se matou, problema dele. Acabou. Ademais, isso não me interessa, eu continuo viva. Estou mais indignada com o fato de termos perdido o concurso de Miss Universo.

Amauri estava estupefato.

— Como? O que disse?

— Você acredita nisso, Amauri? — insistiu Maria Eduarda, colocando os cotovelos à mesa, o que fez dona Chiquinha dirigir-lhe um olhar reprovador.

— E que diferença isso faz? Estou mais preocupado com os rumos da nação do que com um concurso de beleza.

— Tínhamos certeza de que Martha Rocha seria coroada a mulher mais linda do mundo. Perdeu por ter duas polegadas a mais nos quadris. Uma injustiça!

— Ora, Maria Eduarda, você dá atenção demasiada a esses acontecimentos! Não existe essa história de mulher mais linda do mundo. Lá na Europa, a guerra mudou muito os conceitos que as pessoas tinham em relação à beleza. Os homens estão interessados em outros atributos das mulheres.

— Quais? — replicou a garota, em tom irônico.

— Inteligência, minha irmã. E outros valores que somente uma guerra é capaz de despertar nas pessoas.

Chiquinha ia interferir, mas mudou de ideia. Observando Maria Eduarda, pensou aflita:

"Meu Deus! Como ela se parece com minha irmã! Será que passarei por todo aquele tormento de novo? Será que Maria Eduarda vai nos cobrir de vergonha como Isabel Cristina?"

Amauri percebeu os olhos tristes e sem brilho da mãe, mas nada disse. Suas ideias sempre eram divergentes. Estava disposto a rebater, mas achou por bem permanecer calado. Sua mãe parecia uma mulher infeliz, desanimada. Continuou olhando aquele semblante carregado e pensou:

"Será que minha mãe ainda ama meu pai? Será que ela sempre foi assim? O que será que fez com que ele sentisse atração por ela? Cheguei a fazer tal pergunta à minha tia, mas educadamente ela mudava o assunto. Bem, cada um com sua loucura!"

Meneou a cabeça para os lados, levantou-se, pediu licença e foi caminhar por entre os quarteirões do bairro de Higienópolis, ainda repleto de casarões naqueles tempos.

Após andar um pouco, Amauri sentou-se num banco da praça Buenos Aires. Recostou-se displicente e fechou os olhos por alguns instantes, aspirando o aroma das flores. Abriu-os novamente e vislumbrou a figura de um conhecido seu, sentado em um banco próximo. Levantou-se e aproximou-se sorridente:

— Doutor Inácio, quanto tempo!

O homem assustou-se a princípio. Olhou desconfiado para Amauri.

— Quem é você?

O rapaz procurou altear a voz:

— Sou eu, Amauri Bueno de Castro. Estive fora alguns anos. Voltei ontem de Portugal. Sou filho do doutor Elói.

Inácio levantou-se de pronto.

— Meu Deus, como você cresceu! Já é um homem. Está com quantos anos?

— Vinte e quatro.

— Você tem a idade de Celina, minha filha.

— Acho que um ou dois meses de diferença. E ela, como está?

Inácio crispou a face. Fitando um ponto indefinido, olhos tristes, tornou:

— Não sei. Afastei-me dos meus, separei-me. Se eu pudesse, daria mais assistência a Celina. Ninguém lá em casa a compreende. Estão querendo interná-la.

— Interná-la?

— Sim. Ela apresenta distúrbios emocionais de vez em quando.

— E por que o senhor não intervém? Afinal de contas é o pai.

— Não posso. Não tenho esse direito, estou separado. Ademais, Eulália vai ficar zangada se souber que ando tratando de assuntos pessoais com estranhos. Mas o que fazer? Você é o único em nosso meio com condições de me ajudar.

— Eu? Por quê?

— Ora, você estudou com Celina no ginásio, conhece minha família. Lembro que, antes de partir para Portugal, frequentou nossa casa, e sempre simpatizei com você, embora nossas famílias tenham cortado relações. Vá até minha casa, procure demovê-los da ideia de internação. Há outros recursos.

Amauri pendeu a cabeça negativamente para os lados.

— Não posso intervir, doutor Inácio. Estudei com sua filha, mas minha mãe nunca aprovou nossa amizade. O senhor sabe que dona Eulália também não fazia muita questão de que eu lá frequentasse. E cheguei agora, faz anos que estou longe de todos. Não seria uma boa ideia.

— É, sim. Vá até lá. Minha filha precisa de ajuda. Nada posso adiantar-lhe de início, pois trata-se de assunto muito íntimo que esbarra nos preconceitos sociais... — Inácio enrubesceu. Pigarreante, tornou: — Não vai lhe custar nada, meu rapaz.

O olhar de súplica de Inácio comoveu o jovem.

— Está certo. Não tenho o que fazer no momento e vou até sua casa. Mas sua esposa poderá não me receber bem. A não ser... — Amauri pensou por um instante. — Berta continua trabalhando com a família?

— Sim, continua.

— Bem, pelo menos ela sempre foi amável comigo. E continuam morando na avenida Angélica?

— Sim, na mesma casa. Agora preciso ir. Conto com você. Até mais ver.

Após as despedidas, Inácio saiu lentamente. Amauri condoeu-se com aquele homem de meia-idade, fisionomia triste, caminhando pela praça. Virou na direção contrária e foi até o casarão.

No caminho, repudiava o matrimônio feito por interesse e suas danosas consequências. Perguntava-se em voz alta:

— Por que as pessoas se casam por interesse? Qual a razão de se unirem sem amor? Depois acontece o inevitável: acabam se desquitando. Doutor Inácio deve estar sofrendo muito com o preconceito. Imagino como dona Eulália deve estar se sentindo.

Foi ruminando os pensamentos até parar em frente a um belíssimo casarão. Lá, tocou a campainha. Em instantes, uma criada atendeu-o, sobriamente vestida, fitando-o com olhar perscrutador.

— Pois não?

— Gostaria de falar com dona Eulália. Ela está?

— Quem deseja falar?

— Diga que sou Amauri Bueno de Castro. Vim por intermédio de...

Antes que ele terminasse, a criada voltou-se e fechou a porta. Após alguns instantes, apareceram na soleira dona Eulália e seu filho, Murilo.

— O que deseja?

— Bom dia, dona Eulália — e, virando o olhar para o jovem, tornou educado: — Como vai, Murilo?

— Você não é o filho do doutor Elói, é?

— Eu mesmo.

— Não estava em Coimbra, estudando? — inquiriu Murilo, surpreso.

— Isso mesmo. Voltei ontem a São Paulo.

Eulália mostrava-se visivelmente contrariada, mas manteve a pose:

— Nossas famílias não mantêm relações. O que quer de nós?

— Dar um recado.

Eulália lançou um olhar percuciente ao rapaz. Pensou por um instante e ordenou:

— Abra o portão e venha até aqui.

Amauri abriu o grande portão de ferro preto, ricamente trabalhado. Passou pelo jardim, contornou o chafariz e parou no primeiro degrau da escada.

— Estou meio sem jeito, mas venho pedir-lhes um favor.

— E qual é? — perguntou Murilo.

Amauri passou a mão pela nuca, mordeu os lábios. Não sabia por onde começar.

— Bem, eu vim até aqui para pedir-lhes que não internem Celina numa clínica psiquiátrica.

Mãe e filho trocaram olhares assustados. Quem teria contado? Como a notícia havia vazado? Quem poderia ter sido tão vil e querer colocar o nome da família na lama?

— Não sabemos do que está falando. Nossas famílias são conhecidas, mas não lhe damos o direito de bisbilhotar. Seus pais não irão gostar de sua atitude. Celina teve algumas convulsões, mas passa bem — sentenciou Eulália.

— Desculpe, não sei em que situação ocorreu seu desquite, mas estive há pouco com o doutor Inácio, e ele me pediu esse favor.

Eulália empalideceu. Suas pernas falsearam e ela iria ao chão se não fosse sustentada por Murilo, que, atônito, gritou:

— O que é isso?! Como se atreve?

Amauri não sabia o que dizer, tamanha a surpresa. Trêmulo, continuou:

— Não estou brincando. Encontrei-me com seu pai na praça Buenos Aires há poucos instantes, e ele insistiu para que eu viesse até vocês e intercedesse a favor de Celina.

Murilo descontrolou-se, quase deixando a mãe ir ao chão. Antes que ele pudesse balbuciar qualquer palavra, Eulália desfaleceu em seus braços.

Amauri empalideceu e emudeceu. Virou-se para Murilo pedindo, com seus olhos assustados, uma explicação para aquele inesperado mal súbito de Eulália.

Murilo fixou seus olhos nos de Amauri. Ainda segurando a mãe desfalecida nos braços e, após deixar escapar uma lágrima furtiva, tornou comovido:

— Isso não pode ser! Papai morreu há um ano...

Capítulo 1

Embora fosse um rapaz bonito, alto, tórax largo, praticante de nado livre, olhos amendoados e cabelos castanhos, Amauri era tímido. Não compreendia o que lhe ocorria. Desde o início de sua adolescência, sentia emoções estranhas. Os pais o levaram a consultórios médicos, mas nada de anormal constava em seus exames. Diagnosticavam problemas nervosos.

Temerosos de que o filho sofresse algum distúrbio desconhecido e ressabiados com a competência dos médicos brasileiros, costume típico de famílias abastadas naquela época, os pais o enviaram para tratamento na Europa. Mesmo recebendo de renomados especialistas europeus o mesmo diagnóstico dos médicos brasileiros, Elói e Chiquinha insistiram que o filho fizesse o curso de Direito na universidade de Coimbra, em Portugal. Talvez lá Amauri pudesse voltar a ser o rapaz sadio de outrora. Ele precisava ficar fora por um tempo, e Portugal era uma excelente escolha.

Seus pais, pertencentes a um núcleo de famílias da elite paulistana, preferiam a distância aos aborrecimentos de ter um filho esquizofrênico, como era o caso de Celina, a filha dos Sousa Medeiros, da mesma idade de Amauri, que causava vergonha e constrangimento aos pais.

Amauri agora se sentia bem; o mal-estar e a depressão haviam cessado em Portugal e ele se julgava sadio novamente, sobretudo depois de conviver com sua tia Isabel Cristina, irmã caçula de Chiquinha. Ela via com naturalidade seus sintomas e havia lhe ensinado muitas coisas a respeito das leis da vida e da espiritualidade. A facilidade com que discorria sobre assuntos de cunho espiritual fascinava-o.

O rapaz nunca soube o real motivo da ida definitiva da tia a Portugal. Não se falavam havia muito tempo, e

Chiquinha não permitira que o filho se instalasse na casa da tia. Ela insistiu que Amauri ficasse numa república ou alugasse uma casa nos arredores da faculdade. Amauri concordou e alugou pequena casa próximo à faculdade. Dois meses depois, sem que ninguém soubesse, entregou a casa e mudou-se para a residência de sua tia Isabel Cristina.

Amauri se deu bem com a tia desde o primeiro instante. Por esta razão nunca questionou o motivo pelo qual Isabel Cristina vivia isolada dos familiares em terra estrangeira. Graças à mente larga e às sábias palavras da tia, ele pôde ter acesso ao conhecimento da espiritualidade. Embora tendo a companhia agradável de Isabel Cristina, não titubeou ao graduar-se: fez as malas e regressou a São Paulo. Insistiu que a tia viesse junto, ao que ela respondia:

— Não posso. O Brasil não é mais lugar para mim.

— Mas a senhora é tão esclarecida, uma mulher fantástica. Adoraria ter sua companhia em São Paulo.

— Não insista, Amauri. O Brasil, para mim, está morto. Estou muito bem aqui em Portugal. Tenho minha casa, meus amigos. Vá e recomece sua vida. Talvez tudo que lhe ensinei possa ajudá-lo a não cometer os erros que cometi no passado.

Nada mais pôde ele arrancar de Isabel Cristina. O que teria acontecido entre ela e sua mãe? Por que não se falavam? Quais foram os erros que ela cometera?

Amauri estava imerso nesse emaranhado de pensamentos quando ouviu leve batida na porta.

— Sou eu, Maria Eduarda.

Silêncio. A jovem tornou novamente, com mais força:

— Abra, Amauri. Por favor...

Em instantes, Amauri abriu a porta. Ele mal olhou para a irmã e estirou-se novamente na cama.

— Desse jeito não dá, né, Amauri... Só porque você teve um ataque semana passada não quer dizer que o mundo acabou.

Ele fitou a irmã. Ia responder, mas não disse nada. Sentia-se cansado. Alguns dias haviam passado desde o incidente com Eulália e Murilo.

A situação fora tão inesperada que Amauri voltou para casa em estado de choque. Celina, ao inteirar-se do assunto, procurou antecipar-se e ligou para a casa do doutor Elói contando o acontecido, já que Eulália recusava-se a falar com os amigos de outros tempos.

Maria Eduarda continuou:

— Celina é louca e depravada, mas de vez em quando age com a razão. Ainda bem que aquela desmiolada ligou para cá antes de dona Eulália. Papai ficou mudo ao atendê-la. Pelo seu rosto, deu para perceber que você havia aprontado uma das boas.

— Mas eu vi o doutor Inácio — retrucou Amauri.

Maria Eduarda suspirou, inclinou levemente a cabeça para trás e balançou os cabelos para os lados.

— Alucinação, ou talvez a mudança de clima. Lá em Portugal era quase inverno, aqui estamos em plena primavera. Você mal havia chegado. Tudo contribuiu para esse surto.

Amauri deu um salto e sentou-se na cama.

— Você acha mesmo isso? Mas foi tão real!

— Não acho, tenho certeza.

O jovem voltou a deitar-se e cerrou os olhos. Ela insistiu:

— Não adianta ficar desse jeito. Se continuar assim, mamãe voltará a sofrer dos nervos. Ela não merece isso. Você não é mais criança. Se quiser minha ajuda, posso marcar uma consulta com o doutor Antunes.

Amauri voltou a abrir os olhos. Sua fisionomia distendeu-se numa expressão de tristeza singular. Como provar que estava falando a verdade? Como mostrar à irmã e à família que ele não estava louco? Após sentido suspiro, disse relutante:

— Vou pensar no assunto.

— Pense logo. Parece-me que o convívio com tia Isabel Cristina em nada adiantou. Se bem que, pelo que ouvi de mamãe, ela não deve bater muito bem das ideias.

Amauri fitou-a assustado:

— Como sabe que fiquei uns tempos morando com tia Isabel?

A irmã fez ar de mofa:

— Ora, meu bem, sou excelente observadora. Em uma de suas cartas, você se descuidou e anotou o endereço de tia Isabel no campo do remetente.

— Isso não prova que eu tenha morado com ela!

Maria Eduarda riu-se.

— Isso prova que não estou enganada. Eu disse que você convivia com ela, mas pela sua cara, sei que é verdade. Então você morou com ela, não foi?

Amauri procurou dissimular. Com gestos largos, retrucou:

— E qual o problema? Ela é bacana, uma mulher de fibra.

— Mamãe não pensa assim. Tempos atrás peguei-a conversando com papai no escritório. Dizia estar feliz de a vagabunda ter ido para longe. Claro que ao final da conversa descobri que a vagabunda em questão era tia Isabel Cristina.

— Não posso acreditar que mamãe tenha falado isso!

— Mas falou, eu ouvi. Ela e papai não gostam de tia Isabel Cristina. Por quê? Nunca saberemos. Mas também não me interessa. No momento, o que desejo é livrar-me dos comentários. Já estou ficando preocupada, pois minhas amigas estão fazendo chacota na faculdade. Você não tem o direito de denegrir a imagem de nossa família.

Amauri deu novo salto da cama. Não acreditava no que ouvia.

— O que me diz é impressionante! Então sua preocupação não é comigo, mas com a reputação da família Bueno de Castro?

— E qual o problema? Dentro em breve vou arrumar um bom pretendente e casar-me. Você chegou há pouco, precisa inteirar-se das coisas. Papai tem o escritório na cidade, bons clientes, o que nos dá uma boa vida, mais nada. Estou pensando no futuro, e herdaremos somente os galpões da Barra Funda. Isso é muito pouco para mim, e ainda por cima terei de dividi-los com você. Eu quero mais.

— E tendo um louco na família as coisas se complicam, é isso?

Maria Eduarda baixou os olhos. Amauri insistiu:

— Então é isso? Como você é fútil, minha irmã. Espero que não sofra com essas ilusões.

— Prefiro ilusões a alucinações. Pelo menos eu sou normal. Papai não teve de gastar uma fortuna para manter-me longe, temendo a desmoralização de nossa família. Agora percebo o quão ingrato você é. Em vez de nos agradecer, repudia-nos. Eu é que me sinto indignada. Faça o que achar melhor.

Maria Eduarda levantou-se de pronto, foi até a porta e, antes de sair, dirigiu um olhar fulminante ao irmão:

— Mas não se esqueça de que farei qualquer coisa para arrumar um bom casamento. Estou interessada em Murilo, filho de dona Eulália. Afaste-se dele o quanto antes. Suas alucinações da semana passada quase puseram fim ao meu intento. Não me cutuque, pois você não tem noção do que sou capaz.

A jovem terminou de falar em tom ameaçador. Virou-se bruscamente e ao sair bateu a porta com força.

Amauri ficou olhando para a porta, ainda sem acreditar nas palavras da irmã. Amuado, falou para si em alto tom:

— A louca é ela, não eu. O que acontece com esta família? Por que tanta preocupação com as aparências? E isso que ocorre comigo? Será que vou terminar meus dias num sanatório?

Lágrimas começaram a rolar por suas faces. Amauri estava desolado. Mal havia retornado ao Brasil e encontrava sua família na mesma, e, pior, as alucinações haviam voltado.

Pensou em escrever para Isabel Cristina, mas desanimou ao calcular o tempo que levaria para chegar a suas mãos uma resposta. Sentindo-se impotente, jogou-se novamente sobre a cama e lembrou-se do episódio que culminara com sua ida a Portugal.

Seu pai não se preocupava com sua educação, deixando essa tarefa a cargo da mãe. Criada sob padrões rígidos, Chiquinha enveredara pelo caminho da paixão passageira e, por pouco, não cometera desatinos de maior gravidade. Assustada com tais acontecimentos do passado, ela procurava ser rígida na educação das crianças. Acreditava que, sendo dura, seus filhos não cometeriam os deslizes que ela cometera. Desta feita, por anos tentara ignorar os acessos do filho, como a negar sua incompetência de mãe.

Durante muito tempo, conseguira esconder de Elói os problemas do filho. Se ele descobrisse, ela estaria assinando atestado de mãe fracassada. Ela não podia dar esse desgosto ao marido. Casar-se com Elói fora um presente de Deus. Ela o amara desde o dia em que seus olhos se encontraram. Mas o casamento, as obrigações de família, tudo foi contribuindo para que os planos sonhados em cor-de-rosa perdessem o viço, a cor, e tanto ela quanto Elói foram distanciando-se dos sonhos de um casamento feliz conforme os anos iam passando. Tratavam-se com respeito, mas com reserva.

Chiquinha estava perdida, não tinha mais o suporte das amigas que tanto a ajudaram no passado. Encontrava-se sozinha. E agora o filho apresentava esses distúrbios. Ela tentara ocultar do marido a maior parte das crises, mas a morte de seu cunhado Adamastor fora o ápice da crise, fazendo-os tomar a radical decisão de esconder Amauri da sociedade até que ele se curasse por completo, mesmo que corressem o risco de deixá-lo viver na mesma cidade de Isabel Cristina, a irmã de Chiquinha que já havia cometido sérios desatinos no passado.

Duas semanas após a morte do cunhado, Amauri passara a apresentar fortes dores no peito. Chiquinha e Elói correram por consultórios e hospitais, mas a dor persistia e nenhum diagnóstico fora conclusivo. Chiquinha tentara de tudo e, no auge do desespero, sem que Elói tomasse conhecimento, levou o menino até uma benzedeira, indicada por uma ex-empregada de sua casa.

Ao chegar ao endereço indicado, num humilde casebre no Cambuci, Chiquinha não conteve o pranto. Era-lhe ultrajante chegar a tal ponto novamente. Lembrou-se de que antes de seu casamento com Elói havia feito o mesmo, mas ficara tão chocada com o que ouvira que preferiu nunca mais correr atrás de videntes, cartomantes ou benzedeiras. Naquele momento sentiu sua vaidade ser ameaçada, mas não havia outro recurso. Envergonhada e sentindo-se humilhada, bateu palmas.

Atendidos por uma simpática senhora, mãe e filho foram conduzidos a uma sala humildemente decorada, porém confortável e harmoniosa. A senhora fez com que Amauri se sentasse numa cadeira no meio da sala e pediu que Chiquinha se acomodasse em poltrona próxima. Com voz pausada e serena, inquiriu à mãe aflita:

— Há quanto tempo o rapaz sente essas dores?

— Mais ou menos dez dias.

A senhora pediu que Amauri fechasse os olhos. Pousando a mão em sua cabeça, proferiu ligeira prece, depois tornou:

— Há um espírito colado a seu filho. Não aceita a passagem e tenta comunicar-se através do menino, pois sabe que ele capta com facilidade as energias astrais.

Antes de Chiquinha fazer qualquer pronunciamento, Amauri abriu os olhos e perguntou:

— Mas sempre que tive alguma sensação diferente sentia enjoo ou mal-estar. Por que as dores no peito?

— Você tem o sexto sentido bem apurado, meu filho. Consegue captar com facilidade as energias do mundo invisível. Esse senhor a seu lado desencarnou vítima de ataque cardíaco. Como não aceita essa nova realidade, sua consciência o mantém preso às últimas impressões da vida na Terra. A dor que você sente é dele, e não sua.

Chiquinha levantou-se indignada:

— O que nos diz é loucura! Somos conhecidos na cidade, portanto a senhora deve ter lido nos jornais ou ouvido no rádio que meu cunhado faleceu há dez dias, vítima de ataque cardíaco. Isso não passa de encenação. Diga lá seu preço e vamos embora.

A senhora nada disse. Fechou os olhos novamente, proferiu outra prece e ministrou um rápido e eficiente passe no garoto. Logo depois, ainda emanando energias de alto teor e imperturbável ante a histeria de Chiquinha, tocou levemente no ombro de Amauri.

— Sente-se melhor, meu filho?

— Sim, senhora. A dor passou.

— O espírito foi conduzido por amigos espirituais para um local de refazimento. Por ora você está livre dessas impressões. Não se esqueça de estudar para educar esse sentido tão especial.

— Como posso fazer isso?

— Frequentando uma boa casa espírita ou um grupo de pessoas que estude seriamente a mediunidade e sua relação com o mundo extrafísico.

Chiquinha não aguentou:

— Agora é demais! Chega! Você não tem o direito de bagunçar a cabeça de meu filho. Centro espírita?! Isso é loucura, só podia partir de gente ignorante. Dê-nos logo seu preço, não quero mais ficar aqui.

— Eu não quero nada. Não cobro por isso. Se quiser ajudar, pode mandar alimentos para as crianças carentes aqui do bairro.

Amauri levantou-se e colocou-se entre as duas:

— Mãe! Por que esse comportamento? Não vê que estou bem? Não sinto mais nada. Essa senhora me curou.

— Não curei você, meu filho. Esse trabalho nunca poderei realizar. Cabe a cada um saber lidar com o invisível. Eu somente afastei com amor esse espírito em desespero. Se você não educar sua sensibilidade, trará novas companhias invisíveis para seu lado, sejam agradáveis ou não. Estude e, acima de qualquer coisa, faça tudo em sua vida de acordo com o comando do coração. Ouvir o coração é estar em contato constante com a alma.

Ainda olhando para Chiquinha, a senhora continuou:

— Anos atrás você teve a chance de estudar e aprender sobre a espiritualidade, pois sabia que teria um filho que necessitaria de orientação. Mas você deixou tudo de lado, a fim de ocultar o que julgou ser um erro. Está na hora de largar o passado e perceber que a vida está lhe dando uma nova chance.

Amauri iria agradecer e beijar aquela humilde senhora, não fosse o puxão de mão de Chiquinha.

— Chega! Ela é louca, meu filho, uma doidivanas! Como se atreve a falar de meu passado? Como ousa? Vamos embora deste lugar. — E antes de bater a porta pousou os olhos injetados de fúria sobre a mulher: — Mesmo ouvindo tanta barbaridade aqui dentro, não deixarei de ajudar suas crianças. Amanhã mesmo meu motorista trará mantimentos suficientes para alimentar todo o bairro. Com licença...

Amauri abriu os olhos. Parecia estar revivendo tudo aquilo. Antes de afastar os pensamentos do passado, pôde lembrar-se de que um mês depois do episódio no Cambuci já estava de malas prontas e embarcando para Portugal. Suspirou resignado. Não gostaria de viver tais sensações novamente. Levantou-se e passou a andar de um lado para o outro no quarto.

Subitamente um pensamento cada vez mais forte foi tomando conta de sua mente. Até que, num estalo, parou e gritou:

— É isso! Aquela senhora e depois tia Isabel Cristina lá em Portugal me disseram o mesmo: aprender mais sobre meu sexto sentido. É disso que preciso. Faz bastante tempo, mas lembro-me de que aquela simpática senhora atendia no Cambuci. Vou tentar achá-la. Agora.

Passou Glostora nos cabelos, pegou os óculos escuros e desceu.

— Vai encontrar algum amigo? — interpelou Chiquinha, ao pé da escada.

— Vou, mãe. Acabei de marcar com um grupo do colégio. Vamos matar a saudade. Estou retornando à sociedade.

Chiquinha suspirou aliviada.

— Que bom, meu filho! Esqueçamos os incidentes de semana passada. Agora você começa uma nova fase.

Amauri pousou leve beijo no rosto da mãe. Com expressão matreira, retrucou:

— A senhora está coberta de razão: agora começo uma nova fase.

Saiu para a rua e alguns quarteirões depois, feliz e decidido, tomou o bonde com destino ao largo do Cambuci.

Capítulo 2

O fiscal informou:

— Última parada. Vamos fazer a volta no largo e reiniciar a viagem. Aqueles que permanecerem no carro terão de picotar novo bilhete.

Amauri levantou-se e lançou olhares curiosos para os lados. Antes de saltar do bonde, perguntou ao condutor que portava sobre a cabeça elegante boné e trajava impecável uniforme azul-marinho:

— Onde fica a rua do Lavapés?

O condutor tirou a mão da alavanca e num gesto largo indicou:

— É só seguir em linha reta. Fica logo ali, não tem como errar.

O rapaz desceu e seguiu as ordens do condutor. Enquanto seguia em linha reta, forçava seu arquivo de memória na tentativa de lembrar-se da casa e da senhora que o ajudara anos atrás.

Estava tão absorto em seus pensamentos que não percebeu um desnível nos paralelepípedos ao atravessar a rua. Tropeçou e caiu, sentindo muita dor no joelho.

— Maldito seja! — bradou.

— Está doendo muito?

Amauri continuou com as mãos sobre o joelho machucado, mas seus olhos foram lentamente subindo, numa tentativa de alcançar aquela doce voz. Alteou um pouco mais a cabeça e de súbito deslumbrou-se ao encontrar aquele par de olhos verdes e serenos. Gaguejou ao dizer:

— Um po... pouco.

— Deixe-me ajudá-lo.

A garota estendeu-lhe os braços. Amauri levantou-se cambaleante.

— Vamos até em casa. Precisamos dar um remendo na calça. Um pouco de mercúrio no joelho, mais um pedaço de linha e uma agulha vão resolver seu problema.

— Imagine! Não se preocupe. Não quero dar-lhe trabalho. Nem ao menos a conheço.

— Não seja por isso. Meu nome é Lúcia — disse a moça, logo estendendo a mão.

Amauri tirou os óculos e estendeu a mão em deferência.

— Prazer. Meu nome é Amauri.

— Então já nos conhecemos. Venha, moro logo ali naquela casa.

Amauri encantou-se com os dentes perfeitamente enfileirados e que davam um toque gracioso ao sorriso dela. Enquanto a acompanhava, não pôde deixar de notar suas formas bem definidas, os cabelos castanhos penteados à moda e o inebriante perfume que seu corpo emanava.

"Isso é um colírio! Como pode uma beldade dessas estar neste lugar?", pensou.

A moça percebeu os olhares galanteadores do jovem e como a ler seus pensamentos tornou com naturalidade:

— Faz pouco tempo que estamos morando aqui. Foi muito duro baixar o nível de vida que tínhamos, mas pelo menos temos um teto e boa vontade para trabalhar e continuar a viver da melhor maneira possível. Afinal de contas, tudo na vida não passa de experiências, que, se bem aproveitadas, amadurecem o espírito.

— Desculpe, mas você não parece pertencer a este lugar. É tão bonita! Não me leve a mal, não se trata de um flerte, mas parece que a conheço.

Ela abriu novamente seus lábios em largo sorriso.

— Fomos vizinhos de infância. Morávamos perto de sua casa lá em Higienópolis.

Amauri parou de andar. Passou as mãos pelos cabelos, como a tentar lembrar-se da moça.

— Espere um pouco. Você não pode ser a filha de...

— Diógenes de Lima Tavares? A própria.

— Desculpe — volveu ele embaraçado. — Estive fora muito tempo. Fiquei sabendo que sua família perdeu tudo.

— Quase tudo. Ficamos com esta casa aqui — respondeu Lúcia, apontando para um assobradado na esquina. — Wilson, meu irmão, trabalha na mercearia que fica no andar térreo. Pelo menos temos de onde tirar algum sustento. Não temos aluguel para pagar e aumentamos a renda com pequenos consertos de roupas que faço nas horas vagas. Mamãe também reservou algumas horas e dá aulas de piano.

— Seu pai era dono de fortuna considerável! Como perdeu tudo?

— Não sabemos ao certo. Nos últimos anos papai foi deixando todos os negócios nas mãos do doutor Rodolfo Nascimento e Silva.

— Já ouvi comentários negativos a respeito dele.

— Sim, mas o doutor Rodolfo sempre foi correto com papai.

— Não acha estranho seu pai perder tudo? E o doutor Rodolfo, como está?

— O doutor Rodolfo muito nos ajudou. Graças a ele ficamos sabendo da existência deste assobradado. Papai torrava o dinheiro em cassinos clandestinos. Pelo que sei, o doutor Rodolfo vive com dividendos de aluguéis.

Uma lágrima teimou em descer pelo canto dos olhos de Lúcia. Amauri procurou contemporizar:

— Não precisa dizer mais nada. O que aconteceu com vocês é delicado e só o tempo vai ajudá-los a esquecer. E quanto a seu pai?

Lúcia chorou. Amauri ficou quieto, de cabeça baixa. Alguns segundos depois, a moça passou as mãos pelos olhos úmidos e levemente inchados.

— Desculpe. Tudo ainda é muito recente. Sofremos um duro golpe. Papai não aguentou o baque, e seu coração não suportou tamanha pressão.

Amauri tirou um lenço de seu bolso e estendeu-o para Lúcia. Com voz pigarreante, considerou:

— Não sabia que as coisas sucederam dessa maneira. Só soube que vocês haviam perdido tudo. Afinal, nossas famílias nunca se falaram.

Lúcia limpou os olhos e assoou o nariz.

— Quase fomos execrados nos jornais, e mamãe vem se recuperando aos poucos. É uma mulher digna e valente. Enfrentou tudo de cabeça erguida. Ela até tentou contatar as amigas do passado, dona Chiquinha e dona Eulália, mas em vão. As duas recusaram-se a recebê-la.

Amauri pousou o dedo no queixo.

— Muito estranho o comportamento de minha mãe.

— Não sabemos o que aconteceu no passado, por esta razão não podemos julgar a atitude das pessoas.

— Sempre achei dona Cora uma mulher extraordinária.

— E é. — Lúcia parou na esquina e disse: — Chegamos. Vamos subir. Vou arrumar sua calça, passar um pouco de mercúrio nesse joelho e lavar seu lenço.

— Não há necessidade.

— Não, senhor, vamos. Já ouviu lamúrias suficientes. Creio que mamãe vai gostar de saber que conhecidos de outros tempos andam por aqui. E, por falar nisso, o que o trouxe até este lugar?

Amauri titubeou. Mordeu os lábios e por fim respondeu:

— Estou à procura de uma senhora que me ajudou anos atrás.

— Ajudado por uma senhora que mora por estes lados? Muito estranho...

Amauri ruborizou. Tentou dissimular:

— Era amiga de uma empregada nossa. Nem sei ao certo seu nome. Sei que mora numa travessa por aqui. Uma senhora de meia-idade, com voz pausada, sorriso bondoso. Por certo não a conhece, são poucas as referências.

Lúcia voltou a sorrir.

— Moro aqui há quase um ano. Posso verificar. Sabe o nome dela, pelo menos?

Amauri meneou a cabeça negativamente.

— Não. Mas ainda me lembro da casa e de seu rosto simpático. Sei que é por aqui.

— Vou perguntar a mamãe. Ela quase não sai de casa, mas recebe alguns alunos da redondeza para as aulas de piano.

Lúcia abriu a porta e puxou delicadamente Amauri pela mão. Subiram alguns lances de escada e chegaram a pequena sala decorada com móveis que denunciavam o bom gosto e a estirpe daquela família. Perpassou o olhar ao redor e foi convidado a sentar-se.

Amauri sentiu pesado mal-estar e logo uma tontura quase o levou ao chão. Não percebeu que um espírito abatido e triste chorava, acocorado a um canto da sala.

Lúcia notou o mal-estar.

— O que se passa? Você está pálido!

Amauri procurou disfarçar, mas sentiu-se sufocar.

Lúcia assustou-se:

— Vou buscar um pouco de água com açúcar. Deve ter sido o tombo.

O espírito de Diógenes continuava chorando triste a um canto da sala. Estancou o choro ao notar que Amauri o fitava incrédulo.

— Você pode me ver?

Amauri arregalou os olhos. Fechou-os e tentou fazer uma prece, mecanicamente.

Diógenes tornou, impaciente:

— Está me vendo?

Amauri fez sinal afirmativo com a cabeça.

— Então me ajude, por favor. Diga que estou vivo, que não morri. Estou aterrorizado!

Amauri aproveitou que não havia ninguém na sala e falou em tom baixo, com voz trêmula:

— Não me perturbe. Seu corpo morreu, mas você continua vivo.

— Mas você pode me ver, pode comunicar-se comigo. Sei que há pessoas com essa capacidade. Só me falam que estou em outra dimensão. Quero sair daqui, voltar para minha família...

— Isso é impossível.

— Não! Você precisa me ajudar.

Amauri estremeceu.

— Como?

— Não sei, fale com minha esposa, ela pode me tirar daqui. Embora eu fique a seu lado, suplicando que me ouça, ela não me escuta. Finge que não me vê.

Diógenes ia continuar, não fosse uma dor aguda em seu peito a incomodá-lo.

Nesse momento, uma luz forte e brilhante cresceu e um espírito de aura reluzente apareceu na sala. Tocou-o no peito e imediatamente a dor cessou. Em seguida, disse:

— Venha comigo, chegou a hora de refazer-se. Toda vez que se ligar à sua família, a dor no peito voltará. Seu perispírito ainda carrega as dores do infarto. Você não está bem, precisa de tratamento.

Diógenes respondeu nervoso:

— Não quero voltar para o hospital. Estou farto de tantos cuidados.

— Você é quem sabe.

O espírito afastou-se um pouco de Diógenes e a dor em seu peito voltou com mais intensidade. Ele se atirou ao chão e suplicou:

— Pelo amor de Deus! Livre-me disto.

Amauri, que antes se encontrava assustado e trêmulo, ao reconhecer o espírito que acabara de chegar, levantou-se do sofá indignado. Alteou a voz, dizendo:

— Doutor Inácio! Mas que papelão me fez passar outro dia, não?

Inácio sorriu e respondeu:

— Desculpe, meu filho, mas eu não podia chegar até você de outra forma.

— Custava dizer que havia morrido?

— Não queria assustá-lo. Só omiti um detalhe.

— Detalhe este que fez seu filho quase me esfolar vivo.

— Conversaremos com mais calma em outra oportunidade. No momento preciso afastar Diógenes. Sua mente perturbada espalha energias que atrapalham a harmonia deste lar. E não precisa mais me chamar de doutor. Aqui no astral ficamos só com o nome, sem títulos.

Amauri ia responder, mas Inácio e Diógenes sumiram num piscar de olhos. A claridade ainda não havia cessado quando Lúcia voltou da cozinha trazendo numa pequena bandeja um copo de água com açúcar.

— Desculpe a demora. Fui buscar açúcar na mercearia lá embaixo. Fui pelos fundos e ajudei Wilson no caixa. Mas noto que houve algo por aqui.

— Como assim?

— Você estava pálido e agora parece corado, além de zangado. Ouvi você gritar. Estava falando sozinho?

Amauri baixou a cabeça envergonhado. Apanhou o copo de água, bebericou alguns goles e sentou-se novamente.

— Estava reclamando comigo mesmo deste mal-estar que me acompanha há anos.

— Mamãe sempre disse que toda sensibilidade mal educada pode provocar desequilíbrios em nosso corpo físico.

Amauri surpreendeu-se.

— Sua mãe disse isso?

— Ela sempre diz. É por essa razão que estamos vivendo bem. A maneira como mamãe nos ajuda a entender o porquê de nossas experiências só nos fortalece.

— Como pode ser isso?

— Estudando, experimentando, observando os mecanismos e as leis da vida.

Uma voz doce e firme inundou o ambiente, concluindo:

— É verdade, pois a prática é mestra sábia que nos conduz ao bem, sempre.

Ambos voltaram seus olhos para a porta da sala. Lúcia exultou:

— Mamãe!

Cora entrou na sala carregando sob os braços alvos e delicados algumas partituras.

Amauri, vendo-a, lembrou-se imediatamente de seu rosto. Ela continuava linda, como se o tempo não houvesse passado. Apressou o passo e cumprimentou-a.

— Que prazer enorme em revê-la!

A jovem senhora beijou-o na face.

— Prazer em revê-lo, meu filho. Como vai você?

— Muito bem, obrigado.

— Você já é um homem. Lembro-me de quando ainda era um garoto e brincava perto de nossa casa, faz tantos anos. E Chiquinha, como vai?

— Continua séria como sempre.

Cora imediatamente lembrou-se de Chiquinha e da amizade delas e Eulália anos atrás, bem como do rompimento. Mas agora não queria voltar ao passado. Com delicado gesto,

Cora espantou esses pensamentos e voltou a prestar atenção em Amauri.

— Não vejo a senhora há tantos anos... Parece a mesma, não mudou nada.

Cora abriu um sorriso doce e franco.

— Muito obrigada.

— Qual a receita de tanta beleza?

— Procuro estar em paz comigo mesma e mantenho meu coração e minha consciência ligados o tempo todo no bem, nos verdadeiros valores do espírito.

Amauri emocionou-se. Lúcia continuou:

— É com esta maneira de encarar a vida que estamos enfrentando os dissabores.

— Desculpe, dona Cora. Mas, se eu soubesse que a senhora era tão simpática e acessível, eu procuraria estar mais próximo.

— E por que não o fez?

Amauri coçou a nuca, baixou os olhos. Cora compreendeu de pronto:

— Se não quiser, não diga. Aqui neste abençoado lar ninguém faz o que não quer.

— Aqui procuramos dizer a verdade, sem rodeios — concluiu Lúcia.

— Vocês estão certas — retrucou Amauri —, mas mamãe tinha impressão errada a seu respeito. Vivia dizendo que a senhora era petulante, queria ser a dona da verdade, não gostava de frequentar a sociedade. Que tudo que aconteceu...

Amauri pigarreou. Cora continuou sustentando seu olhar e Lúcia inquiriu:

— O que aconteceu...

— Aconteceu por castigo de Deus. Que a senhora está pagando por ter sido metida e esnobe — Amauri ruborizou por completo.

— Não precisa ficar desse jeito, meu jovem — disse amorosamente Cora. — Todos temos o direito de pensar e idealizar as pessoas como quisermos. Possuímos a mente, e com ela o dom de criar situações, como também de enxergar os outros de acordo com nosso senso de realidade.

— Mas a senhora me parece tão bacana! Por que minha mãe tem uma imagem negativa a seu respeito?

— Não considero imagem negativa e sim uma imagem que não condiz com a minha verdade, mas com a verdade dela. Eu sempre tive o meu jeito de ser, nunca o perdi, seja por causa do casamento ou da sociedade.

— Estava me esquecendo — tornou Amauri. — Meus pêsames pela passagem de seu marido.

Cora deixou que uma lágrima escapasse de seus olhos amendoados. Lúcia tocou carinhosamente suas mãos.

— Diógenes sofreu a consequência de atitudes descabidas — disse ela por fim. — Sempre o respeitei, mas ele jamais quis entender a verdade, nunca aceitou que existisse vida após a morte do corpo físico.

Amauri estremeceu. Lembrou-se de que minutos antes havia encontrado o espírito de Diógenes em desespero, por falta de elucidação. O rapaz mordeu os lábios. Lúcia virou-se para a mãe:

— Por que papai nunca quis conversar sobre espiritualidade?

Cora esclareceu:

— Tudo depende de como analisamos a situação. Seu pai era um tanto ganancioso e acabou por associar-se a um grupo que ajeitava as roletas nas mesas dos cassinos. Ganhou muito dinheiro, mas com o tempo foi se desligando e tomando outro rumo. Nunca o julguei por isso. Era um bom homem, mas acreditava piamente que a vida devia ser aproveitada intensamente porque tudo se acabava com a morte.

— Acredita então que ele não estava preparado para essa nova etapa? — perguntou Amauri com interesse.

— Pode ser. Mas só o tempo vai poder serenar seu coração e sua consciência. Oro muito por meu esposo, espero que ele logo encontre seu caminho. Afinal de contas, para quem nunca estudou reencarnação, fica difícil entender e perceber a verdade.

Amauri sobressaltou-se. Imediatamente lembrou-se das conversas com sua tia.

— A senhora falou em reencarnação?

— Sim, sempre acreditei na reencarnação, em vida após a morte. Talvez por isso tenha sido repudiada pela sociedade.

Amauri deixou a vergonha de lado. Então Cora pensava como sua tia Isabel Cristina? Era inacreditável! Com ar interessado, reinquiriu:

— Dona Cora, a senhora acredita que possamos ver ou nos comunicar com os mortos?

— Por certo, meu filho. Eu sempre acreditei. Infelizmente não possuo o canal da vidência apurado. Nada vejo, somente sinto.

— Como assim?

— Percebo as energias ao redor. Todos nós podemos desenvolver e educar esse dom. É uma característica natural do ser humano.

— Mamãe — interrompeu Lúcia —, é por isso que vem sentindo arrepios aqui em casa?

— Sim, mas é muito estranho. Não estou percebendo nada por ora. — E virando-se para Amauri: — Desculpe, meu filho, mas desde que nos mudamos tenho sentido umas energias esquisitas em casa. A prece tem sido uma grande auxiliadora neste momento. Ultimamente estava insuportável, uma energia de mágoa e tristeza imensas pairava no ar. Cheguei a pensar muitas vezes em Diógenes. Mas o ambiente agora está calmo, parece que não há nenhuma energia perturbadora em nosso lar.

Enquanto continuavam a conversa, Amauri interessava-se mais e mais em saber sobre a vida espiritual, porquanto o que Cora havia falado sobre o ambiente carregado condizia com os dizeres de Inácio minutos antes. Amauri estava extasiado, pois Cora tinha uma desenvoltura natural, segura e carismática de discorrer sobre o assunto, muito parecida com a de sua tia Isabel Cristina.

No fim da tarde, mesmo a contragosto, ele se despediu das duas. No caminho para casa foi se lembrando de tudo que passara momentos antes. Esquecera-se inclusive de perguntar a dona Cora sobre a benzedeira. Mas não faltaria oportunidade. Na próxima semana voltaria, pretextando aproximar-se de Wilson.

Já dentro do bonde, agradeceu mentalmente Inácio, que, mesmo a distância, recebeu o agradecimento e o devolveu com ondas de amor que Amauri imediatamente sentiu através de gostosa sensação de bem-estar.

Capítulo 3

Trancada por quase duas semanas no quarto, Celina andava de um lado para o outro sem saber o que fazer.

— Não posso continuar deste jeito. Preciso sair, não aguento mais ser prisioneira.

Ela estava desesperada. Desde que sua mãe descobrira que ela havia ligado para a casa de Elói e Chiquinha, estava de castigo. Ela, uma mulher de vinte e quatro anos, voluntariosa, encontrava-se atada sob a autoridade ferrenha de Eulália.

Eulália era uma boa mãe. Sempre fora apegada a Murilo, três anos mais novo que Celina. Era evidente sua predileção pelo filho. Celina era adorada por Eulália, mas seus distúrbios emocionais deixavam a mãe envergonhada e triste. Eulália acreditava que Celina fazia de propósito, para ganhar a atenção que ela dava a mais ao filho.

Inácio notara que a esposa naturalmente preocupava-se mais com Murilo. Ele, por sua vez, passou a ficar mais próximo da filha, cobrindo-a de atenções e carinho demasiados. Com sua morte, Eulália estava mesmo a ponto de internar Celina, pois não sabia como lidar com os ataques da menina.

Mesmo depois da morte do marido, ela ainda procurou levar Celina a um psiquiatra que estava fazendo fama em Salvador, mas desistiu quando ele disse que a psiquiatria poderia ajudar a filha no equilíbrio emocional, mas não no equilíbrio espiritual.

Eulália não sabia o que fazer, sentia-se impotente. Indignada e desanimada, voltou a São Paulo com a filha do mesmo jeito.

Celina sentia ser amada, mas não aceitava a submissão aos tratamentos que sua mãe lhe impunha. Era ela quem deveria decidir pelo melhor tratamento. Ela tinha idade para escolher uma boa clínica ou um médico, mas Eulália não permitia que a filha opinasse sobre isso. Decidia sempre o que era melhor para os filhos.

Mas, afinal de contas, o que acontecia com Celina?

Basicamente, o mesmo que ocorria com Amauri. Celina era dotada de extraordinária mediunidade. Incapaz de educá-la, por falta de conhecimentos, e dotada também de extrema sensualidade, atraía para si companhias astrais cheias de lascívia e desejos sexuais.

A menina, ao entrar em sintonia com essas entidades, transformava-se em outra pessoa. Arrumava-se da maneira mais sensual possível e saía com destino ao centro da cidade, altas horas, à procura de qualquer homem, sem distinção de classe social, em troca de amor fácil. Não fosse essa hipersensibilidade mal administrada ser confundida com esquizofrenia, Celina facilmente teria uma vida normal e sadia. Possuía um corpo bem talhado, e seu rosto era muito expressivo: testa larga, encimando olhos azuis indagadores e vivos.

Eulália estava irredutível. Ao saber que a filha ligara para a casa de Chiquinha, ficara furiosa.

"Onde já se viu ligar para a casa daquela rameira?", pensava.

Por esse motivo, não permitia que a filha sequer descesse para as refeições e escondia as chaves dos carros da residência para que Celina não desse suas escapadas noturnas.

Berta, a governanta, era uma alemã de meia-idade que carregava no semblante uma expressão séria e na alma valores retos e íntegros. Responsável pelos partos de Murilo e Celina, era quem levava as refeições para a garota.

Embora Berta estivesse ainda abalada com os horrores do nazismo, sentia muita saudade de seu povo, a quem julgava não ser responsável por tanta barbárie. Um homem sequioso de poder e gana seria capaz de colocar o próprio povo contra a humanidade. Hitler fez com que o mundo odiasse os alemães e, no Brasil, Berta não deixava de sofrer os ataques de algumas pessoas cegas na consciência, que tratavam todo e qualquer alemão como cúmplice do Führer.

Berta estava no Brasil havia anos, mas não esquecia uma característica atribuída aos germânicos: a impessoalidade, muitas vezes confundida com frieza de caráter. Havia muito ela estava desconfiada das atitudes de Celina. Desde cedo, pedira a Eulália que levasse a menina até um centro espírita que ela frequentava, próximo de casa. Dizia a Eulália que não haveria médico no mundo que pudesse curar a menina.

Na verdade, segundo Berta, Celina não apresentava nenhum problema físico, mas um desequilíbrio causado pela má educação de sua sensibilidade. Como era uma empregada e não tinha direito a opiniões, Berta fazia sua parte. Todas as noites orava pela família inteira e em especial por Celina. Era por causa dessa fé inabalável da velha senhora que Celina, aos vinte e quatro anos, ainda não fora internada num sanatório.

Celina ouviu a porta abrir-se.

— Olá, minha menina — foi logo dizendo Berta, com a bandeja cheia de guloseimas, entre as quais uma deliciosa torta alemã que só ela era capaz de fazer. — Uma linda moça como você precisa alimentar-se bem.

Celina deixou a expressão amarrada de seu semblante esvair-se por completo. Esboçou largo sorriso.

— Berta, gostaria que você fugisse comigo.

A empregada assustou-se. Arregalou os olhos.

— Não diga uma coisa dessas, menina.

— Ninguém se importa comigo por aqui, só você. Depois que papai morreu, não tenho forças para continuar a viver neste lugar.

— Sua mãe a ama muito.

Celina fez muxoxo.

— Imagine, Berta. Você não está na minha pele. Mamãe só tem olhos para Murilo.

Berta estremeceu. Ficou por alguns instantes ruminando os pensamentos. Eulália iria descontar na filha os dissabores de seu passado triste? Será que algum dia poderia olhar para a filha e esquecer que ela fora fruto de um desengano? A governanta divagou mais um pouco e tornou amável:

— Não é bem assim. Sua mãe tem afinidades com Murilo. Entre você e seu pai não ocorria o mesmo? Se fosse sua mãe a morrer e não seu pai, talvez seu irmão estivesse sentindo o mesmo que você, não acha?

— Sei lá, talvez. Você me confunde, Berta. Vamos, passe-me logo essa torta. Estou faminta.

— A menina precisa se cuidar mais.

Celina suspirou.

— Só confio em você, Berta. Não sei o que fazer. Consigo passar bem durante alguns dias, mas de repente sinto um desejo incontrolável, meu corpo esquenta, sinto arrepios. Uma onda de obscenidades desfila pela minha mente...

Celina desatou a chorar. Fazia pouco mais de três anos que ela era acometida por tais ataques. Ela tinha a sexualidade à flor da pele e mal conduzida, afora que naquela época a mulher sofria reprimendas caso fosse livre na expressão de seus sentimentos e desejos sexuais.

Uma mulher decente era aquela que se casava virgem e entregava-se ao marido somente quando ele a procurava. Uma esposa à moda era aquela que amava calada e fazia somente o necessário; o resto, o marido que procurasse pelos serviços de uma meretriz.

Berta fitou-a com piedade. Sentou-se na cama e abraçou Celina com força.

— Não esmoreça, minha filha. Vamos aprender juntas. Temos muitas experiências para trocar.

Celina empurrou-a com força.

— Não posso! Não sou digna. Eu sou uma vagabunda. Você não sabe o que se passa comigo...

— Como não? Podemos ser educados e discretos, mas a menina Celina é boba se não sabe que todos aqui na casa estremecem quando você sai sorrateira durante a madrugada. Graças a Deus, você ainda não engravidou.

— Vire essa boca para lá, Berta. Eu tomo meus cuidados.

— Escute, querida, eu não a condeno. Como posso julgá-la se não estou na sua pele? Mas essa sua maneira desordenada de sair e aprontar por aí não pode trazer somente uma gravidez indesejada. Há também os riscos de uma doença venérea.

Celina ia responder, mas foi acometida por forte onda. Dois espíritos, um de traços masculinos e outro de traços femininos, ambos seminus e com o perispírito enegrecido na região dos genitais, abraçavam-se à moça e faziam gestos obscenos, sussurrando palavras de baixo calão em seu ouvido, que Celina registrava vivamente.

Subitamente ela agarrou Berta.

— Venha, vamos nos divertir.

Berta registrou a presença de energias estranhas no quarto. Fechou os olhos e, mesmo agarrada por Celina, passou a orar mentalmente.

Nesse momento o espírito de Inácio adentrou o quarto.

Ele se aproximou de Celina e Berta, e beijou-lhes a face.

— Obrigado. A oração ajudou-me a chegar a este ambiente carregado.

O casal de espíritos fitou Inácio com estarrecimento. A mulher bradou:

— Ora, ora. Então o filho da luz, o filho do Cordeiro veio até nós? O que é? Lá onde você mora não há sexo? Está carente? Por acaso quer um carinho?

Ela tentou jogar-se sobre Inácio, mas ele neutralizou as forças do espírito, lançando-lhe uma corrente magnética que a jogou no outro lado do quarto.

O espírito em forma masculina assustou-se de início, mas logo passou a bradar:

— O que é? Não gosta de prazer e diversão? Venha conosco — disse, fazendo um gesto obsceno, colocando a mão entre os seus genitais avantajados e desfigurados.

Inácio meneou negativamente a cabeça. Procurou serenar, visto que as ondas emanadas pelo espírito eram muito fortes. Após suspirar e ficar preso à própria energia, centrando os pensamentos no bem, disse:

— Não pertenço a seu vale. Faço parte de uma colônia que estuda a sensibilidade e nos ajuda a educar esse dom aguçado em encarnações sucessivas. Sei que você vem do Vale do Sexo, e cola-se à minha filha para tirar-lhe os fluidos vitais. Você poderia fazer amor com qualquer desencarnado.

— Veja — retrucou o espírito –, eu não estou aqui por acaso. Poderia atacar a velha aí, mas ela é íntegra nos pensamentos, não deixa uma brecha para que eu ou minha companheira possamos atacá-la. Sua mulher também é osso duro de roer. Seu filho é meio tonto. Aliás, você tem filhos bem esquisitos.

Inácio perdeu as forças. Estava no astral havia pouco tempo e ainda lhe era difícil manter-se na impessoalidade. Falar de seus filhos deixava-o vulnerável. Os espíritos voltaram a grudar-se em Celina.

Emídio, responsável pelas andanças de Inácio na Terra, veio de imediato ao quarto. Com sua voz pausada e doce, porém firme, tornou:

— Feche os olhos, Inácio. Imagine uma luz dourada em sua fronte. Repita em voz alta: "Eu fico com minha energia, dentro de mim. Eu me assumo e sou dono de mim. Sou uno com o poder de Deus".

Inácio fechou os olhos e repetiu com vontade os dizeres de Emídio.

O casal de espíritos desgrudou-se de Celina. O ambiente começou a ficar cada vez mais iluminado, toldando-lhes a visão. Ambos gritaram impropérios a Emídio e saíram raivosos. Sumiram atravessando a parede do quarto, enquanto vociferavam palavras de baixo calão.

Inácio olhou envergonhado para Emídio.

— Desculpe-me. Não tive intenção de atrapalhar sua agenda.

Emídio respondeu ternamente:

— Já disse que você precisa o quanto antes se fortificar na impessoalidade. Você ainda leva tudo para o plano pessoal, como se sentindo atacado com tudo que falam sobre você ou os seus.

Além do mais, seus filhos são espíritos amigos, cumprindo o próprio desejo de vencer as tentações. Não se esqueça de que já desencarnou e eles não são mais filhos seus, mas de Deus. Se quiser ajudá-los, pare com os melindres.

Inácio baixou o semblante. Sentia-se envergonhado, mas Emídio estava coberto de razão.

— Está certo, preciso melhorar no aspecto impessoal. Mas em meu coração tenho o fundo desejo de ajudar minha filha...

— E qual o problema? Trabalhando em sua reforma interior, alterando suas crenças, você pode melhorar seu padrão vibratório e também transmitir ondas positivas para Celina. Você precisa mudar para que os outros mudem. Não queira que sua filha mude antes do tempo.

Inácio meneou a cabeça. Emídio estapeou-lhe as costas levemente. Esboçou leve sorriso.

— Vá e abrace Celina. Sei que está louco por isso. Vamos, vá logo, pois temos compromissos e não podemos nos atrasar.

Inácio distendeu largo sorriso. Dirigiu-se até a filha e beijou-lhe uma das faces. Repetiu o mesmo gesto com Berta.

Emídio replicou:

— Dê graças a Deus por Berta estar por perto. Trata-se de um espírito forte, que se encontra maduro no campo da impessoalidade. Você poderá aprender muito com ela.

— Mas Berta está encarnada!

— E qual a diferença? Por acaso aqui no astral não existem espíritos duros na consciência, presos em conceitos antigos, arraigados? Veja o caso da dupla que saiu há pouco daqui. Não é porque estamos encarnados que somos piores ou mais fracos que os desencarnados. Tudo é relativo na vida. Trate de alargar sua consciência, Inácio.

— Está certo, Emídio. Preciso alargar minha consciência, afinal nada é como parece, não é mesmo?

Emídio assentiu com a cabeça.

Emitiram ondas coloridas que foram diretamente para a região cardíaca e abaixo do umbigo de Celina, em lindos matizes coloridos que penetravam seu corpo e retiravam as energias pesadas lançadas pelos espíritos que ali estavam minutos antes.

Após alguns instantes, Emídio e Inácio saltaram de banda rumo a compromissos assumidos perante a eternidade.

Capítulo 4

Cora jogou-se pesadamente no sofá. Seus dedos formigavam. Estivera dando aulas por horas a fio, sem pausa para descanso.

Lúcia surgiu da cozinha, com feições contrariadas no semblante:

— Mãe! Precisa ir com mais calma. Não pode dar tantas aulas assim. Ainda temos a poupança.

Cora passou a mão pela fronte, meneando a cabeça de um lado para o outro:

— Excedi-me por hoje. Estou me acostumando aos poucos a pegar no batente.

Lúcia enxugou as mãos no avental e sentou-se ao lado da mãe.

— Você trabalhou muito hoje.

— Você também tem trabalhado muito. Além de ajudar seu irmão no empório, ainda arruma tempo para costurar e para limpar a casa. Só posso agradecer-lhe a ajuda. Temos algumas economias no banco, mas não podemos vacilar.

Lúcia beijou amorosamente a face de Cora.

— Estamos fazendo aquilo que podemos. Adoraria continuar a levar a vida que tínhamos. Mas, se tudo virou de repente, foi um sinal que Deus nos deu para reavaliarmos nossa maneira de viver. Se papai morreu e ficamos cheios de dívidas, é porque tanto a senhora quanto Wilson e eu tínhamos de burilar nossos espíritos, aprender a nos virar, encontrar valores esquecidos, escondidos lá no cantinho de nossa alma, a fim de crescer e amadurecer em outros aspectos.

Cora anuiu com a cabeça.

— Você tem razão, Lúcia. Bom ter você e Wilson a meu lado. Fui presenteada com filhos cujos espíritos são dignos.

Sei que para vocês tudo foi mais difícil ainda, pois estavam acostumados ao luxo, a amigos pertencentes à alta sociedade, escolas de primeira linha, aulas de tênis, francês, inglês...

Cora exalou leve suspiro. Lúcia continuou a fitá-la. A mãe continuou:

— Lembra-se de quando a modista vinha nos visitar a cada quinze dias?

Lúcia deu de ombros.

— E daí? Eu terminei o Normal e por opção não ingressei na universidade. Tanto eu quanto Wilson aprendemos e demos valor ao que papai e você nos deram. Aproveitamos os estudos, as professoras de línguas, enfim, fomos bem educados. E também não sinto falta da modista. Aliás, foi por causa dela que aprendi a costurar. A senhora não se recorda de como eu ficava em cima para vê-la fazendo os cortes, a costura, prestando atenção em tudo?

Cora riu.

— Lembro como se fosse hoje. Você sempre foi muito observadora, sempre aprendeu com facilidade. Tenho a plena certeza de que logo encontrará uma maneira de desenvolver seus potenciais e crescer profissionalmente.

— Estamos há pouco nos recuperando. Faz um ano que papai morreu. Logo poderei dar novo rumo em minha vida. E, quanto aos amigos da alta sociedade, não se preocupe. Eu e seu filho puxamos a você, ou seja, não sentimos falta alguma do pessoal da alta. Infelizmente, a grande maioria se perde na vaidade, nas aparências. Prefiro ficar equilibrada e lúcida, sem me deixar envolver pelos ditames sociais.

— Lúcia, minha filha, é impressionante como só estando no meio disso tudo percebemos que nada é como parece. Precisamos estar com a mente aberta para enxergarmos além.

— Além das aparências, certo?

— Sim. Geralmente o pessoal do meio ao qual pertencíamos sempre lutou para parecer ser o que não é.

Ficaram em silêncio por alguns instantes, até que Lúcia lançou nova pergunta à mãe.

— O passado ainda mexe muito com a senhora, não?

Cora suspirou novamente e uma pequena lágrima escorreu pelo canto dos olhos.

— Por acaso estou sendo indelicada em tocar no passado?

Cora pendeu a cabeça para o lado, em sinal negativo.

— De maneira alguma. Lembrar aqueles tempos só me traz alegria. As lágrimas recrudescem porque sinto saudade. Tenho certeza de que a qualquer momento, mesmo que não seja nesta vida, poderei reatar a amizade com Eulália e Chiquinha.

— Eu não quero ser intrometida, mas é verdade que dona Eulália foi apaixonada pelo doutor Rodolfo?

— Sim. Rodolfo era paquerado por muitas moças. Eu o achava um jovem bonito e atraente, mas sempre me senti atraída pelo seu pai.

— Mas conte-me então sobre o envolvimento de dona Eulália e o doutor Rodolfo.

Cora fechou os olhos e procurou dar margem ao passado, mas uma voz doce e familiar trouxe-a novamente à realidade. Ela abriu os olhos e distendeu largo sorriso.

— Filho! Particularmente estava com saudade de você hoje. Venha e me dê um beijo.

Wilson correu até os braços da mãe. Abraçou-a e beijou-lhe a face com ternura.

— Fechei a mercearia mais cedo hoje. O movimento estava muito fraco.

Cora ficou a fitar o filho. Como ele era lindo! Cabelos fartos e escuros, rosto quadrado marcado por expressões másculas. Seus olhos castanhos eram brilhantes e sedutores. Possuía um corpo bem torneado, cujo porte altivo combinava perfeitamente com sua pele alva. Wilson era a cópia fiel do pai, Diógenes, quando este fora moço.

Wilson tirou-a do deslumbre:

— O que foi? Nunca me viu mais gordo?

— Ora, estou contemplando sua beleza. Olhar para você, além de fazer bem para os olhos, traz também recordações deliciosas de seu pai. Você se parece muito com ele na época em que nos conhecemos.

— Soube de histórias em que papai fora disputado a tapas por você e dona Chiquinha.

Cora fechou o cenho.

— De onde tirou essa ideia? Quem lhe contou isso?

Wilson e Lúcia riram sorrateiros. Ele continuou, sem pestanejar:

— Antes de a bomba estourar para o nosso lado, ouvi Maria Eduarda, a filha de dona Chiquinha, fazendo comentários desse tipo. Disse que a senhora usou de todo tipo de recurso, inclusive macumba, para manter papai preso a seus pés.

Cora, sempre equilibrada, naquele momento fez um gesto de contrariedade.

— Você ouviu isso?

— Isso e muito mais. Maria Eduarda não tem papas na língua. Desfere seu veneno contra tudo e todos. Achincalha a mãe pelas costas, trata o pai e o irmão com indiferença. Nem parece da família.

Lúcia interveio:

— Deixe de lado. Maria Eduarda sempre foi assim. É o jeito dela. Não adianta querermos que ela mude o jeito de ser. Ela é o que é.

Wilson fitou a irmã de través:

— Agora Maria Eduarda é uma humilde filha de Deus. Só porque o irmão frequentou nossa casa, não vai querer agora defendê-la, não é?

— Claro que não! Eu fui amiga dela. Você é que se derretia todo. Desde aquele tempo percebi o caráter de Maria Eduarda. Ela ia sempre em casa para paquerar você e só parou quando descobriu que estávamos na bancarrota. Sempre foi interesseira. Só disse que ela é o que é.

Cora aduziu:

— Devemos olhar as pessoas como são, e não como gostaríamos que elas fossem.

Ambos olharam para a mãe, e ela continuou:

— Não adianta ficarem admirados, não a estou defendendo. Por que você nunca comentou nada comigo, meu filho?

— Porque estávamos cheios de problemas. A morte de papai, a falta de dinheiro... Eram muitas as preocupações. Achei melhor calar.

Lúcia não se conteve:

— Mãe, tudo isso é verdade? Você disputou papai com dona Chiquinha?

Cora olhou para os filhos angustiada. Passou a mão pela testa e sentou-se novamente no sofá. Exalou novo suspiro e começou a revelar parte de seu passado.

— Vivíamos numa época de ouro. Eram os loucos anos vinte, quando tudo era permitido. O fim da Primeira Guerra Mundial havia trazido um novo ânimo, uma nova maneira de encarar a vida. O lema era romper com o passado, afinal de contas outra guerra poderia eclodir novamente. Era preciso aproveitar, divertir-se, viver o momento presente. Eu era muito amiga de Eulália, de Chiquinha e de sua irmã, Isabel Cristina. Formávamos um belo grupo de jovens, todos pertencentes à mesma classe social, exceto eu, que tinha sido aceita porque meus tios pagavam a escola. Além de nós, havia no grupo Diógenes e Rodolfo. Eu e Chiquinha tínhamos uma queda por Diógenes, enquanto Eulália era muito assediada por Rodolfo. Ele sempre apresentou um temperamento ambíguo. Seus olhos enigmáticos e seu sorriso seduziam a todos.

Cora pausou. Wilson tomou a palavra:

— Nunca gostei do doutor Rodolfo. Vocês podem dizer que ele nos ajudou, que foi amigo e nos amparou na época em que papai morreu, mas sei que há algo por trás daquele sorriso sedutor. — Wilson baixou a cabeça e pigarreou. Já havia passado apertado com Rodolfo e procurou dissimular. Alteou a cabeça e fixou seus olhos nos da mãe: — Sei o que a senhora quer dizer sobre ele.

Lúcia considerou:

— Ora, creio que o doutor Rodolfo tudo tenha feito pensando no lucro. Trata-se de um bom jogador.

Cora concordou:

— Pode ser. Esse assunto não nos compete. — Virou-se para Wilson e continuou: — Eu sei o que quer me dizer. Rodolfo nunca teve escrúpulos para conseguir o que quis. Mas não posso culpá-lo pela morte de seu pai.

Lúcia interveio:

— Se ele fosse um jogador de primeira, teria conseguido casar-se com dona Eulália. Se ela era assediada por ele, qual o motivo de não terem se casado?

Cora pigarreou. Em seus olhos, por segundos, passaram flashes de um passado que não convinha ser relembrado naquele momento. Procurando dissimular, contou parcialmente a verdade.

— Eulália e Rodolfo namoravam. A família dele perdeu praticamente tudo com a quebra da bolsa de valores de Nova York, em 1929. Eulália até que tentou, mas sua família nunca permitiria que a filha se casasse com um pobretão. Por essa razão sua família rompeu com o noivado. Rodolfo foi espezinhado e espicaçado por muita gente.

— E por que não se casaram mesmo assim?

Cora deu de ombros.

— São escolhas que fazemos.

Wilson ficou mais interessado:

— Ora, mãe, se a senhora e dona Chiquinha disputaram papai a tapas, como pode ela ter se casado com o doutor Elói, sem mais nem menos?

— Já disse, são escolhas. E não disputamos seu pai a tapas. Nada fiz para ter seu pai a meu lado. Fomos unidos pelo amor, mais nada.

Wilson tornou, a contragosto:

— Tem gato nessa história...

Cora ruborizou. Pensamentos negativos e densos de um passado distante voltaram com força. Reviveu todo aquele tormento. Passou a mão pela testa como a afastar as cenas antigas. Levantou-se de pronto e, sem responder aos filhos, foi em direção ao banheiro.

— Vocês não sabem do passado, não enxergam além. Não me sinto na obrigação de contar-lhes nada agora — disfarçou. — Na verdade, o que mais necessito no momento é de um bom banho. Com licença.

Wilson e Lúcia olharam-se e, desconfiados, baixaram os olhos por instantes. Por que todos ocultavam a verdade? Dentro dessas histórias mal contadas estaria a chave para desvendar os mistérios do passado?

Sem dizer uma palavra, mas com a cabeça cheia de indagações, os irmãos levantaram-se e, abraçados, foram para a cozinha adiantar o jantar. Em silêncio, enquanto um ajudava o outro no preparo do repasto, suas mentes divagavam sobre aquele passado obscuro, tentando imaginar o que de fato teria acontecido.

Maria Eduarda estava sentada em elegante poltrona, próxima ao hall de entrada da confeitaria. Seu semblante demonstrava irritação e ansiedade.

Em instantes, um homem maduro, de belo porte e sorriso sedutor, fez-lhe a corte.

— Desculpe-me o atraso, querida.

Maria Eduarda estendeu a mão para o cumprimento, meio a contragosto.

— Já não era sem tempo. Como se atreve? Não posso ficar esperando tanto assim.

— Estive preso a reuniões. O trânsito está lento, não foi minha intenção fazê-la esperar. Por gentileza, vamos entrar?

Levantaram-se e Maria Eduarda deixou-se levar pelos braços fortes e firmes do homem. Após escolherem uma mesa discreta nos fundos do salão, sentaram-se. Maria Eduarda foi taxativa:

— Sem mais delongas. Você prometeu ajudar-me a conquistar Murilo. Por que ainda não conseguiu um encontro para nós? O que está acontecendo que eu não estou sabendo?

— O que é isso? Está duvidando de mim? Não fui eu quem lhe contou o passado dos seus? Por acaso acha que menti sobre sua mãe?

Maria Eduarda anuiu com a cabeça.

— Sei, Rodolfo, mas e daí? Não me interessa o passado de minha mãe. Sempre a achei reservada demais. Sabia que atrás daquele verniz sempre houve uma mulher inescrupulosa como eu. Tenho a quem puxar.

Rodolfo meneou a cabeça.

— Não é bem assim. Quando jovens, cometemos alguns desatinos. Sua mãe foi uma moça como outra qualquer, cheia de planos, sonhos...

— Está certo, mas chega. Não quero que fale sobre minha mãe. Sei que vocês foram amigos no passado, e também não me interessa por que estão afastados.

Rodolfo olhou-a impávido.

— Em sua casa sabem que estamos nos encontrando? Isso pode ser prejudicial a você.

Maria Eduarda soltou um riso seco.

— Não seja imbecil, meu caro. Tudo aqui gira pelo interesse. Eu quero uma aproximação com Murilo. Nem que primeiro eu tenha de travar amizade com dona Eulália. Sei que ela é louca pelo filho. Posso fazer o papel da garota ingênua que acha o filho dela interessante mas que nunca lhe faria a corte. O que acha?

Rodolfo pousou suas mãos nas de Maria Eduarda. Nesse instante ela sentiu um calor percorrer-lhe o corpo.

— Você sabe que farei tudo para que fique com Murilo. É só uma questão de tempo. Logo estarão juntos. Vamos ganhar muito com essa união. Como está indo com o advogado de Eulália?

— Sopa no mel. Mais um pouco e trarei tudo em suas mãos.

— Você é formidável.

Maria Eduarda assentiu. Seu corpo arrepiou-se ao toque das mãos de Rodolfo.

— Dou-lhe o prazo até a próxima semana. O tempo urge.

Rodolfo continuou a fixar seus olhos nos dela.

— Está certo. Mas gostaria que terminássemos esse assunto em minha casa. Vamos?

Maria Eduarda estremeceu.

— Agora?

— Sim. Por que não? Está agindo como se fosse nossa primeira vez.

— Mas não estou preparada. Podemos deixar isso para um outro dia.

— Outro dia é muito vago. Quero você agora, ou serei obrigado a adiar o prazo de seu encontro com Murilo.

Maria Eduarda hesitou. Rodolfo, continuando a fitá-la nos olhos, concluiu:

— Nunca me pareceu que você se obrigasse a fazer amor comigo. As mulheres não sabem fingir. Você sente prazer comigo. Agora vamos.

Antes de Maria Eduarda tocar em seu refresco, que mal acabara de ser trazido pelo garçom, partiram para o pequeno apartamento de Rodolfo, no centro da cidade, utilizado somente para esses fins. Maria Eduarda até tentou demovê-lo dessa ideia, mas o desejo prevaleceu. Quanto mais desejava ir contra, mais a vontade de estar com ele aumentava.

Próximo ao casal, o espírito de Inácio tudo observava, com tristeza.

Orou com fervor, mas a sombra escura, cheia de lascívia, não desgrudava um instante de Maria Eduarda e Rodolfo, potencializando os desejos íntimos de ambos, o que não permitia que a oração de Inácio os beneficiasse, afastando essa energia nociva e sugadora. As energias da entidade misturavam-se às do casal encarnado, a tal ponto de ficar quase impossível separar energeticamente uma vontade da outra.

Antes de Inácio partir, uma luz alva e brilhante fez-se presente no salão. Aos poucos a luz foi tomando um contorno humano, logo transformando-se em delicada figura feminina. Ela tocou a fronte de Inácio e imediatamente ele recarregou as energias vitais. Ordenou:

— Não entre na mesma faixa que eles.

— Desculpe, Laura. Mas se fui um péssimo marido, obrigando Eulália a casar-se comigo, agora preciso protegê-la da ambição desmesurada dessa doidivanas.

Laura aproximou-se mais de Inácio e tocou-lhe o ombro.

— Ninguém é vítima das circunstâncias. Todos estamos vivendo envoltos por faixas energéticas distintas, como as ondas do rádio. O mesmo acontece com nossas relações aqui na Terra. Só que as ondas neste caso serão nossos pensamentos, e o rádio serão as várias pessoas que encontramos no caminho.

— Mas aquela entidade sedenta por sexo está prejudicando Maria Eduarda. Sei que Rodolfo sempre teve companhias desse tipo, mas ela não. Se ela sucumbir, como se ligará a Murilo?

— Dê tempo ao tempo. Maria Eduarda é um espírito ambicioso, forte, audacioso. Infelizmente ela está usando seus potenciais de uma maneira equivocada, deixando-se dominar pela vaidade e pelo orgulho. Graças às leis universais, temos a eternidade para consertar a situação.

Antes de Inácio rebater a questão, o espírito sábio de Laura concluiu:

— Não julgue. Cada um é livre para fazer o que bem entender. A energia sexual é muito forte, talvez a de maior responsabilidade para o ser humano. Controlá-la é um dom, que vamos treinando durante as sucessivas encarnações, dando as diretrizes de seu uso. Energia sexual é energia vital, que a vida nos deu para ser utilizada em outros campos de nossa etapa evolutiva. Utilizar essa energia no trabalho, nas relações com as pessoas, no nosso dia a dia, é um aprendizado que renderá muitos frutos bons no futuro.

— Não sabia que o sexo era tão importante. Sempre pensei que ele fosse desprezado aqui no astral.

— E como podemos desprezar a energia de Deus? Inácio, como acontece o reencarne na Terra?

— Através da relação íntima entre um homem e uma mulher.

— E como uma relação estável entre duas pessoas dura tanto tempo?

— Através de amor, respeito e sexo com prazer.

— Então como condenar o uso do sexo, se ele nos foi dado para criar, para gerar vida e para manter a troca de energias sutis que somente a relação sexual pode oferecer?

— Desculpe. Estou encabulado. Nunca conversei com uma mulher a esse respeito.

— Não seja preconceituoso. Neste plano em que vivemos ainda carregamos os órgãos genitais em nosso corpo astral. Um dia teremos de reencarnar. Como poderíamos viver sem sexo aqui se teremos de utilizá-lo logo mais quando encarnados?

— Pensei que só pudéssemos fazer sexo na Terra. As poucas coisas que ouvi a respeito de sexo no mundo espiritual sempre foram de que os espíritos não têm sexo, que a troca dessa energia é feita de outra maneira.

— Sim, absolutamente certo, mas em outras esferas, muito mais adiantadas do que a nossa. Estamos vivendo muito próximo do orbe terrestre e precisamos manter as funções do sexo. A única diferença aqui no astral é que não há rótulos. Os espíritos têm afinidades e se relacionam intimamente por meio da sintonia da alma.

— Já percebi essa realidade.

— Ademais, Inácio, o preconceito é que tem feito Celina sofrer na Terra. Ela está em desequilíbrio pelo fato de não poder falar abertamente sobre o que lhe acontece. Se fosse menos orgulhosa, poderia procurar ajuda.

Inácio ruborizou:

— Você agora vem me dizer que Celina é culpada por ter aqueles desejos? Que é culpada por ter mediunidade?

— Vejo que você precisa aprender muita coisa ainda, meu amigo.

Laura levantou a mão, fazendo movimento de arco, postada ao lado de Inácio. Em segundos, surgiu em frente a ambos uma tela, parecida com fino cristal, mostrando cenas que soavam familiares a Inácio. Cenas de passado recente e distante, num vaivém frenético.

— E agora, o que me diz?

— Todas essas cenas eram de Celina em outras vidas?

— Sim.

Inácio nada respondeu. Baixou a cabeça e, mãos dadas com Laura, alçaram voo, desaparecendo entre a multidão que se espremia nas ruas estreitas e apinhadas de carros do centro de São Paulo.

Capítulo 5

Passava das quatro quando Amauri deu mais uns passos e sentou-se no mesmo banco da praça Buenos Aires. A chuva típica de verão já havia caído, deixando aquela tarde menos quente do que o costume. Ficou a contemplar o sol, que calmamente ia se pondo, com suas fagulhas brilhantes e alaranjadas, tingindo o céu de cores vibrantes.

Enquanto seus pensamentos perdiam-se com a contemplação do sol, um senhor de meia-idade sentou-se a seu lado. Como num impulso automático, Amauri mudou a postura e sentou-se reto. Olhou preocupado para o senhor ao lado e sem mais nem menos beliscou-o a valer.

O homem soltou um grito justo:

— O que é isso?! Por que me deu esse beliscão, rapaz?

Amauri mordeu o lábio inferior e fechou o cenho na tentativa de diminuir seu constrangimento.

— Des... Desculpe, senhor, mas é que...

Antes que ele pudesse formalmente pedir desculpas, uma senhora de aspecto gracioso e sereno aproximou-se, cumprimentando o homem:

— Como vai, Antero?

— Com um pouco de dor no braço, mas bem — brincou.

— E quem é o rapaz simpático?

— Um conhecido meu.

A senhora despediu-se e continuou a caminhar na praça.

Antero deu um sorriso maroto a Amauri.

— Achou que eu fosse um espírito?

Amauri remexeu-se nervosamente no banco. Com olhos arregalados, inquiriu:

— Como sabe?

— Percebi pela sua aura. Você precisa estudar e entender melhor os mecanismos da mediunidade.

— Confesso estar atordoado. Tenho medo. Não sei se estou falando com gente viva ou morta. Sei que pode me tomar por louco, mas esta é a minha realidade.

— Não se assuste. Passei por isso há alguns anos, mas com estudo e seriedade tenho entendido melhor a vida espiritual. Como pode ver, sou de carne e osso, e me chamo Antero. Moro aqui perto.

— Nunca o vi antes.

— Mudei-me há pouco. Fiquei viúvo, casei-me novamente e mudei para cá.

— O senhor entende dessas coisas?

— Que coisas?

— De mediunidade, reencarnação, enfim, tudo que se refere à vida espiritual.

— Por certo. Fundei com minha nova companheira um centro de desenvolvimento espiritual aqui perto. Há muita gente que necessita e quer saber mais sobre as leis da vida.

— Isso me assusta muito. Não gosto desses fanáticos que seguem ordens só porque foram dadas por espíritos. Tampouco aprecio rituais. Sem ofender...

Antero aquiesceu:

— Você tem todo o direito de pensar dessa forma. Vivemos num país onde as religiões, filosofias de vida e crenças das mais diversas estão pulverizadas em todas as camadas da sociedade. O Brasil possui esta virtude, onde o católico respeita o espírita, que respeita o judeu, que respeita o umbandista, que respeita o protestante, que respeita o muçulmano, que por sua vez respeita o crente, e por aí afora. Esta diversidade espiritual faz com que tenhamos flexibilidade para entender, aceitar e respeitar todos os caminhos que de uma forma ou de outra nos levam ao Criador.

Amauri pousou o dedo no queixo. Nunca havia pensado dessa maneira antes.

— Mas, pelo pouco que sei, somente o espiritismo aceita o mundo invisível e aborda a reencarnação sob aspectos irrefutáveis. O que me intriga são os rituais e as histórias de que precisamos desenvolver a mediunidade, que se pararmos no meio do caminho ficaremos muito mal, que todo médium tem uma missão e...

Antero fez um sinal gracioso com o indicador para que Amauri parasse com a oratória.

— Desculpe interrompê-lo, mas percebo que você foi juntando pedaços daqui e dali, fazendo um quebra-cabeças tentando compreender a vida espiritual. Infelizmente sua mente está confundindo as coisas.

Amauri baixou a cabeça envergonhado. Nunca quis inteirar-se sobre as questões espirituais, nem mesmo na época em que recebia esclarecimentos de sua tia Isabel Cristina. Agora sentia que estava misturando as estações. Antero, mantendo uma postura impessoal que lhe era peculiar, continuou:

— A vida espiritual sempre acompanhou a humanidade, desde os seus primórdios. A crença na reencarnação é tão antiga que se perde nos fios do tempo. Por questões de interesse, algumas pessoas passaram a usar o nome de Deus para conseguir uma série de regalias, confundindo a mente de muitos. Há pelo menos uns dois mil anos estamos entrando em choque com as diferentes ópticas criadas acerca do mundo astral. Por mérito da própria humanidade, recebemos primeiro as mensagens de Jesus, a fim de restabelecer a crença em uma única força, comumente chamada de Deus ou Criador.

Amauri não afastava seus olhos dos de Antero. Sorvia suas palavras, tamanha sede de conhecimento. Antero, por sua vez, de maneira pausada e cativante, continuava sua explanação:

— Visto que a humanidade começou a desvirtuar-se das leis da vida, mais uma vez fomos agraciados com os ensinamentos de Allan Kardec há mais ou menos cem anos, trazendo-nos preciosos conhecimentos acerca do mundo astral. Das cinco obras básicas de Kardec, surgiu o que se conhece por doutrina espírita. Aqui no Brasil, Chico Xavier, com sua preciosa mediunidade, traz-nos muitos ensinamentos da vida espiritual. Você já leu algum livro dele, especialmente aqueles ditados pelo espírito André Luiz?

— Em Portugal ganhei um exemplar de minha tia, não me lembro qual.

— Está vendo como há muito material em nossas mãos? Somos privilegiados.

— Por quê?

— Porque esses livros estão à nossa disposição, por preços acessíveis. É só ter boa vontade e ir atrás. Quem procura acha...

Amauri coçou o queixo. Ressabiado, perguntou:

— Então o senhor também faz rituais e segue a ordem dos espíritos?

— De maneira alguma. Devo esclarecer que a espiritualidade é muito, mas muito, ampla, e o conhecimento que nos chega por intermédio dos espíritos é muito pouco, se comparado à realidade espiritual. Por outro lado, existem maneiras de estudar e entender a vida espiritual. Aqui no Brasil temos o espiritismo e a umbanda, cada qual com sua função específica. Eu sou um mero estudioso do assunto, e não poderia lhe dizer mais sobre umbanda ou até candomblé, muito confundidos com espiritismo, justamente porque seus adeptos também acreditam em espíritos. Só que o espírita tem um jeito de estudar e trabalhar com as forças espirituais, como o umbandista tem o seu, e por aí em diante. Rituais e determinadas práticas de magia que encontramos em muitas esquinas de nosso país, seja por meio de oferendas, bebidas e velas, não estão ligados ao espiritismo de Kardec ou mesmo aos livros de Chico Xavier. Tenho como base em meu centro de desenvolvimento espiritual os ensinamentos de Kardec, mas, como tudo é mutável neste mundo, procuro associar a metafísica e estudos sobre pensamento positivo e outro punhado de técnicas que me ajudem a perceber de uma nova maneira todos esses postulados.

Amauri estava estupefato.

— O senhor é realmente um estudioso. Ouvindo-o, percebo que nada sei.

— Não sabe porque não quer. A espiritualidade está aí ao nosso redor, mesmo que invisível.

— Como poeira, certo?

Antero animou-se:

— Como poeira, isso mesmo. Viu como você tem raciocínio e capacidade para aprender? É só querer. Estamos neste momento rodeados de poeira, e nossos olhos físicos não a enxergam, a não ser que apareça um feixe de luz. A vida espiritual é desse jeito. Está presente em toda parte. Coloque vontade e atenção, e então você começará a receber os sinais e entender melhor o mundo em que estamos vivendo.

— E quanto a mim? Como fica essa história de ver as almas desse outro mundo?

— Você nasceu com a capacidade de percepção já pronta.

— Como assim? Então sou um privilegiado, como dizem alguns?

— Não é bem assim. Todos nós somos espíritos únicos, porém ligados a uma única consciência, seja ela Deus ou força universal. Na fase em que nos encontramos, necessitamos reencarnar na Terra tantas vezes quantas forem necessárias, a fim de desenvolver a consciência, para que nosso espírito tome, a cada nova vida, mais posse de si mesmo. É provável que você já tenha tido essa habilidade em outra vida e não a tenha utilizado de maneira, digamos, sábia. — Antero calou-se por instantes e depois disse: — Agora chegou a hora de você entender e ensinar aos outros tudo que não fez em outra vida.

— Tenho medo de virar um fanático, sei lá.

— Não, meu amigo. — Antero fez uma longa pausa. Depois, falou, com a modulação de voz levemente alterada, quase imperceptível: — Você não tem medo de virar um fanático. Só está com medo de reconhecer as verdades da vida.

Nesse momento, Amauri sentiu um calor brando banhar-lhe o peito. Uma sensação gostosa, de conforto, de reencontro consigo mesmo. Esse sentimento inesperado, adormecido nos recônditos de sua alma, despertou, marejando seus olhos. Emocionado, abraçou Antero com força.

As lágrimas corriam insopitáveis, e Antero, percebendo a mágica daquele momento, afagou-lhe os cabelos, sem nada dizer.

No fim da tarde daquele mesmo dia, após se despedir de Antero e sem antes deixar de pegar o endereço do centro, Amauri chegou sereno e feliz à casa de Lúcia.

— Pensei que havia desistido dos amigos pobres — disse ela em tom de escárnio.

— Imagine. Estive pensando muito sobre minha vida e os caminhos que terei de tomar a partir de agora. Como você sabe, cheguei há pouco de Portugal e quero especializar-me em tributos. Pretendo logo abrir um pequeno escritório no centro da cidade, com a ajuda de papai.

— Mas seu pai já possui nome, uma vasta clientela, e você poderia trabalhar com ele.

— Papai nunca me deixaria chegar perto do escritório. É muito apegado.

— Mas você se graduou em Direito. Será que não é um desejo secreto dele querer que tome a frente dos negócios?

— De uma certa forma, sim. Eu adoraria trabalhar lá. Adorava, quando pequeno, ir até a cidade, rodear o prédio onde está o escritório. Por outro lado, papai é muito metódico, nada pode ser feito diferentemente de sua maneira de pensar ou agir. Não gosto disso. Tenho opinião própria e preciso ter meu espaço.

— E por que não se associa a alguém de renome? Pelo seu currículo, convites não devem faltar.

— Isso, sim. Recebi muitos convites para trabalhar na capital. E você bem sabe que, se Juscelino vencer as eleições, o Rio deixará de ser a capital do país, mudando o centro do poder.

— Com a influência que seu pai ainda tem, você pode, quem sabe, mudar para o interior de Goiás. Afinal, não é lá que se pretende construir a nova capital?

— Sim, se Juscelino vencer, promete construí-la até o final de seu mandato.

— Então seria um futuro promissor para você.

— Não para mim. Não gosto de política. E onde há grande concentração de poder há também muita corrupção. Não, quero montar meu escritório, prestar assistência jurídica a empresas. É por esta razão que às vezes sinto-me tentado a trabalhar com meu pai. Ele é sério, íntegro, excelente profissional. Se ele permitisse, gostaria de ter alguém da minha idade, que pensasse como eu, que gostasse de trabalhar com decência e honestidade. Onde encontraria alguém assim, hoje em dia?

Lúcia mordeu os lábios levemente. Um pensamento rápido surgiu em sua mente. Amauri percebeu.

— O que foi? Em que pensou?

Lúcia procurou disfarçar.

— Nada, absolutamente nada.

Amauri não se deu por vencido.

— Conheço-a há pouco tempo, mas é como se fosse há muito. Você não me engana, Lúcia. Em que pensou?

Ela baixou a cabeça envergonhada. Levantou seus olhos na direção dos de Amauri e continuou, por fim:

— É que você falou na dificuldade de encontrar alguém decente, honesto, que queira ganhar dinheiro em cima do próprio trabalho. E eu pensei que talvez houvesse alguém assim. Mas foi só um pensamento.

— Como não? Se conhece alguém assim, precisa me apresentar.

— Não seria correto. Quem conheço não teria dinheiro suficiente para juntar-se a você. Não neste momento.

— De quem está falando? Por acaso eu conheço?

Lúcia titubeou, mas por fim resolveu seguir adiante:

— Sim. É Wilson, meu irmão.

Amauri deixou que um ponto de exclamação se formasse em seu semblante. Perguntou:

— Seu irmão é formado? Fez Direito?

— Sim. Graças a Deus, Wilson sempre foi um bom filho, como também é excelente irmão. Sempre aproveitou estudar tudo que papai e mamãe podiam lhe oferecer. Quando adolescente, em vez de envolver-se com grupos de amigos e andar à toa por aí, procurava estudar o que fosse possível. Papai tinha muito dinheiro, e por essa razão Wilson pôde estudar inglês, além de ter concluído o curso de Direito no Largo de São Francisco.

— Mas como pode? Seu irmão deve ter um currículo excepcional! Com o talento que tem, poderia estar dando conforto a você e sua mãe. Não entendo como pode um aluno da São Francisco estar sem emprego, metido num empório de bairro.

Lúcia deixou que uma lágrima escorresse no canto de seus olhos. Amauri deu-se conta do jeito indelicado com que lhe dirigira a palavra.

— Desculpe, Lúcia. Não tive a intenção de magoá-los. Só não consigo entender.

— Wilson trabalhava num escritório de renome. O dono era amigo de papai. Com a morte dele e consequentemente com a perda de nossos bens, Wilson passou a ser discriminado pela nossa antiga roda social. Quando tivemos de entregar a casa de Higienópolis, foi a gota d'água. Wilson foi despedido e, por mais que tentasse, as portas foram se fechando, uma a uma. Ele ainda tentou ministrar aulas de inglês, mas o preconceito foi tão grande que todos sumiram.

Amauri estava penalizado. Nunca poderia imaginar o quão de aparências as pessoas viviam. Esse tipo de conduta não condizia com sua realidade.

— Então foi por isso que Wilson acabou aí na vendinha... Humm, agora compreendo. Mas não havia um jeito de arrumar algum emprego em outra cidade, em algum lugar onde ninguém soubesse o que ocorreu?

Lúcia riu de nervoso. Balançando a cabeça para os lados, levantou-se.

— Aguarde um instante. Vou até o quarto e já volto.

Instantes depois ela retornou, com um pequeno baú sobre os braços.

— O que é isso? — inquiriu Amauri, curioso.

— Abra e veja por si.

Amauri abriu o baú e incontáveis pedaços de jornais e periódicos recortados e amarelados pelo tempo destacavam todo o drama vivido pela família de Lúcia. O sensacionalismo havia denegrido de tal forma a imagem de Diógenes que o sobrenome Lima Tavares estava banido do círculo da alta sociedade brasileira.

Amauri estava pasmo com o que lia em cada recorte.

— Mas isso é um despautério! Como puderam ser tão vis?

Lúcia nada respondeu. Olhar novamente aqueles recortes causava-lhe amargura e dor. Por mais que sua mãe os ensinasse que era preciso aceitar os desígnios da vida, nada conseguia fazê-la entender e aceitar essa realidade.

Amauri tornou, desolado:

— Tudo aconteceu enquanto estive fora. Lamento não ter estado aqui e dado amparo, ou pelo menos ter estendido meu ombro. Revolta-me saber que minha família, sendo conhecida e vizinha, não os tenha ajudado.

— Cada um só faz o que sabe e o que pode, Amauri. No final das contas, quem nos ajudou foi o doutor Rodolfo.

— Não acha estranho receber ajuda desse homem?

— Não sei. Ele nos deu amparo e até tentou ajudar Wilson, mas meu irmão recusou.

Uma terceira voz soou forte na sala:

— E recusaria novamente, se fosse o caso.

Amauri e Lúcia voltaram de costas. Lúcia deu um salto:

— Wilson!

Amauri apressou-se e estendeu-lhe a mão.

— Como vai, Wilson?

— Bem, dentro do possível.

Amauri continuou a fitá-lo com curiosidade. Por que Wilson havia retrucado daquele jeito? Será que seria o momento apropriado para tocar no assunto? Antes que a mente de Amauri começasse a fervilhar em pensamentos e perguntas mil, Wilson tomou a palavra.

— Agora eu posso dizer, mas não sei se posso confiar em você.

— Em mim? — replicou Amauri. — Acredite, estou aqui para ajudá-los. Sinto uma estima muito grande por sua irmã e sua mãe. Sei que vocês estão magoados e desconfiados das pessoas, por tudo que aconteceu. Mas uma coisa posso assegurar-lhes desde já: eu sou de confiança. Podem acreditar em mim.

Wilson olhou de través para Lúcia. Com a cabeça baixa, ficou por alguns instantes pensando se valeria a pena confiar em Amauri. Subitamente, uma onda de confiança o invadiu e ele sentiu-se confortável em relatar a Amauri, como também a Lúcia, o porquê de não ter aceitado a ajuda de Rodolfo.

Wilson fez sinal para que Lúcia e Amauri se sentassem. Ambos obedeceram.

— Você está cada vez mais conquistando nossa simpatia e amizade. Mamãe e Lúcia falam muito bem de você. Sempre o achei muito diferente de sua irmã.

— Maria Eduarda é fascinada pelo luxo, pela riqueza — respondeu Amauri.

Lúcia interveio:

— E qual o problema? Isso não é pecado.

— Não é pecado, mas ela não sabe direcionar seus objetivos sem antes tirar vantagens. É meticulosa, capaz de fazer tudo, inclusive o que estiver fora de seu alcance, para atingir seus objetivos.

Wilson continuou:

— Sei que se trata de sua irmã, e não estou aqui como um santo, julgando-a, atirando-lhe pedras pela sua conduta. Confesso que há algum tempo senti atração por ela, mas foi passageira. Sua irmã é muito bonita, mas o que tem de bonita por fora tem de ruim por dentro.

— Não fale nesse tom! — replicou Lúcia.

Amauri aquiesceu:

— Não há problema. O que seu irmão diz é a mais pura verdade. Maria Eduarda não mede esforços para alcançar seus objetivos. Sei que ela se interessou por Wilson tempos atrás, mas, como vocês ficaram sem nada, o encanto dela acabou-se.

— Mesmo estando fora do círculo de amizades que tínhamos, sei que ela anda de olho em Murilo, filho de dona Eulália — tornou Wilson.

— É verdade — concordou Amauri. — Maria Eduarda fará o que for possível para namorá-lo.

Lúcia levantou-se, sentindo-se perturbada.

— Desculpem-me, mas não acho que o cerne de nossa discussão deva ser fixado nos delírios de Maria Eduarda. Ela é adulta e sabe o que faz. O que me interessa é saber por que você, meu irmão, recusou com veemência a oferta do doutor Rodolfo.

Wilson exalou leve suspiro. Passando as mãos pelos cabelos, considerou:

— Nós três somos adultos e temos consciência de muitas coisas que nos acontecem. A princípio fiquei um tanto constrangido com tudo isso, mas hoje sinto-me forte e seguro de que estou no caminho certo.

Lúcia e Amauri olharam-se com interrogação no semblante.

— Sei que vocês não estão entendendo. Mas mesmo a pessoa mais ingênua do mundo sabe do que Rodolfo é capaz. Com a morte de papai, percebi que ele procurou ficar muito próximo, prestando assistência demasiada para nós. No começo achei que eram coisas da minha cabeça, que estava enxergando demais, mas depois percebi que não estava com a mente suja.

— Seja mais claro — interveio Lúcia.

— Pois bem. Rodolfo, com toda aquela estampa, é capaz de causar boa impressão. Na verdade, ele me ofereceu trabalho, mas impondo-me condições que arranham os meus valores.

Lúcia levantou-se novamente e dirigiu-se até o irmão. Pousou suas mãos nas dele e, com os olhos a expressar ternura e compreensão, continuou:

— Pode falar. Além de irmã, sou sua amiga. Tenho certeza de que Amauri também é amigo. Pode confiar. Conte-nos claramente.

Ela falou e olhou para Amauri, que assentiu com a cabeça. Sentindo confiança nos dois, Wilson falou a verdade.

— Ele queria que eu o ajudasse a fazer lavagem de dinheiro. É isso.

Lúcia tapou a boca espantada. Amauri fez um esgar de incredulidade.

— Sei que vocês não têm o que dizer, mas foi o que aconteceu.

Amauri tornou:

— Nunca pensei que o doutor Rodolfo fosse tão vil.

Wilson, compenetrado e mais sereno, salientou:

— Não é esta a questão. Eu particularmente não me espanto e não condeno ninguém. Cada um sabe o que faz. Como diz mamãe, cada espírito já carrega dentro de si as suas tendências. Além do mais, Jesus disse: "atire a primeira pedra quem estiver sem pecado".

Amauri ajuntou:

— Estou farto desse tipo de conduta. Parece que neste país tudo é movido pela corrupção, pela mania de querer levar vantagem em tudo. Por isso tenho medo de associar-me a alguém que não conheça.

— Eu concordo — tornou Wilson —, mas essa história com Rodolfo não me feriu na hombridade. Papai também agia assim, por essa razão não posso julgá-lo. Acho que Rodolfo pensou que eu fosse como papai. Acabou se dando mal.

— De uma certa maneira, ele não é diferente de Maria Eduarda — atalhou Amauri.

— Claro que é — objetou Lúcia. — Maria Eduarda quer um bom casamento, só isso. O doutor Rodolfo só quer poder e mais poder.

— Pode ser, mas não sei. Tenho me preocupado com Maria Eduarda. Ela sai de fininho, retorna a casa altas horas. Há vezes que ela sai à tarde, diz que vai estudar com as amigas, mas é mentira.

— Como você tem certeza disso? — inquiriu Wilson.

— Outro dia encontrei Clarinha, amiga de classe e de grupo de estudos de Maria Eduarda. Ela veio me abordar na rua preocupada com minha irmã. Imaginem só: Clarinha veio me dizer que Maria Eduarda estava havia dias sem aparecer na faculdade. Não acham isso estranho?

— E você não foi averiguar? — perguntou Lúcia.

— Tentei uma aproximação mais amena, mais simpática. Quando disse a Maria Eduarda que havia encontrado Clarinha na rua, ela foi logo me insultando, dizendo que eu me metia em sua vida, e ela era adulta e sabia o que fazia. Como às vezes mamãe é atacada por crises de enxaqueca, Maria Eduarda sempre me chantageia dizendo que vai fazer um escarcéu na frente dela. Tenho pena de minha mãe.

— Não sei se esse sentimento é válido, mas você precisa fazer alguma coisa para que ela não se perca por aí — tornou Lúcia.

— Isso não é problema meu. Eu gosto de Maria Eduarda, mas não posso ficar correndo atrás dela para evitar que dê seus tombos. Ela é livre para escolher. Afinal de contas, possui livre-arbítrio.

— Uau! — rebateu Wilson. — Então você está começando a desvendar os grandes mistérios da vida? Mamãe o convenceu de alguma coisa?

— Tanto sua mãe quanto o senhor Antero, um homem que conheci antes de aqui chegar. Ele possui um centro de desenvolvimento espiritual lá perto de casa e convidou-me a participar de palestras elucidativas acerca da vida espiritual, das verdadeiras leis de Deus.

— Seria muito eu pedir para ir junto? — perguntou ansiosamente Wilson. — Tenho conversado muito com mamãe, mas temos sentido falta de palestras, de trocar ideias com outras pessoas que pensem como nós e, mormente, trabalhar com nossa sensibilidade. Ainda não encontramos um lugar onde haja afinidade.

Amauri animou-se.

— Na próxima quinta-feira será noite de palestra. O senhor Antero convidou-me. Estava com vontade, mas no fundo não queria ir sozinho. Vocês gostariam de ir comigo?

Os irmãos disseram em uníssono:

— Sim!

— Ótimo. Eu apanho vocês às quinze para as sete. A palestra começa pontualmente às sete e meia da noite. Ele me disse que eles respeitam muito o horário, não permitindo atrasos, pois estão conectados com os amigos do plano astral, e estes são sempre pontuais.

— Deve ser um lugar sério — comentou Wilson. — Todo lugar onde há ordem e disciplina deve ser olhado com respeito.

— Combinaremos o horário mais para a frente. Falta quase uma semana para quinta-feira.

— Desculpe, Lúcia — tornou Amauri. — Estou ansioso para descortinar os mistérios da vida.

— O conhecimento sempre chega na hora certa, quando estamos prontos — concluiu Wilson.

Continuaram a conversa por mais algum tempo até que Cora chegou e juntou-se ao grupo. Amauri, feliz de estar entre pessoas verdadeiras, sinceras e acima de tudo amigas, fez um convite inesperado:

— Gostaria de levá-los para jantar.

Os três se olharam com espanto. Cora foi logo dizendo:

— Não precisa se preocupar, Amauri. E, para ser bem sincera, até gostaria, mas infelizmente nosso orçamento ainda não permite esse tipo de gasto.

— Mas quem disse que vocês vão pagar? São meus convidados e, acima de tudo, meus amigos. Faço questão de que se arrumem. Eu espero.

— Não há nada aqui perto — interveio Lúcia.

— Mas não vou levá-los aqui perto. Há um excelente restaurante na Barão de Itapetininga.

— Lá custa uma fortuna! — exclamou Wilson. — Não podemos e não queremos abusar de sua boa vontade.

— Nada disso. Hoje está sendo um dia especial. Aconteceram coisas maravilhosas para mim. Estou feliz por ter conhecido o senhor Antero e mais feliz por estar perto de vocês — falou, e involuntariamente seus olhos pousaram nos de Lúcia.

Wilson e Cora olharam-se e sorriram. Entenderam e apressaram-se em se arrumar. Wilson, em tom levemente malicioso, sugeriu à irmã:

— Temos um só banheiro. Vou banhar-me primeiro. Depois vai mamãe. Quando ela terminar, virá chamá-la.

Sem pestanejar, Wilson saiu com os braços amparados delicadamente nos ombros de sua mãe.

Capítulo 6

Amauri e Lúcia ficaram sentados, cada qual numa extremidade do sofá. O rapaz não sabia se a fitava ou não. Ultimamente estava sentindo muito mais do que uma forte amizade. Ele sentia no coração um calor avassalador toda vez que a via. A cada dia ficava difícil ocultar o sentimento de amor que bordejava em seu peito. Lembrava-se do primeiro encontro, quando seus olhos se encontraram. Era-lhe difícil admitir, mas tinha a certeza de que começara a amá-la desde aquele instante.

Lúcia também estava com o pensamento voltado para aquele dia. O silêncio reinava na sala. Ambos estavam concatenando suas ideias, sem se olhar, porque naquele instante qualquer olhar, tanto de um quanto de outro, denunciaria explicitamente o que ia em seus corações.

Lúcia, para quebrar aquela situação que começava a tornar-se constrangedora para ambos, tomou a iniciativa:

— Você gosta de música? — perguntou, dando um salto do sofá e correndo até a vitrola.

— Adoro — respondeu Amauri. — Pelo que vejo aí na estante, vocês não se desfizeram dos discos.

— Só o faremos em último caso. Mamãe e Wilson preferem música clássica e jazz.

— E você? Qual sua preferência?

— Sou versátil, gosto de tudo um pouco, embora seja fascinada pela música brasileira. Adoro a melodia, o ritmo. As marchinhas, os sambas, os boleros...

— Eu também gosto bastante. Estou um pouco por fora, embora lá em Portugal fosse fácil encontrar discos de cantores brasileiros. De que você mais gosta, ou o que está fazendo sucesso no momento?

Lúcia riu com gosto. Adorava ouvir música e foi com prazer que vasculhou a estante sob a vitrola, na tentativa de encontrar algo que agradasse aos ouvidos de Amauri.

— Já ouviu falar em Emilinha Borba?

— Claro que sim.

Lúcia pegou displicentemente um disco e colocou-o para tocar. Logo a sala se enchia de melodia.

— Gosto muito dela. Foi eleita Rainha do Rádio ano passado.

— Fiquei sabendo que esses concursos são disputadíssimos. Mamãe me disse que se trata de uma onda nacional. E qual o seu voto para este ano?

Lúcia fez ar de interrogação.

— Quem sabe, Ângela Maria? Não sei ao certo. Não tenho tido tempo para pensar nisso. Tenho muito a fazer. Mas ela é uma cantora de voz abençoada.

Após algum tempo nesses assuntos, Amauri aproximou-se de Lúcia, sentando-se bem próximo a ela. Embora vestida com simplicidade, portava-se com elegância. Amauri sentiu a boca secar, procurou forçar a saliva e por fim quebrou o silêncio:

— Eu muito a estimo e nada gostaria de fazer para feri-la. Nossa amizade é algo que não quero nunca que seja abalado, por nada.

— Eu também sinto a mesma coisa, desde o dia em que nos encontramos no largo.

Quando se deram conta, estavam abraçados e beijando-se com ardor. As carícias foram aumentando até que Lúcia voltou a si:

— Calma! — disse, empurrando Amauri e levantando-se, na tentativa de se recompor.

— Desculpe — tornou ele levemente ruborizado. — O desejo e a música foram mais fortes.

— Vamos devagar. Mamãe e Wilson estão próximos. Se estiver realmente interessado em mim, peça autorização a meu irmão.

Amauri começou a rir. Ria gostosamente. Lúcia enervou-se:

— Está rindo do quê? Por acaso acha que sou como essas mundanas que o cercam?

Amauri continuava rindo. Dirigiu-se até Lúcia e abraçou-a pela cintura.

— Estou rindo do seu jeito, oras. Nunca duvidei de sua conduta. É claro que conversarei com Wilson. Não esperava por isso hoje, mas, já que teremos uma noite especial, farei o pedido formalmente no jantar.

Lúcia deixou-se ficar abraçada por Amauri e, de olhos cerrados, considerou:

— Estou muito feliz. Meu coração pulsa de alegria. Confesso estar atraída por você desde o primeiro instante que nos vimos.

— Eu também. Quero namorar, noivar e me casar com você. Creio plenamente que seremos muito felizes juntos.

— Com certeza.

De súbito, Lúcia desgrudou-se de Amauri. Levantou-se e desligou a vitrola. Virando-se para ele, com expressão triste nos olhos, tornou:

— E como você transmitirá a notícia a seus pais? Na certa, eles desaprovarão nossa relação. Não pertenço mais ao mesmo nível social que o seu.

— Ora, querida. Isso não é da conta deles. Não dependo de meus pais para nada. Sou maior de idade, sei o que quero.

— Mas você tem uma mesada. Está pensando em montar escritório, mas recebe dinheiro de seu pai. E se ele não o sustentar mais?

— Isso é problema meu. Se ele cortar minha mesada, venho trabalhar com seu irmão — rebateu ele, rindo novamente.

— Estou falando sério, Amauri.

— Eu também. Meu amor por você é maior que tudo. Nem que eu tenha de vir para cá. Terei uma vida de rei a seu lado.

— Não sei, tenho minhas dúvidas.

— Não tenha dúvidas, meu amor. Acredite em mim. Juntos poderemos alçar novos rumos, encontrar a felicidade.

— Tenho medo.

Lúcia começou a chorar. Amauri abraçou-a novamente, na tentativa de acalmá-la, mas debalde. A moça soluçava e seu corpo estremecia a cada soluço.

— Não fique assim. Não tenha medo. Eu sei que você sofreu duro golpe, perdendo seu pai e o estilo de vida. Sei quanto deve ser duro aguentar tudo isso. Mas entre nós tudo será diferente. Pode acreditar.

Lúcia ia continuar nas manifestações de insegurança, mas Cora entrou na sala. Ambos se ajeitaram no sofá. A mãe, dissimulando o olhar, mostrando naturalidade, alertou:

— Lúcia, já está na hora de arrumar-se. Apronte-se com apuro, como nos velhos tempos.

Lúcia baixou os olhos e encaminhou-se para o corredor que levava aos cômodos internos.

Uma hora depois, os quatro estavam confortavelmente instalados em elegante e badalado restaurante no centro da cidade. A orquestra, afiada, tocava um foxtrote que convidava todos à dança.

— Mamãe, a senhora permite? — inquiriu Wilson.

— E que tal se fôssemos todos? Lúcia poderia fazer par com Amauri, não poderia?

— Com certeza, dona Cora. Seria um grande prazer dançar com sua filha.

Os quatro saíram da mesa e foram direto para a pista, no meio do salão. Os casais dançavam em compasso com a orquestra, formando pares harmoniosos.

Após duas músicas seguidas, voltaram alegres à mesa e solicitaram que a refeição fosse servida, acompanhada por excelente vinho, escolhido com gosto por Amauri.

— Quero com este vinho comemorar nossa amizade — disse ele em tom solene, para disfarçar a emoção repentina.

Cora tornou:

— O prazer de estar a seu lado é nosso, meu filho. Tanto eu quanto meus filhos apreciamos muito sua amizade.

— Claro que Lúcia aprecia mais que todos — assegurou Wilson, com sorriso malicioso nos lábios.

Lúcia fechou o cenho. Os outros riram. Amauri aproveitou a oportunidade e declarou:

— Wilson, gosto muito de você. Depois de saber que você é formado em advocacia como eu, gostaria de propor-lhe sociedade.

— Mas como? Pelo que me consta, você está há pouco no Brasil e ainda não se especializou em determinadas leis. Recebe mesada de seu pai...

— Sim — tornou Amauri. — Mas não quero mais depender de ninguém, nem mesmo de meu pai. Acredito em mim, no meu potencial, e sei que posso conseguir montar um bom escritório. No começo será difícil, eu sei, mas com persistência chegaremos lá.

— Montar um escritório, por menor que seja, é dispendioso. Precisa de capital. Eu adoraria voltar a exercer minha profissão, mas nossas economias ainda não permitem. Ademais, não sei se Rodolfo colocou minha reputação na lama...

— Isso não é problema. O tempo se encarrega sempre de mostrar o que é boato e o que é verdade. Logo as pessoas esquecerão as calúnias de Rodolfo e irão interessar-se pelo seu trabalho. Não dê forças ao negativismo.

— Você está muito otimista. Parece que o mundo é todo cor-de-rosa. O que está por trás desses olhos brilhantes?

Amauri corou. Lúcia baixou os olhos na tentativa de esconder a emoção. Cora distendeu leve sorriso. Afinal de contas, em qualquer época, mãe é mãe, e ela já estava desconfiada havia algum tempo dos olhares ternos trocados entre a filha e Amauri. O jovem, por sua vez, não se fez de rogado e, tão logo os pratos foram servidos, solenemente propôs, erguendo sua taça de vinho:

— Dona Cora, Wilson. É com a melhor das intenções que peço a mão de Lúcia para namorar, noivar e, se Deus quiser, casar.

Cora emocionou-se. Wilson pousou sua taça, levantou-se e abraçou Amauri.

— Você tem meu apoio. Depois de todas as intempéries pelas quais passamos no último ano, isso é o que mais desejava para minha irmã.

— Minha filha está livre para namorá-lo — assegurou Cora.

Lúcia não tinha palavras. Estava demasiadamente emocionada para dizer qualquer coisa. Deixando uma lágrima escorrer livremente no canto dos olhos, abraçou a mãe e o irmão, e depois beijou Amauri delicadamente nos lábios.

— Aceitei horas antes e aceito agora.

O clima romântico e feliz corria solto até o momento em que vozes acima do tom ecoaram pelo salão. A orquestra parou e os presentes dirigiram um olhar incrédulo para o centro da pista de dança.

Uma jovem cambaleante, bêbada, bradava no salão, enquanto um homem enraivecido a largava no chão e saía no meio da confusão que começava a se instalar.

— Que cena deprimente! — comentou Lúcia.

Amauri mordeu os lábios.

— Vocês permitem que eu vá até lá ajudá-la?

— Você conhece essa doidivanas? — interpelou Lúcia, com leve ponta de ciúme na voz.

— Sim. Trata-se de Celina, filha do falecido doutor Inácio e de dona Eulália.

— A que era mantida trancada dentro de casa pelos pais? Agora sei por quê — redarguiu Lúcia.

— Não diga isso, minha filha — atalhou Cora. — Nem sabemos ao certo sobre essa garota. Aliás, nunca soubemos o porquê de tanto mistério em torno de Celina.

— Tem razão — respondeu Amauri. — Eu tentei aproximar-me algumas vezes, mas em vão. Celina não quis aproximar-se de mim após o episódio com sua mãe.

— Que episódio?

— Depois eu conto, Lúcia.

Cora interrompeu-os, ar preocupado:

— Amauri, vá lá e traga-a até nossa mesa.

— Como? Em nossa mesa, mamãe?

— E por que não, Lúcia? — disse secamente Wilson. — Eu vou com você, Amauri.

Os rapazes levantaram-se e caminharam a passos largos até o centro do salão. Celina esperneava e gritava com o gerente do estabelecimento, causando constrangimento aos demais presentes, que a olhavam com repulsa. Ela estava alterada e envolvida por entidades de baixa vibração.

Amauri e Wilson aproximaram-se. Wilson procurou conversar com o gerente, enquanto Amauri, atônito ao ver as entidades, procurava acalmar Celina.

— Calma, está tudo bem.

Celina não respondia. Estava em transe. Gargalhava e berrava sem parar.

As entidades ameaçavam Amauri.

— Saia daqui, cão imundo! Ela é nossa. Demoramos tanto para reencontrá-la, e você não vai atrapalhar.

Como se estivesse conversando com Celina, Amauri dizia com voz firme às entidades:

— Agora chega! Vocês não vão mais sugar os fluidos dela. Saiam daqui.

— Ha ha ha — interveio com sonora gargalhada outra entidade. — Quem você pensa que é? O enviado? Caia fora você, imbecil. Ela será nossa.

— Não mesmo. Eu juro que não.

Amauri fechou os olhos na tentativa de fazer alguma ligação com amigos espirituais. Em instantes o espírito de Inácio apareceu. Sua aura reluzia a tal ponto que as entidades, assustadas, desgrudaram-se de Celina e saíram a toda brida, sem antes lhes despejar incontáveis palavrões.

Celina caiu desacordada nos braços de Amauri.

— Obrigado, meu filho — disse Inácio, emocionado.

— Obrigado o senhor. Pelo menos agora estamos quites.

— Como você guarda as coisas, não? — brincou.

— Aquele papelão com sua esposa e com Murilo foi duro de engolir.

— Não tenho muito tempo, Amauri. Preciso partir. Cuide de Celina.

— Mas como?

— Olhe para o lado.

Amauri virou os olhos:

— Mas do meu lado só há Wilson.

Inácio nada disse. Sorriu e sua luz foi perdendo o brilho até desaparecer pelo salão.

Wilson e o gerente olhavam atônitos para Amauri.

— O que foi? Algum problema?

— Você costuma falar sozinho?

— O que é isso, Wilson? Estava falando com Celina — mentiu.

— Ela está desmaiada há mais de dez minutos. E você estava olhando um ponto indefinido do salão. Falava e gesticulava olhando para o nada.

— É meu jeito de acudir os outros — dissimulou. — Vamos, ajude-me a levá-la até nossa mesa.

— Sinto muito — tornou o gerente, sério. — Esta senhorita vem causando problemas a nosso estabelecimento há tempos. Estamos cansados de sua conduta. E estamos perdendo clientes. Não a queremos mais aqui.

Wilson, para surpresa de Amauri, voltou os olhos para o gerente e com o dedo em riste esbravejou:

— Aqui é um local onde qualquer um que possa pagar a conta é bem-vindo. Ela voltará comigo aqui e seremos bem acolhidos. E, se pensam que vão nos barrar dizendo que o restaurante está lotado, eu farei de tudo para fechar esta espelunca.

— E quem é o senhor, afinal?

— Doutor Wilson de Lima Tavares.

O gerente riu com escárnio.

— Só podia ser mesmo o filho daquele corrupto infeliz que morreu atolado em dívidas...

Wilson avançou por cima do ombro de Amauri e desferiu um golpe certeiro no nariz do gerente. Algumas pessoas mais próximas intervieram e evitaram a continuidade da briga. Amauri pegou Celina pelos braços, fez sinal para Cora e Lúcia, e saíram do restaurante.

Na saída, porém, antes de todos entrarem no carro, Amauri foi interpelado por um senhor de aspecto maduro e sereno:

— Desculpe-me pelo ocorrido. Sou o dono do restaurante e garanto que o gerente será despedido. Ele nunca poderia destratar um cliente, como fez com seu amigo.

— O senhor não tem com que se preocupar.

— Quanto à moça que foi pivô de tudo isso, peço-lhe que, se possível, dê-lhe ajuda. Ela está fora de juízo.

Amauri olhou para os lados, mas não percebeu nenhuma entidade próxima àquele senhor.

— E como o senhor pode ter certeza disso?

— Porque sou sensitivo. Sei de algumas coisas. Esta moça precisa de ajuda espiritual. E eu sei que você pode cuidar dela.

Amauri iria responder, mas o dono do restaurante, olhos brilhantes e aura reluzente, virou-se de costas e retornou ao recinto.

Wilson colocou Celina dentro do carro. Lúcia entrou pela outra porta e a amparou de um lado. Cora entrou pelo lado de Wilson e fez o mesmo. Desta maneira, Celina, desacordada, ficou no meio do banco, amparada pelas duas. Wilson sentou-se no banco da frente e, sem perceber, virou-se e segurou as mãos de Celina. Elas estavam frias. Cora e a filha olharam para as mãos de Wilson nas de Celina e nada disseram. Entreolharam-se e baixaram os olhos, evocando sentida vibração. Wilson, enquanto esfregava as mãos de Celina a fim de reanimá-la, fez o mesmo.

Amauri entrou no carro, deu partida e, sem nada dizer, foi dirigindo até a casa de Cora.

Lá chegando, Amauri ajudou a retirar Celina do carro.

— Deixe que cuidaremos dela — disse Wilson.

Meio a contragosto, Lúcia tornou:

— Ela ficará comigo. Wilson irá dormir com mamãe. Vá para casa e tranquilize-se.

— Mas e a família? Preciso avisá-los.

— Eu conheço muito bem a família — disse Cora. — Eulália está mais preocupada com Murilo. Não vai dar conta da falta de Celina até amanhã. A única pessoa naquela casa que creio preocupar-se verdadeiramente com Celina é Berta, a governanta. Ligue para ela, ou, melhor, vá até lá e explique o ocorrido.

— É muito tarde, dona Cora.

— Não vejo inconveniente. É sexta-feira. Garanto que Berta está acordada e preocupada. Não custa nada. Vá, meu filho.

Cora beijou-o na face e salientou:

— Obrigada por tudo. Mesmo nesta situação desagradável, nada será capaz de tirar o brilho de emoção que paira sobre nossos corações. Estou certa de que você será meu genro, e estou muito feliz com isso.

Amauri corou. Emocionado, abraçou Cora.

— Obrigado, dona Cora. Farei tudo que for possível para a felicidade de Lúcia.

— Você sabe o que vem pela frente. Seus pais provavelmente não aprovarão esse namoro. Conheço sua mãe de longa data. Chiquinha vai criar caso...

— Como assim?

— Bem, ela se afastou de mim há muitos anos, não sei como aceitaria essa união.

— Não estou entendendo — disse Amauri, perturbado.

— Não se incomode. Sua mãe ainda carrega mágoas do passado. E seu namoro com minha filha pode tocar numa ferida ainda não cicatrizada.

— E como a senhora tem tanta certeza disso? Faz anos que não conversam.

— Por isso mesmo. Se Chiquinha estivesse de bem com o passado, teria me procurado, ou teria me recebido em sua casa, quando Diógenes morreu.

— E por que a senhora não tenta novamente? Por que não vai atrás de minha mãe e reatam a amizade truncada nesse passado?

Cora moveu a cabeça lentamente para os lados, em sinal negativo.

— Foram várias as tentativas. Sua mãe recusa-se a me atender.

— Nunca soube. Em casa só há silêncio, ninguém se fala.

— Um dia talvez tudo se resolva. Gosto muito de sua mãe, por isso vá com calma. Entendo que seja difícil para ela aceitar Lúcia como provável nora.

— Deixe comigo. A senhora conheceu minha mãe no passado. Eu a conheço muito bem, sei como dobrá-la.

Amauri despediu-se de Cora e Wilson, e depois pousou um beijo delicado e amoroso em Lúcia.

— Amanhã cedo estarei de volta.

— Venha almoçar conosco — sugeriu Wilson. — Será um prazer.

Despediram-se e, enquanto Wilson carregava Celina desacordada para o interior da residência, Amauri partia rumo à casa de Eulália.

Passava da meia-noite quando Amauri circundou a residência de Eulália e a passos firmes correu em direção aos fundos. Ofegante, bateu na porta da pequena edícula.

— Berta! Berta! Abra. É Amauri.

Berta acordou sobressaltada. Ainda sonolenta, balbuciou:

— Um momento.

A governanta abriu a porta admirada:

— O que faz aqui a esta hora da noite? O que quer?

— Precisamos conversar. Poderia entrar?

Ela fez um esgar de contrariedade e por fim disse:

— Está certo. Entre.

Ao fechar a porta e conduzir Amauri para a ponta da cama, disse:

— Você esteve aqui uma única vez e nos causou muitos transtornos.

— Está se referindo àquele dia que trouxe o recado do doutor Inácio?

Berta persignou-se.

— Cruz-credo! Não me fale um negócio desses, menino.

— Pelo que consta, você frequenta um centro aqui perto. Por acaso tem medo dos mortos?

— Eu tenho medo de ver o além. Infelizmente é uma característica que possuo desde os tempos em que morava em Dresden, na Alemanha.

— Você deveria estar feliz por possuir esse dom. Você também enxerga os desencarnados?

— Não. Por isso me persignei. Eu enxergo a aura das pessoas. Sei quando estão bem, quando não estão, quando possuem intenções perniciosas.

— Isso é maravilhoso.

— Nem tanto. É muito duro sentir energias pesadas, ou ver a aura de uma pessoa de que você tanto gosta cheia de buracos negros ao redor e não poder fazer nada, porque a responsabilidade é da pessoa que criou afinidades e atraiu tais vibrações.

Berta parou de falar e desatou a chorar. Amauri logo percebeu que ela se referia a Celina. Por certo Berta enxergava a aura da menina e, pelo que Amauri já havia visto antes, não era algo agradável de ver. O jovem passou as mãos delicadamente sobre o ombro de Berta.

— Sei do que está falando. Eu também me preocupo com Celina. Se você enxerga a aura dela cheia de buracos, imagine eu, que enxergo as entidades a seu redor, sugando suas energias vitais. É por isso que estou aqui, para falar de Celina.

Berta levantou-se de pronto, apertando a mão contra o peito.

— Aconteceu alguma coisa com minha pequena?

— Já aconteceu, Berta, mas Celina passa bem. Está em casa de amigos.

— O que aconteceu? Diga-me. — Berta implorava, deixando as lágrimas correrem livremente, lavando seu semblante maduro e entristecido.

— Eu a encontrei bêbada. Por sorte eu estava cercado de amigos e eles acharam por bem levá-la para descansar. Amanhã cedo ela estará de volta.

— Que amigos são esses?

— A senhora deve tê-los conhecido. Moravam aqui perto. Lembra-se dos Lima Tavares?

Berta hesitou.

— Não vá me dizer que Celina está na casa de dona Cora?

— E qual o problema? Você sabe de algo que os desabone em algum sentido?

— Não, não. Imagine: só porque perderam tudo, não quer dizer que perderam a dignidade. Dona Cora, quando solteira, frequentava a casa dos pais de Eulália.

— E ela é uma mulher extraordinária. Está me ajudando a lidar com a mediunidade. É fina, educada, inteligente. Enfim, uma mulher digna dos mais caros elogios.

— Isso sem dúvida. Afinal, foram tais atributos que encantaram o doutor Diógenes...

Berta pigarreou.

— E daí?

— Berta, eu acho que você sabe de muitas coisas sobre o passado.

Ela procurou disfarçar.

— Eu? Não. Ao chegar da Alemanha, vim trabalhar na casa dos pais de Eulália. Na época ela namorava o doutor

Rodolfo. Depois de contratempos, Eulália casou-se com doutor Inácio e eu vim como presente — disse, esboçando pela primeira vez um tênue sorriso.

— Então você conheceu o doutor Rodolfo, bem como dona Cora e o doutor Diógenes, quando eram solteiros?

— Todos, inclusive seus pais.

— É mesmo?

— Sim. Eram jovens animados, felizes. Infelizmente cada um fez sua escolha.

— Ou não tiveram como escolher. Pelo que sei, segundo dona Cora, a família de dona Eulália impediu o casamento dela com o doutor Rodolfo pelo fato de ele ter perdido tudo.

Berta fez ar de mofa.

— Não acredite naquilo que dizem. Os fatos podem estar distorcidos. Mesmo não simpatizando com Rodolfo, sempre achei o amor dele e de Eulália muito bonito. Não fosse a confusão...

— Que confusão?

Berta pigarreou.

— Nada. Isso é passado. E em passado não se mexe. Neste caso em particular, só se lamenta.

— Talvez tenha razão. Mas e o doutor Rodolfo, nunca mais apareceu?

— Não. Ligou algumas vezes depois da morte do doutor Inácio, mas Eulália recusou-se a atendê-lo.

— Já ouvi falar muito a respeito dele. Raramente vai à casa de dona Cora. As pessoas sempre me dizem que o doutor Rodolfo não é flor que se cheire. Não podem estar exagerando?

— Pode ser, afinal de contas as pessoas falam o que pensam, não o que sentem. Você terá oportunidade de conhecê-lo pessoalmente.

— Seria interessante.

Amauri tentava entabular uma conversação para que Berta ficasse mais calma, mas não conseguiu. Como se voltasse de um transe, ela perguntou, alteando a voz:

— Mas me fale de Celina. Tem certeza de que ela está bem na casa de dona Cora?

— Claro! Tanto dona Cora quanto Lúcia, sua filha, estão cuidando muito bem de sua pequena.

— Essa menina é o amor de minha vida — declarou Berta.

— Pelo brilho de seus olhos, percebo quanto você gosta dela. A mim parece que só você se preocupa com Celina.

Berta baixou o rosto e deixou que outra lágrima escorresse pelo canto dos olhos.

— É verdade. Eulália gosta de Celina, mas sempre se preocupou mais com Murilo. Desde o nascimento do garoto, Celina foi colocada de lado, visto que a menina está atrelada a esse passado conturbado. Toda vez que Eulália olhava para a filha, no berço, lembrava-se do ocorrido.

— Continue.

Berta percebeu que estava se deixando levar pela emoção e falando demais. No mesmo instante, secou as lágrimas e mudou o tom da conversa.

— Celina tinha a mim e ao pai. Como ele se foi, só fiquei eu para confortá-la.

— Por que você não a leva a um centro espírita?

— Já tentei de tudo. No momento faço orações a distância. Mas, se ela não melhora os pensamentos, fica difícil receber ajuda espiritual. Celina, por ter a sensibilidade bem aguçada, precisa tomar certos cuidados que todo médium sério toma.

— Você sabe de muitas coisas. Juntos poderemos ajudá-la.

— Não. Eu não passo de uma governanta prestes a se aposentar, mais nada. Eulália não se importa que eu fique cuidando de Celina, mas me sinto limitada nesta casa. Minhas forças não estão mais suportando o peso do descaso.

— Olhe o lado bom das coisas, Berta. Celina agora, além de você, tem a mim e aos Lima Tavares.

— Às vezes acho que ela não vai suportar e acabar sendo uma perdida na vida.

— Não deixaremos. Faremos o possível. Celina precisa de socorro e iremos ajudá-la. Ela é tão sensível quanto eu. Ela tem o direito de ser feliz e, se depender de nós, ela será.

Berta emocionou-se e abraçou Amauri com carinho.

— Obrigada, meu filho. Estava perdendo as esperanças e você está aqui, vindo do nada, para prestar auxílio à pessoa que mais amo no mundo, por quem daria minha vida.

— Não está exagerando, Berta?

— Não. Nunca me casei por escolha, também não tive filhos por este motivo. A vinda de Celina ao mundo preencheu todos os meus sonhos. Ela é como a filha que sempre quis ter. Amo-a demais, só isso.

Amauri fitou-a admirado. Em algumas ocasiões, ele conseguia enxergar a aura das pessoas. A de Berta estava rosada, às vezes mesclada a um violeta brilhante. Estava sendo sincera.

— Você poderia vir me buscar amanhã? Gostaria de ir até a casa de dona Cora e trazer minha pequena.

— Mas dona Eulália vai permitir?

— Amanhã é minha folga. Digo que vou fazer umas compras no centro da cidade.

— Então está combinado. Pego você às dez.

— Não. Eulália ainda não se refez daquele susto do outro dia. Sei onde você mora. Pode apanhar-me na esquina de sua casa. Está bem?

— Se assim preferir, está.

Amauri olhou-a nos olhos e nada disse. Deu uma piscadela e saiu, indo para sua casa.

Berta, após se despedir de Amauri, apagou a luz e voltou para a cama.

— Meu Deus, não faça minha pequena desviar-se do caminho. Tentaram esconder a verdade e agora ela está apresentando os mesmos sintomas... Ó Senhor, faça que a verdade apareça sem machucá-los novamente. Celina, Murilo, os outros jovens... Eles não têm culpa do passado. Acredito na espiritualidade, sei que tudo é regido pela lei da afinidade, mas, por mais que eu tente entender, não aceito que eles paguem pelos erros de seus pais.

Procurando desvencilhar-se do passado e embalada por orações de agradecimento pela ajuda que chegava em boa hora, Berta adormeceu tranquila e serena.

Capítulo 7

Lá pelas onze da manhã, com o sol a pique, Celina despertou. Ela abriu vagarosamente os olhos, exalou leve suspiro e lançou um olhar perscrutador ao redor. Onde estava? Que local era aquele? Será que havia se metido em mais uma encrenca? Será que dormira com outro desconhecido?

Estava presa nos pensamentos fervilhantes quando ouviu leve batida na porta. Antes de responder, Cora adentrou o quarto.

— Bom dia, Celina, sente-se melhor?

Então aquela senhora sabia seu nome? Como? Celina não titubeou e interpelou-a:

— Como sabe que me chamo Celina? Somos conhecidas?

— Talvez você não se lembre de mim. Fui amiga de sua mãe há muitos anos.

Celina fixou seus olhos nos de Cora. Ficou analisando aquele semblante alvo, tranquilo, sereno. De repente ela soltou um gritinho:

— Dona Cora? É a senhora mesmo?

— Sim, querida. Sou eu.

— Mas como vim parar aqui? Como cheguei até sua casa?

— É uma pequena história que no momento não convém comentar. Você bebeu acima da conta e por sorte estávamos no mesmo restaurante. Amauri a reconheceu e a trouxemos para cá.

— Meu Deus! Que horror!

— Calma, minha filha. Agora não é hora de preocupações.

Celina punha e tirava a mão da boca. Por fim, novo gritinho:

— Berta deve estar apavorada. Preciso retornar urgente a minha casa.

— Não é necessário apressar-se. Amauri foi até lá e conversou com Berta. Ela virá com ele logo mais.

— A senhora tem certeza disso?

— Sim. Após conversar com Berta, ele voltou até aqui e nos disse que havia combinado o horário.

— Acho tudo tão estranho! Amauri e eu fomos colegas no ginásio e nunca mais nos vimos. Depois houve o incidente com papai. Amauri bem que tentou aproximar-se, mas fiquei com medo.

— Amauri não é de causar medo, muito pelo contrário. Por sorte, ele a reconheceu no restaurante.

— Ele mal me conhece e está ajudando-me sem mais nem menos. É estranho.

— O que seria estranho? Ajudar sem cobrar? Ora, minha filha, tenha certeza de que é uma ajuda sincera, sem qualquer outra intenção. Amauri possui certas características tais quais as suas.

Celina corou.

— Não precisa corar. Estou falando de sensibilidade e não de comportamento. Não temos nada a ver com sua vida. Estamos juntos para que você desperte para outros valores mais verdadeiros e que levam a viver melhor. Desejamos ajudá-la. Você merece nosso respeito do ponto de vista espiritual.

Celina chorou. Naquele instante ela se sentiu confortável, amparada, como se Cora estivesse exercendo o papel de mãe e amiga. Como ela desejava que Eulália fosse assim... Ela estava cansada e ao mesmo tempo com medo. Não aguentava mais recair nos mesmos erros. Estava fatigada. Sentia-se no fundo do poço. Ela se agarrou a Cora e chorou mais ainda. Deixou que o pranto represado há tanto tempo transbordasse e inundasse sua alma de arrependimento e de uma sentida vontade de mudar e adquirir novos conhecimentos, refazer a vida.

Passado mais um quarto de hora, Berta chegou com Amauri à casa de Cora. Lúcia os recepcionou:

— Bom dia, dona Berta, como vai?

— Bom dia, menina. Mas não me chame de dona, simplesmente Berta — disse em notado sotaque.

Antes de Lúcia continuar, Berta a interpelou:

— Onde está minha menina? Desculpe, mas estou ansiosa por vê-la.

Amauri lançou um olhar para Lúcia, que logo replicou:

— Está bem, Berta. Vamos ver sua menina. Ela está em meu quarto com mamãe. Enquanto você sobe, eu terminarei de preparar o desjejum.

— Não será preciso. Estou ansiosa, mas Celina precisa alimentar-se. Se está para levar-lhe o café da manhã, deixe que eu mesma levo.

— Não, Berta. Você aqui é visita, e não uma governanta. Suba e fique à vontade.

— Não irei. Não se trata de ser visita ou empregada. Estou aqui na condição de ajudar Celina. Sem rodeios, menina Lúcia. Leve-me até a cozinha.

Lúcia riu sonoramente com o jeito durão de Berta.

— Está certo. Vamos até a cozinha. — E virando-se para Amauri: — Vá conversar com Wilson. Ele acordou amuado hoje. Não sei o que passa pela cabeça de meu irmão.

Enquanto Berta e Lúcia iam até a cozinha preparar o desjejum para Celina, Amauri desceu o assobradado, alcançando a pequena venda.

Wilson estava terminando de atender a uma cliente. Amauri ficou parado no canto, esperando que ele ficasse só.

Após se despedir da senhora, Wilson voltou-se para Amauri.

— Entre, o dia está tranquilo. A freguesia no sábado não é tão grande.

— Não por estas bandas. Conheço lugares onde o sábado fica entupido de gente. Aqui é muito sossegado.

— Mas dá para se virar. Pelo menos conseguimos nos manter.

— Escute aqui, Wilson, você chegou a pensar em voltar a advogar depois de nossa conversa ontem à noite?

Wilson baixou os olhos timidamente. Estava com o semblante apreensivo. Nada respondeu. Amauri tornou:

— O que se passa? O que está acontecendo? Desde ontem algo fez com que seu comportamento fosse alterado...

— Nada. São muitas coisas em muito pouco tempo. Primeiro vem você pedir minha irmã em namoro, depois vem com a história de advogar, e...

Amauri não perdeu a deixa:

— E...

— Bem, eu fiquei preocupado com essa garota que está aí em cima.

— O que o fez preocupar-se com Celina?

— Não sei, não a conheço. Mas ontem ao vê-la desmaiada, bêbada, senti uma necessidade enorme de ajudá-la. O problema dela não é só mediúnico.

— Então temos aqui um sabichão! Do que ela precisa além de cuidar da mediunidade?

— Precisa de um homem a seu lado, com pulso firme, ajudando, orientando, alguém que lhe ensine a caminhar mais próximo do bem.

Wilson falou e baixou os olhos novamente. Estava nitidamente apreensivo com o que acabara de falar. Na verdade, ele passara a madrugada toda acordado, sem piscar os olhos, olhando para o teto e concatenando os pensamentos.

Ele havia prometido para si que não se envolveria afetivamente com ninguém, pelo menos enquanto não conseguisse dar o suporte necessário à sua mãe e a Lúcia. Mas o pedido de Amauri para namorar a irmã deixou-o satisfeito, tirando-lhe o peso da responsabilidade do irmão que substitui o pai dentro do lar, assumindo o posto de arrimo de família.

Sentia-se mais leve e começava a pensar em sua vida afetiva, durante o trajeto para casa. Ainda era muito cedo para saber se a bebida, o restaurante, a situação embaraçosa que Celina havia criado, estavam despertando velhos sentimentos adormecidos. Ele não gostaria de admitir, mas reconhecia que nunca havia sentido antes nada parecido por alguém. Mas o fato era que Wilson sentiu-se atraído por Celina. Amauri percebeu e continuou a prosa, como se não houvesse entendido a conversa:

— Você não quer virar o guardião das mocinhas indefesas, quer? Celina não me parece indefesa.

— Não se trata disso — respondeu Wilson visivelmente perturbado.

— Trata-se de quê, então?

— Veja se me entende. — Wilson coçou o queixo e continuou: — Ver Lúcia a seu lado é uma grande alegria para mim. Gosto de você e sinto que tem intenções dignas para com minha irmã. Desde que papai morreu, eu me sinto responsável pelas duas. E, agora que você apareceu, passei a lembrar que preciso suprir as minhas necessidades afetivas também.

— Com certeza. Ninguém fará por você aquilo que lhe compete. Você está reagindo. É um bom sinal. Mas, por favor, prossiga.

Wilson pigarreou e continuou:

— Nunca deixarei mamãe desamparada. Para onde eu for, ela irá também. E percebi esta noite que sinto falta de alguém a meu lado...

— Está com falta de beijinhos e abraços? Isso não é problema, eu posso arranjar...

Wilson atalhou o amigo:

— Não brinque, Amauri. Estou falando sério.

— Desculpe. Tanto você quanto eu queremos a mesma coisa. Lúcia é tudo para mim. Não se trata de fixação, mas de sintonia. Ela tem tudo a ver comigo.

— Então você sabe do que estou falando. Sempre pedi na minha vida por alguém que correspondesse aos meus anseios. Estou farto das garotas casadouras de hoje. Elas querem um marido, mais nada.

— Paciência, caro Wilson. Esta nossa geração está sendo criada para casar e educar filhos, mais nada. O prazer a dois, a convivência entre o casal, o amor puro, a manifestação de carinho, tudo isso é reprimido. Cabe a nós começar a mudar esses conceitos.

— Mas como, Amauri? Onde posso encontrar alguém diferente do padrão?

— Eu e sua irmã somos diferentes porque nos fazemos diferentes. Quando estivemos juntos ontem, enquanto você tomava banho, fizemos nossos planos, e uma coisa ficou bem clara para ambos: também pensamos em continuar sempre neste estado de namoro, mesmo após o casamento. Faremos o possível para que o nosso dia a dia não caia na rotina.

— Lúcia tem o temperamento forte. É doce, mas muito firme. Papai e mamãe nos deram uma boa base. Minha irmã é diferente das demais garotas de sua idade.

— Sua irmã e mais alguém, não é mesmo?

Wilson não respondeu. Amauri não deixou por menos e à queima-roupa perguntou:

— Você está interessado em Celina?

Wilson deu a volta pelo balcão e aproximou-se de Amauri. Com voz levemente rouca, respondeu:

— Sim. Não me pergunte como, ou por quê. E isso é o que me mata. Não consegui conciliar o sono esta noite. Há vários motivos para um homem não se interessar por Celina, mas, não sei o que é, há algo nela que mexe comigo. Olhando-a ontem, adormecida, desorientada, senti-me na responsabilidade de fazer algo.

— Você não está confundindo amor com piedade?

— De jeito algum! Mamãe sempre nos educou a não olhar os outros como coitados, mas sim limitados, pela maneira equivocada de olhar a vida. Ninguém é fraco, só não sabe usar a própria força. Se todos somos filhos de Deus, então somos perfeitos dentro de nosso grau de evolução. Não sinto pena de Celina. Isto está descartado. E, mesmo sabendo que ela possui um comportamento instável, estou interessado nela.

— Então, mãos à obra! Estou disposto a ajudá-lo no que for preciso. Mas primeiro não acha que ela deva aprender a educar sua sensibilidade?

— Acho. Isso poderá facilitar nossa aproximação. O que podemos fazer de início?

Amauri pousou os dedos no queixo. Por fim, após raciocinar rapidamente, tornou:

— Ela anda muito confusa e insegura. Está presa em sentimentos misturados, precisa primeiro aprender a tomar posse de si. Você pode começar indo com ela até o centro do senhor Antero. Fui convidado para assistir a uma palestra quinta-feira que vem. Que tal?

— Mas acha que Celina iria até lá? Ela não me parece muito de acreditar nisso.

— Berta poderá nos ajudar. Será uma forte aliada. Celina é como uma filha para ela.

— Dona Eulália é muito conservadora. Não poderá atrapalhar?

— Isso é o que veremos, Wilson. Precisamos dar o primeiro passo.

— E qual será?

— Aproximar Celina de nosso convívio diário. Peça à vida que o ajude para que o melhor aconteça. Vamos ter de exercitar nosso poder de fé.

Wilson emocionou-se. Amauri era alguém em quem ele podia confiar e por conseguinte abrir-se. Abraçou o amigo com gratidão.

— Obrigado.

Amauri, procurando conter também a emoção inesperada, retrucou:

— O que os cunhados não fazem...

Ao avistar um garoto dobrando a esquina, Wilson gritou:

— Ei, Zezinho, quer ganhar uns trocados?

— Como vai, seu Wilson? — Virou-se para Amauri e disse: — Como vai, senhor?

Amauri simpatizou de imediato com Zezinho.

— Você é bem-educado.

— Obrigado.

— Quantos anos tem?

— Doze.

— Estuda?

— Voltei a estudar. O seu Wilson está me ajudando.

Amauri riu. Wilson interrompeu-os:

— Bem, se deixarmos, Zezinho arruma prosa para o dia inteiro. Você quer tomar conta da mercearia para mim?

Zezinho exultou:

— Obrigado, seu Wilson. Estou precisando.

— Como vai sua mãe?

— A doença vai e volta. Ela está melhor. Coloquei-a na cama para descansar. Estava indo até o seu Jerônimo para ver se tinha um bico para fazer.

— Não tem lição de casa?

— Imagine, seu Wilson. Esta é a última semana de aula. As férias vão começar. Se o senhor quiser, posso vir trabalhar no mesmo horário da escola. Desse jeito, não vou precisar alterar a rotina lá de casa. Só falta aprender a usar a máquina registradora.

— Vou pensar no seu caso, Zezinho. Agora fique por aqui e tome conta direitinho. Se comprarem algo, marque neste caderninho e eu registro na máquina depois. Eu e Amauri vamos subir um pouco.

— Vá tranquilo, seu Wilson. Sabe que pode contar comigo.

Wilson e Amauri subiram. Amauri encantou-se com a seriedade e responsabilidade do menino. Perguntou:

— Tão novo, cheio de problemas e com tanta vontade de fazer as coisas...

— Zezinho é um exemplo para mim. Não tem pai, não tem irmãos ou parentes por perto. É só ele e a mãe, ainda por cima doente. Ele cuida dela, vai à escola e com os bicos ajuda a manter a casa.

— Eles moram em casa própria?

— Não.

— Aluguel? Como fazem para pagar, Wilson?

— Ninguém está desamparado pelas forças divinas. A vida sempre arranja uma maneira de ajudar, mesmo que não enxerguemos. O caso de Zezinho é peculiar.

— Estou curioso, conte-me.

Wilson riu.

— Tínhamos uma vizinha por perto, dona Aparecida. Ela se casou com um senhor viúvo e mudou-se para a casa dele. Por tratar-se de pessoa bondosa e espiritualizada, deixou que Zezinho e sua mãe, ao serem despejados, fossem morar em sua casa. Dona Aparecida deixou tudo, fogão, móveis, etc.

— É difícil acreditar que ainda há pessoas tão generosas.

— Para você ver a magia da vida. Há muita gente boa no mundo. Basta ter olhos para ver...

Chegaram até o último lance da escada. Foram direto para o quarto de Lúcia.

Celina apresentava a coloração da pele menos pálida. O café preparado por Lúcia e Berta abriu-lhe o apetite.

— Confesso estar sem me alimentar direito há alguns dias — retrucou ela.

— Muitos dias, eu diria — concluiu Berta. — Esta garota não para um minuto. Não pode esquecer de cuidar do corpo, tampouco do espírito.

— Gosto do seu jeito de falar — interveio Cora, sentada em poltrona próxima à cama.

Berta voltou-se para Cora. Pousando seus olhos nos dela, disse por sua vez:

— Sei que a senhora acredita na vida astral, no mundo dos espíritos. Lembro-me de quando a senhora emprestou alguns livros para Eulália.

— Você chegou a ler algum?

— Sim. Eulália não gostava muito. No começo entusiasmou-se, mas depois daqueles acontecimentos não quis saber de mais nada.

Cora e Berta entreolharam-se, demonstrando cumplicidade. Berta, procurando dissimular, desconversou:

— Além de ler, frequento um centro perto de casa.

— E nunca pensou em levar Celina?

— Sempre, mas Celina também nunca se interessou. Deixei alguns livros em sua escrivaninha, mas em vão. Não posso obrigá-la a fazer o que não quer. Se ela pelo menos me ouvisse...

— Como nunca ouvi? — retrucou Celina. — Se não fosse por você, Berta, eu já estaria no mundo dos espíritos.

— Não diga isso, menina.

— Mas é verdade. Só estou viva graças a você, meu anjo da guarda encarnado — disse rindo e virando seus olhos novamente brilhantes para Cora.

— Ela está com a razão, Berta — completou Cora. — Celina, pelo visto, tem registrado todos os ensinamentos que você lhe ministrou nestes anos todos. Mas o desequilíbrio emocional a atrapalha muito. Deus faz tudo certo.

— Por que a senhora me diz isso? — perguntou Celina com interesse.

— Porque não é por acaso que você está aqui em minha casa. Não percebe como a vida usa de suas artimanhas para nos manter no caminho do bem? Por que tínhamos de estar ontem no mesmo restaurante que você? Como se explica isso?

— Coincidência? — redarguiu a menina, meio perdida nas palavras.

— Não acredito em probabilidades, mas em sinais que a vida nos dá para que melhoremos sempre, por pior que possa parecer a situação.

— Tem razão — respondeu Berta. — Estava na hora de alguém de fora de nosso meio unir-se a mim para ajudar minha menina.

— E estamos juntas nesta empreitada. Minha casa está aberta a vocês a qualquer momento — salientou Cora. E, olhando delicadamente para Celina, perguntou à queima-roupa: — Você já participou de alguma reunião de cunho espiritual, seja num centro ou na casa de alguém?

— Nunca, dona Cora. Berta insistiu por um tempo, mas, toda vez que eu queria ir ao centro, algo acontecia e então eu deixava para a próxima semana, ia postergando. Tanto foi assim, que as semanas foram passando e eu nunca fui a lugar algum.

— Mas eu rezo por ela — retrucou Berta, aflita.

— A oração ajuda, mas não representa a cura para a enfermidade de determinados comportamentos que insistimos em carregar vida após vida. Sua oração faz com que Celina receba fluidos positivos de reequilíbrio. Mas, se ela não está emocionalmente estável, não registrará essa vibração, portanto o aproveitamento da oração será nulo.

— Eu quero mudar, dona Cora. Sei que posso contar com a senhora e com Amauri, bem como com Berta. Por favor, deixe-me ficar aqui com vocês.

— Não pode, querida. Aqui não é sua casa.

— Mas onde moro não sinto como sendo minha casa. Minha mãe não liga para mim. Tento aproximar-me de Murilo, mas mamãe não permite que fiquemos juntos. Sinto-me uma prisioneira naquela casa.

— Celina, você já é adulta. E não queira que sua mãe mude para que você fique bem. Você precisa aceitar as coisas como são e fazer sua parte.

— A senhora está dizendo que mamãe não tem culpa por eu estar assim, sofrendo?

— Tenho de lhe dizer a verdade. Nesta casa você vai encontrar afeto, compreensão e respeito, mas nunca mimo. Chegou a hora de amadurecer emocionalmente, ir atrás de suas metas de vida. Veja só: você é uma mulher bonita, atraente...

— E também rica — finalizou Berta.

— Mas mamãe centraliza tudo. Vivo de mesadas. Não é justo.

— Já pensou em trabalhar, interessar-se mais nos negócios deixados por seu pai?

— Como assim, Berta?

Cora e Celina estavam admiradas com a postura de Berta. O que ela sabia que os demais não sabiam? Ela continuou com os olhos baixados.

— Você nunca deu atenção às reuniões sobre o espólio de seu pai.

— E daí?

— Não quero ser bisbilhoteira.

— Não se trata de bisbilhotar, Celina — tornou Cora. — Mas, Berta, há algo que você sabe em relação aos bens deixados pelo doutor Inácio?

— Sim. Numa das reuniões com o advogado da família, enquanto eu servia cafezinho, ouvi Eulália pedir que ele nada falasse sobre a parte de Celina.

— E por que mamãe faria um negócio desses?

— Para protegê-la.

— Proteger? Como?

— Ora, você estava solta na vida, perdida. Sua mãe temia que, caso você pegasse sua parte da herança, cometesse mais desatinos. Não creio que Eulália tenha feito por mal. Ela lhe quer muito bem.

— É o que você diz, mas o fato é que minha mãe não quer saber de mim.

— Desculpe, menina Celina. Mas, se sua mãe não quisesse mesmo saber de você, ela seria a primeira a lhe entregar sua parte da fortuna e livrar-se de um estorvo. Ela quer protegê-la. Sente-se segura tendo você por perto.

— Mas é um direito meu saber sobre aquilo que me pertence.

— Desde que você tenha condições para tal — salientou Cora. — Conheço Eulália desde o tempo de juventude. Sua mãe não possui um caráter manipulador. Não acredito que ela tenha mudado nestes anos todos. Existem características muito fortes no ser humano, e a de ajudar, em especial, ainda faz parte do caráter de sua mãe.

— Eu concordo — ponderou Berta. — Eulália sempre foi uma mulher correta. E olhe que precisou de muita fibra para se livrar do peso de seu passado.

— Eu me lembro — disse Cora. — Eulália foi muito forte. Teve atitude ímpar e revelou-se uma grande mulher.

— As duas podem continuar a conversa e encaixar-me no roteiro? De que estão falando?

Cora e Berta baixaram os olhos. Celina não tinha nada a ver com o passado. Foram outros tempos, outros os envolvidos. Não havia necessidade de trazer assuntos desagradáveis à tona. O passado deveria continuar enterrado. Mas Celina insistiu:

— O que sabem sobre o passado? Há algo que possa me perturbar?

— De forma alguma — objetou Cora. — É que Berta faz parte de minha vida no passado, como de sua mãe e outras pessoas. São acontecimentos ocorridos antes de você nascer. Quem sabe um dia conversaremos a respeito.

Naquele momento, Wilson e Amauri entraram no quarto. Enquanto Amauri conversava amenidades com Berta e Cora, Wilson não tirava seus olhos dos de Celina.

— Como se sente?

— Bem melhor. A hospitalidade de vocês não tem preço. Sua irmã e sua mãe trataram-me muito bem. Amauri revelou-se bom amigo. Sinto-me feliz de estar aqui.

— Eu também — disse Wilson. Ele pegou delicadamente nas mãos de Celina e as beijou com ternura. — Eu também posso me revelar um bom amigo, se você quiser.

Celina corou. Sentiu um calor percorrer todo o seu corpo, um calor diferente daquelas ardências provocadas pela sua libido desenfreada. Era um sentimento puro, que a deixava serena.

Wilson despediu-se de Berta e voltou à mercearia. Lúcia convidou Berta a ajudá-la nos preparativos do almoço.

— Estou no meu dia de folga. Será um prazer permanecer mais um tempo aqui com vocês. Vou deixar a menina Celina com dona Cora.

Cora insistiu em ajudá-las na cozinha, mas debalde. Rindo gostosamente, fechou a porta e voltou a sentar-se na poltrona próxima de Celina.

— Dona Cora, estou me sentindo tão bem! Nunca fiquei tão tranquila e serena. Estou feliz.

— Notei que seus olhos estão brilhantes, mais vivos. Seu aspecto está muito melhor.

— Desculpe a indiscrição, mas posso confessar-lhe algo?

— Sim, claro.

— Nunca vi um homem tão lindo em toda a minha vida quanto seu filho Wilson.

Cora desatou a rir.

— Desculpe, dona Cora, mas falei alguma besteira?

— Não, claro que não — Cora continuava a rir.

Celina irritou-se.

— Por que está rindo? O que acontece? Falei o que não devia?

Cora ajeitou-se na cadeira, remexeu-se confortavelmente e por fim disse:

— Wilson é um belo varão, muito atraente. Vá com calma.

— Ele tem namorada?

— Não, o que é um problema. Wilson preocupa-se demais comigo e com Lúcia. Bem, preocupava-se com Lúcia. Agora que Amauri a pediu em namoro, parece que meu filho está menos preocupado.

— Amauri e Lúcia estão namorando? Que coisa boa!

— Também acho. Amauri é um bom moço. Tenho certeza de que serão felizes.

— Mas e quanto a Wilson?

Cora riu novamente.

— Você está interessada em meu filho?

Celina baixou os olhos envergonhada.

— Estou muito confusa. De ontem para hoje muitas coisas aconteceram. Agora Berta vem me falar sobre minha parte na herança. Não sei, dona Cora. Senti um calor quando pousei meus olhos nos de seu filho. Mas antes de mais nada preciso me cuidar. Não quero trazer mais dissabores aos meus, tampouco a mim mesma. Está na hora de mudar. Só não sei como...

— Aprendendo a olhar a vida como ela é. Na próxima semana iremos a uma palestra esclarecedora. O lugar é de respeito e traz muitos ensinamentos sobre espiritualidade, o que no seu caso será de grande ajuda.

— Adoraria ir com vocês.

Cora sentiu um brando calor invadir seu peito. Levantou-se da poltrona e beijou Celina delicadamente na testa.

— Farei tudo para ajudá-la. O aproveitamento fica por sua conta. Só você pode decidir o que fazer de sua vida.

— Vou me esforçar. Estou cansada de sofrer.

Capítulo 8

Celina sentia-se mais animada. Durante toda a tarde, após o almoço, conversou a valer com Cora e Lúcia, falando um pouco de sua vida e ouvindo um pouco sobre a vida das duas. Berta a tudo acompanhou com olhos perscrutadores, emitindo uma opinião de quando em vez. Amauri ficou ao lado de Wilson na mercearia, pois Zezinho precisara voltar para medicar a mãe.

Quando o sol começou a se pôr, dando lugar às estrelas que despontavam no céu, Berta e Celina despediram-se dos novos amigos e Amauri levou-as para casa.

Durante o trajeto conversaram amenidades até que Amauri estacionou em frente à casa da avenida Angélica. Berta e Celina saltaram do carro, despediram-se e tranquilas adentraram o palacete. Berta dirigiu-se a seus aposentos e Celina caminhou em direção ao som que vinha da sala de música.

Eulália estava sentada elegantemente no canapé, apreciando emocionada o pequeno concerto que Murilo executava ao piano. Não perceberam a entrada de Celina. Após a execução magistral de uma peça de Chopin, foram surpreendidos pelas palmas entusiasmadas de Celina.

— Bravo!

Antes de articularem palavras, Celina estalou um beijo no rosto do irmão, rodopiou elegantemente ao redor do canapé e pousou delicado beijo na face da mãe, o que fez Eulália corar diante do gesto carinhoso que havia muito não recebia da filha. Emocionada, indagou atenciosa:

— Não posso acreditar! Celina, minha filha, como está bela!

Mesmo usando um vestido que Lúcia havia lhe emprestado, de qualidade um pouco inferior ao que estava acostumada, havia algo em Celina além da roupa ou da maquiagem que a deixava mais bela. Murilo tomou a palavra:

— Há muito que não a vejo tão bela, minha irmã. Por onde esteve que...

Eulália cortou-o, com medo de que Celina comentasse sobre suas andanças desvirtuadas pelos quatro cantos da cidade.

— Não precisa se preocupar, mamãe — tornou ela delicada. — Estive com amigos muito queridos, pessoas maravilhosas que me aceitaram do jeito que sou.

— Bem, pelo seu estado — retrucou a mãe –, parece que as companhias foram bem agradáveis.

— E foram mesmo. Por incrível que possa parecer, fiquei bastante íntima de uma amiga sua dos tempos de juventude.

— Amiga minha de juventude? E quem, dentro de nossas relações, estaria aberto para travar amizade com você, sabendo de seus desatinos?

— Ora, mamãe, nem todas as pessoas ao nosso redor são preconceituosas, como imagina. Sei que tive recaídas, não nego. Mas estou a caminho da melhora, estou me sentindo animada para mudar.

— Nunca a vi com tanto ânimo, porém serena — replicou Murilo. — Quem quer que sejam essas pessoas, trouxeram-lhe alegria de viver.

— Com certeza.

— E poderia a senhorita matar minha curiosidade e dizer-me quem é a nova amiga que já esteve presente em minha vida no passado?

— Sim. Dona Cora de Lima Tavares.

Eulália abriu a boca, mas não havia palavras para expressar o estupor.

— O que disse? Repita.

— Dona Cora, que foi casada com o doutor Diógenes. Vocês não eram amigas antes de se casarem?

— Sim, mas... mas como os encontrou? Eles faliram. Depois que Diógenes morreu, Cora e os filhos sumiram. Não posso entender.

— É uma longa história, mamãe, sobre a qual não convém falarmos por ora. Dona Cora e seus filhos, Lúcia e Wilson, são encantadores. Podem ter perdido a pose, o status, o dinheiro, mas não perderam a classe, a educação e o caráter.

— Não sei, não. Não vejo Cora há anos. Não me agrada que você esteja se relacionando com ela e com seus filhos. Não pertencem mais ao nosso nível.

— Não me interessa o nível. Gostei deles e continuarei amiga, a senhora queira ou não.

— Eles moram onde?

— Não interessa. Mas não fica muito longe.

— Mas os carros estão aqui na garagem. Só falta me dizer que pegou um bonde para encontrá-los. Você não me faria um desplante desses.

— Ora, mãe, e se pegasse um bonde, qual o problema? Mas fique tranquila. Amauri, filho de dona Chiquinha, também é amigo deles, inclusive namora Lúcia.

Eulália arregalou os olhos.

— Não posso acreditar! Como pode andar com aquele que veio espicaçar nossas vidas, com aquele que veio fazer chacota de seu falecido pai?

— Aquilo não foi chacota. É um outro assunto. Amauri é um rapaz sério, íntegro. Você não o conhece.

De repente, o semblante de Eulália empalideceu. Ela só não caiu pelo fato de estar encostada no sofá. Murilo acudiu-a.

— O que foi, mamãe? O que se passa?

Eulália passou nervosamente a mão pela testa, como a afastar pensamentos ruins. Era-lhe impossível não pensar no passado.

Enquanto Murilo corria para pegar um copo de água para ela, Celina agachou-se ao lado do canapé segurando as mãos geladas de Eulália.

— Mamãe, diga-me, o que está acontecendo? Por que está passando mal?

— Nada. Meu Deus! Você disse que Amauri está namorando Lúcia? Isso não pode ser possível!

— E por que não?

— Não podem, e pronto! Por acaso Chiquinha sabe dessa história?

— Não sei. Por quê? Acha que ela seria contra o namoro, só porque eles perderam tudo?

Eulália nada respondeu. Ficou com os olhos parados, presos num ponto indefinido da sala. Nem mesmo a chegada de Murilo com o copo de água a fez voltar daquele estado.

— Vamos, mamãe, beba — ordenou Murilo.

— Isso, mamãe, tome logo essa água — suplicava Celina.

Eulália continuava absorta. Deu um salto do sofá e correu para o quarto, gritando:

— Isso não pode acontecer, não pode! Ajudei-a a casar-se com Elói. Chiquinha precisou de minha ajuda no passado. Preciso vê-la o mais rápido possível, mas como? Faz anos que não nos falamos. Não posso permitir que esse namoro continue. Isso é blasfemar contra Deus.

Saiu da sala de música e foi ruminando os pensamentos em direção ao quarto. Murilo e Celina olharam-se espantados.

— O que será que deu nela? Não sei se ficou mais nervosa com sua amizade com dona Cora ou com o namoro entre Amauri e Lúcia. E o que ela tem a ver com isso?

— Não sei, Amauri — respondeu Celina, com ar desconfiado. — Mas vou descobrir. Há algo nesse passado envolvendo mamãe, dona Cora e dona Chiquinha. Ainda vou descobrir o que nos escondem.

No quarto, Eulália continuava perdida em pensamentos embaralhados e desconexos.

— Preciso falar com Chiquinha, mas como? Ó céus! Até quando terei de carregar o peso da infâmia? Mas preciso intervir de alguma maneira. Esse namoro não pode continuar. Isso é atentar contra todos os valores sagrados.

Desesperada, pôs-se a chorar. Lágrimas insopitáveis escorriam pela sua face. Chorando muito, Eulália adormeceu.

Amauri chegou em casa tranquilo. Sentia-se animado a contar as boas-novas aos pais. Afinal de contas, mais cedo ou mais tarde precisaria enfrentá-los.

— Papai, mamãe, precisamos conversar.

Elói e Chiquinha estavam sentados na sala, conversando sobre assuntos diversos.

— Se for sobre aumento de mesada, pode esquecer — respondeu secamente Elói.

— Não se aflija, papai. Não se trata de pedir-lhe mais dinheiro. O que o senhor me dá até sobra, tanto que abri uma pequena conta de poupança.

— Bom garoto. Você é diferente de sua irmã. Maria Eduarda ultimamente tem gastado acima da conta. Não sei como pode gastar tanto em material na faculdade.

— Maria Eduarda está gastando muito? — interessou-se Amauri.

— Sim. Sua irmã está colocando as asinhas de fora. Preciso freá-la enquanto é tempo.

— Converse com ela, papai.

— Impossível. Sabe quanto sua irmã é voluntariosa. É difícil travar uma conversa com ela.

— O senhor é quem sabe.

— Acham bonito falar de Maria Eduarda em sua ausência? — indagou Chiquinha, nervosa.

— Desculpe, querida. Precisava desabafar um pouco.

— Quando Maria Eduarda chegar, poderemos conversar. Agora estou interessada no que Amauri tem a dizer.

O rapaz coçou o queixo, passou as mãos pelos cabelos e por fim disse:

— Estou namorando.

A surpresa foi geral. Elói levantou-se alegre:

— Dois meses no Brasil e já está namorando? Espero que, quando for trabalhar comigo, no início do ano, esse namoro não o atrapalhe no trabalho. Quem é a felizarda?

— Uma garota encantadora. Tenho certeza de que vão adorá-la. E o senhor pode ficar tranquilo que esse namoro não vai atrapalhar-me no trabalho. Ao contrário, vai me dar mais vontade de crescer, progredir.

— Pertence a alguma família de nosso conhecimento?

— Não, mamãe. Acho que não. Trata-se de moça fina e educada, muito bonita. É de família simples, mas teve berço.

— Família simples? Não sei se seu pai e eu aprovaríamos uma relação dessas. As diferenças sociais são capazes de destruir uma relação ao longo do tempo.

— Ora, mamãe, por que o preconceito?

— Sua mãe está certa, Amauri — interveio Elói. — Por acaso ela sabe quem você é?

— Sim.

— E como pode nos garantir que ela não esteja interessada em seu dinheiro? Hoje em dia muitas moças de classes sociais menos abastadas procuram rapazes ricos. E você, além de rico, é bonito, um bom prato a ser garfado.

Amauri não conteve a indignação. Seus pais ainda não conheciam Lúcia e já a tratavam como uma interesseira.

— Papai, falando assim, o senhor me ofende. Como pode ter pensamentos negativos sobre alguém que nem ao menos conhece?

— Porque sou vivido.

— Seu pai tem razão. Quem nos garante que essa moça não seja uma interesseira? Essas mulheres de hoje querem marido rico, a qualquer preço. Para isso fingem ser boazinhas, mentem, e só se descobre a verdade quando não dá para voltar atrás.

— Sinto-me desrespeitado. Vocês não podem estar falando sério. Lúcia é um encanto de moça.

— Calma, calma — pediu Elói. — Está certo. Só estamos tentando abrir-lhe os olhos, meu filho. Mas, sejam quais forem as intenções da moça, gostaríamos de conhecê-la. Por que não a traz para jantar qualquer hora?

— Não sei, não. Vocês estão com muitas pedras nas mãos. Tenho medo de que não a recebam bem.

— Não diga isso, meu filho. Eu e seu pai temos classe. Por mais que não gostemos da moça, só o diremos após sua retirada de nossa casa. Somos pessoas civilizadas.

— Espero.

— O que estão conversando? — indagou Maria Eduarda, que acabava de chegar.

— Seu irmão está namorando — respondeu Chiquinha, meio a contragosto.

— E quem é a futura herdeira dos galpões da Barra Funda?

Amauri irritou-se.

— Você só pensa nisso?

— Claro. É só o que temos. Pelo menos ela é rica?

— Trata-se de moça educada, mas sem posses.

Maria Eduarda fez ar de mofa:

— Educada e sem dinheiro? Prefiro uma rameira rica em nossa casa.

— Maria Eduarda, olhe o linguajar. Isso não são modos! — considerou Chiquinha.

— Mamãe, isso está me cheirando a golpe do baú. Tantas moças bonitas, solteiras e ricas por aí, e Amauri se deixa fisgar por uma pobretona?

— Isso é problema meu. Não se meta em minha vida.

— Como não? Uma estranha vai entrar em nossa família, vai repartir a herança comigo. Como não vou me meter? É claro que vou. Como se chama a felizarda?

— Lúcia.

— Lúcia? De quê?

Amauri pensou rápido. Maria Eduarda era perspicaz. No momento não convinha dizer o sobrenome. Lúcia precisava causar boa impressão a seus pais. Com o tempo, iria colocando-os a par da verdadeira identidade da namorada.

— Não interessa o sobrenome. Ela não é rica.

— Mora onde?

— Não interessa.

— Muito mistério para o meu gosto. Eu tinha certeza de que você estava namorando Celina. Vira e mexe eu o vejo com ela para cima e para baixo...

— Você está de amizade com a filha de Eulália? — perguntou Chiquinha, ar preocupado.

— Sim. Somos amigos. Ela também é amiga de Lúcia.

— Não gosto de você metido com a filha de Eulália. Ela é uma doidivanas, é malfalada.

— Ela é uma rameira, isso sim — replicou Maria Eduarda. — Não presta. Sai com qualquer um. Mas é milionária, o que a torna diferente.

— Que maneira mais esquisita de avaliar os valores das pessoas, Maria Eduarda. Você só enxerga cifrões nos outros?

— Ora, Amauri, largue de ser besta. Só quem tem dinheiro neste país é que consegue as coisas. Pobre nunca consegue nada. Quando a bomba explode, o pobre é quem paga a conta. O rico sempre se dá bem. E eu quero muito mais. Até que sua amizade com Celina vem em boa hora.

— Tomando-a por rameira, ainda acha nossa amizade válida? Por quê? Quais são os interesses sórdidos por trás dessa carinha de anjo?

— Não fale assim com sua irmã — objetou Elói.

— Mas, papai, ela só pensa em tirar proveito de tudo e de todos. Não posso compactuar com essa maneira de Maria Eduarda conviver com as pessoas. Isso é inconcebível.

— Seja ou não inconcebível — disse Maria Eduarda –, até acho bom ser amigo da rameira chique, nome pelo qual Celina é conhecida em nosso meio. Estou interessada em Murilo. Talvez eu possa me aproximar dela, e pronto: fisgo o irmão e a fortuna dos Sousa Medeiros.

— Parem os dois com isso — bradou Elói. — Não quero mais ouvir nada. Maria Eduarda, não abuse de minha paciência. Não a quero perto de Celina, de seu irmão ou de sua família. Cortamos amizade com Eulália e Inácio há muitos anos. Proíbo os dois de manter amizade com os filhos de Eulália.

— Mas, papai...

— Ponto final. Chega. E quanto a você, Amauri, trate de conversar com sua namoradinha. Marcaremos um jantar para o próximo sábado. Assim poderemos conhecê-la e avaliar se essa relação é boa ou não para você.

— Ora, papai, eu decido o que é melhor para mim. Sou eu que vou me casar com Lúcia, e não o senhor.

— Mas eu o sustento, portanto decido por você. Enquanto estiver morando sob meu teto, eu digo o que é melhor. Agora chega de discussão. Vão aprontar-se e desçam logo para o jantar.

Maria Eduarda subiu as escadas cantarolando, ignorando a fúria do pai. Amauri subiu logo atrás, sentindo-se humilhado com a tirania de Elói.

Por volta das onze da noite, Maria Eduarda chegou ofegante ao pequeno apartamento no centro da cidade. Tocou insistentemente a campainha.

— O que faz aqui a essas horas? Já não disse que precisa ligar-me antes? — respondeu Rodolfo, com a voz levemente alterada.

— Desculpe, querido — disse Maria Eduarda com muxoxo e entrando sem pedir licença no apartamento. — Precisamos conversar.

— Mas agora não é hora.

De súbito, uma moça saiu do corredor.

— Acho que está na hora de partir. Quando precisar, é só ligar.

Rodolfo não respondeu. Sua face ruborizou. Maria Eduarda não perdeu a deixa:

— Humm, agora entendi o nervosismo. Desculpem, não queria interrompê-los.

— Pode ir, Cibele. Outra hora eu ligo para você.

A moça saiu contrariada, os cabelos ainda despenteados e molhados do banho rápido. Ao fechar a porta, Rodolfo começou a gritar:

— Você é muito petulante. Quem pensa que é para invadir minha casa a qualquer hora?

— Sua casa? Isso nada mais é do que um lugar para encontros de amor fácil. Não grite comigo, ou farei um pequeno escândalo na porta de sua casa.

— Ainda por cima me chantageia?

— E por que não? Somos iguais. Eu e você não prestamos nem um pouco. Mas, antes de continuar a gritar, trago-lhe boas-novas.

— Sobre...

— Sobre meu irmão. Ele está de amizade com Celina, a filha de Eulália, que foi o seu amor do passado.

Rodolfo remexeu-se nervosamente no sofá. Maria Eduarda continuou:

— Sei que toda vez que falo em Eulália seus olhos brilham. Por que não se casaram?

— Isso não é de sua conta. Trate de fazer sua parte e ponto final.

— Não precisa enervar-se. O passado não me interessa. Mas de um jeito ou de outro talvez eu não necessite mais que você interceda a meu favor. Se Amauri agora é amigo de Celina, para mim fica fácil aproximar-me de Murilo.

— Ótimo. Não quero mais compactuar com essa imundície. Estou ficando velho e cansado do tipo de vida que levo, quero mudar.

— Ora, ora. Está se tornando anjo de uma hora para outra?

— Se conseguir aproximar-se de Murilo sem minha ajuda, melhor. Andei pensando ultimamente em tudo e não quero mais participar.

— E sobre o advogado?

— Se quiser, pode continuar.

— Só estava fazendo isso pela troca. Por que continuaria ajudando você?

— Se não quiser, pode parar. Qualquer hora tomo coragem e enfrento Eulália cara a cara. Agora eu a quero longe de mim. Por favor, saia daqui.

Maria Eduarda riu triunfante.

— Não sou tão ingênua como as meninas que você costuma pegar por aí.

Antes de Rodolfo esboçar qualquer reação, Maria Eduarda tirou uma chave de aspecto singular de sua bolsa. Com olhos sádicos, disse:

— Aqui está, a chave de seu cofre.

Rodolfo empalideceu. Suas pernas falsearam e ele não conseguia levantar-se do sofá. Era-lhe impossível concatenar os pensamentos, inclusive os movimentos do corpo.

— Onde conseguiu isso?

— Tolinho, não se recorda de quando passei aquele maravilhoso fim de semana em sua casa? Quem procura sempre acha. Enquanto você dormia, bêbado e saciado com minhas peripécias, eu vasculhei seu cofre.

— Isso não é verdade. O cofre tem segredo. Você não teria condições de abri-lo.

— Eu não, mas Salvatore, sim.

— Meu empregado? Salvatore pediu para ser despedido. Estava comigo havia anos...

— Ele me abriu o cofre em troca de um punhado de libras que você lá mantinha.

Rodolfo perdeu as estribeiras e avançou para cima dela. No cofre havia uma quantia considerável de dinheiro que o mantinha bem de vida, embora estivesse falido. Maria Eduarda, tomada de surpresa, não teve tempo de se defender. Rodolfo perdeu o controle e bateu-lhe nas faces várias vezes. Ela suplicou:

— Pelo amor de Deus, pare com isso, Rodolfo. Estou sangrando, pare!

— Sua vagabunda, como se atreve? Por que pegou o dinheiro? Você tem pai rico, não precisava. E agora? O que farei de minha vida?

Maria Eduarda procurou se recompor. Balbuciou, trêmula:

— Pensei que a quantia no cofre nada significava. Isso já faz meses. Como não percebeu?

— Idiota, eu sempre pegava uma quantia que pudesse me manter por pelo menos seis meses. Pegava o dinheiro do cofre, trocava numa casa de câmbio em cruzeiros e depositava no banco. Por que fez isso? Por quê?

— Desculpe. Foi uma maneira de vingar-me de você, pelos abusos que cometeu.

— Você desgraçou minha vida.

— Calma. Se comportar-se direitinho, posso assegurar-lhe boa mesada, desde que um de seus galpões fique em meu nome.

— Mas até quando sua mesada irrisória poderá manter meu padrão? Pensa que gasto pouco? Não consigo reajustar o valor dos aluguéis.

— Então venda tudo, menos o galpão que quero.

Rodolfo meneou a cabeça para os lados.

— Não posso, não tenho como vender os galpões. Você não sabe nada sobre meu passado.

— Calma, vou recompensá-lo. Continuarei saindo com o advogado de Eulália. E, assim que me casar com Murilo, você será regiamente recompensado.

— Diabos, Maria Eduarda! Se vai se casar com Murilo, por que quer o galpão? Sabe que, casando-se com ele, terá tudo.

— Eu quero mais, sempre mais. Meu irmão arrumou uma namorada pobretona. Quero ver se passo seu galpão para ela. Não quero dividir minha herança com ninguém.

— Quem garante que vai casar-se com Murilo? Você nem ao menos o conhece. Como tem tanta certeza de que vai namorá-lo e casar-se com ele?

— Não me pergunte. Não tenho a resposta, mas tenho a certeza. Ele será meu, custe o que custar.

— Você é muito ordinária.

— Bem, preciso ir. Fique com a chave. Atormente-se de novo com a falta de dinheiro.

Maria Eduarda ia falando enquanto se dirigia ao banheiro. Após alguns minutos saiu recomposta, mas os lábios haviam inchado.

— Até mais ver.

Rodolfo continuava caído no sofá, segurando a chave numa das mãos, desesperado.

Maria Eduarda saiu e bateu a porta. Rodolfo levantou-se, desatou o nó do roupão e ficou com o peito desnudo, só de calças. Um calor insuportável o invadia. Talvez fosse o nervosismo. Dirigiu-se até o bar e encheu um copo com uísque. Tomou de um gole só. Depois, acendeu um cigarro. Sentou-se novamente no sofá. Deu algumas baforadas e lembrou-se da quantia que guardava tão secretamente em seu cofre. Começou a gritar no apartamento:

— Por que cometi aquele ato insano? Por que estraçalhei o coração de Eulália? Será que um dia terei seu perdão ou o de Isabel Cristina? Meu Deus! Onde estava com a cabeça?

Começou a chorar, como há muito não fazia. A última vez que chorara assim foi no dia do casamento de Eulália e Inácio. Ele queria casar-se com Eulália, mas a família dela foi radicalmente contra o enlace. Eles haviam perdido tudo. Eulália não poderia casar-se com um pobretão. Isabel Cristina o aceitava de qualquer jeito. Ele gostava dela, mas seu coração estava preso ao de Eulália. Mas não precisava ter aprontado com Isabel a ponto de...

Rodolfo encontrava-se em estado de histeria. Estava tão mergulhado no mar de suas culpas que não notou figuras escuras e sinistras a abraçá-lo, satisfeitas com seu desespero. Naquele instante, um vínculo energético estabeleceu-se entre eles.

Capítulo 9

Talvez pela ansiedade da palestra tão esperada, a quinta-feira custou a chegar. A semana correu lenta, mas finalmente faltavam poucas horas para a reunião.

Amauri apanhou Celina e dirigiram-se até a casa de Cora. Iriam todos no mesmo carro. Wilson aproveitou e fechou a mercearia mais cedo e assim, às sete da noite, estavam ele, a mãe e Lúcia prontos para seguir com Amauri e Celina.

Os jovens foram pontuais e chegaram na hora aprazada à casa de Cora.

— Aproveitem para um suco, pelo menos — convidou Cora.

— Não, senhora — respondeu Amauri. — Após a palestra poderemos lanchar em algum lugar.

Estavam todos se acomodando no carro quando Celina começou a passar mal. Ela havia saído do carro para deixar Lúcia sentar-se na frente com Amauri e estava se acomodando ao lado de Wilson e Cora no banco de trás, quando as pontadas na cabeça começaram a importuná-la.

Cora e Lúcia perceberam o mal-estar da garota.

— Sente-se bem, Celina? — perguntou Lúcia.

— Estou um pouco tonta. De repente passei a sentir pontadas na cabeça, uma dor que incomoda e cresce.

— Mamãe, é melhor darmos um comprimido a ela — solicitou Wilson, preocupado.

Cora olhou para Celina e sentiu um arrepio percorrer-lhe o corpo. Tudo estava correndo muito bem até aquele momento, o que era de espantar. Se Celina estivesse mesmo sendo assediada por entidades de baixo teor vibratório, seria normal que elas não permitissem sua chegada até a reunião. Fariam tudo para que ela desistisse da palestra e não tivesse a mínima chance de melhora.

Cora já estava acostumada a esse tipo de ataque. Passara por isso na época da morte de Diógenes. Sabia que era necessária muita força de vontade para não se deixar influenciar pelas entidades e para seguir adiante. Instintivamente pousou suas mãos nas de Celina, fechou os olhos e elevou seu pensamento a Deus, fazendo uma sincera prece, pedindo auxílio.

Amauri, Wilson e Lúcia seguiam em silêncio. Cora solicitou:

— Vamos todos fazer uma corrente positiva de pensamento. Vamos pedir para que nenhuma interferência nos impeça de chegar ao centro. Sabemos que há espíritos que não querem que Celina melhore. São doentes. O que querem é permanecer ao lado dela e sugar suas energias vitais. Mas não permitiremos que continuem a seu lado. Que vão para outro lugar e afastem-se de Celina. Caso se interessem, podem ir conosco e descobrir que mesmo a vida após a vida é rica em ensinamentos. — E, virando-se para o lado, como se estivesse falando com as entidades, Cora continuou firme: — Vocês podem mudar, é só querer. Estamos aqui para dar o nosso melhor. Mas, se não quiserem ajuda, não nos importunem.

Celina continuava com as dores na cabeça, sentia-se inquieta, angustiada, com medo. Suava frio e tinha vontade de sair correndo, fugir. Abria e fechava a boca com frequência. Os rapazes e Lúcia continuavam a fazer mentalizações positivas, enquanto Cora continuava de olhos fechados, orando.

Em instantes o espírito de Inácio apareceu. Sua luz ofuscou a visão das entidades que estavam grudadas em Celina. Enquanto uma delas travava uma discussão com Inácio, a outra enchia a cabeça de Celina com desejos das mais baixas vibrações. Ela incutia em sua mente:

— Para que ir ao centro? Por que não aproveita e sai com o rapaz sentado aí do lado? Passe a mão nele, vamos, não queira dar uma de santa agora.

Celina registrava todas as falas em forma de energias que impregnavam seu corpo de desejos os mais descabidos. Ela tentava segurar-se, mas uma onda fortíssima chegava até seu corpo, atuando em seu corpo mental, fazendo-a jogar-se nos braços de Wilson e acariciá-lo de maneira vulgar.

Wilson olhou assustado para a mãe, que fez sinal para que ele nada fizesse. Cora continuou pedindo auxílio ao plano superior, melhorando o ambiente para que Inácio pudesse travar uma conversa com a outra entidade.

— E então, não vê que nada vai conseguir com ela?

— Nós a queremos, porque estamos acostumados com sua energia. Pensa que é fácil ligar-se assim a um encarnado? Levou muito tempo até conseguirmos o domínio dela. Celina tem o canal aberto e desequilibrado. Ela é nossa!

— Quem lhe dá o direito de achar que pode ter posse de alguém?

— Cale a boca, espírito de luz! Ela não toma posse de si, não controla as vontades, os pensamentos. Se ela não é capaz disso, nós o fazemos por ela.

— Ela está tentando mudar. Vocês não estão deixando, estão atrapalhando.

— Atrapalharemos enquanto ela permitir. Sabemos que ela está sendo ajudada por vocês. Não está fazendo nada por si.

— Como não? Se amigos apareceram para ajudá-la, é porque merece, concorda?

O espírito retrucou zombeteiro:

— Ela não vai.

— Agora chega. Ela vai. E vocês virão comigo! — era a voz firme de Laura, que acabara de chegar.

Tanto a entidade que desafiava Inácio quanto a outra que incutia pensamentos obscenos em Celina ficaram paralisadas. A força de Laura era tanta, o halo de luz ao seu redor era tão brilhante que as entidades ficaram hipnotizadas com tanta beleza. Não conseguiam mais concatenar pensamento algum e, envolvidas pela luz do espírito de Laura, desgrudaram-se de Celina e a seguiram, embevecidas com sua energia.

Inácio agradeceu comovido. Beijou Celina com amor, abraçou Cora e os meninos e partiu com Laura e as entidades.

Celina começou a registrar sensível melhora. O suor começou a diminuir e ela parou automaticamente de esfregar-se em Wilson. Abriu os olhos assustada.

— O que está havendo?

— Nada — respondeu Cora, atenciosa. — Algumas entidades estavam tentando aproveitar-se de seu sexto sentido desorientado.

— Sempre é assim que começa. Quando saía altas horas, é porque começava a sentir esse calor que não sei de onde vem. Será que estou ficando louca, dona Cora?

Cora abraçou Celina com carinho.

— Não, minha filha, você não está louca. Seus canais mediúnicos estão em desequilíbrio. Tão logo saiba lidar com eles, sua sensibilidade ficará ajustada e sentirá energias boas. Quanto às desagradáveis, isso não acontecerá mais. Poderá registrá-las muito antes de chegarem até você e não as absorver.

— Você é uma garota de sorte — disse Amauri. — Minha sensibilidade foi mal conduzida pelos meus pais, mas, assim que aportei em Coimbra, recebi preciosos conselhos de minha tia Isabel Cristina. Aprendi muita coisa, mas, como estava na faculdade, não tinha muito tempo para dedicar-me à espiritualidade.

— Quando melhoramos, esquecemos tudo, não é mesmo? — salientou Wilson.

— Isso é verdade. Minha tia sempre me disse para continuar estudando, sentindo as energias, identificando a maneira como elas chegavam até mim. No começo era interessante porque achava até divertido. Com o passar do tempo, como fui ficando bem melhor, passei a espaçar os reconhecimentos, deixei os estudos de lado.

— E sua tia, nunca cobrou que estudasse mais? Se eu fosse ela, não permitiria que parasse — replicou Lúcia.

— Tia Isabel Cristina não se envolve com os problemas dos outros. Diz que sofreu muito no passado tentando manipular as pessoas ao redor. Sempre me respeitou. Disse-me que, quando eu precisasse entrar em contato com novo aprendizado, tudo aconteceria da forma mais natural possível.

— Você está certo. Forçar não adianta nada. E o episódio com o espírito do senhor Inácio o fez voltar ao estudo das leis da vida, novamente.

— Isso é verdade. Percebo que não posso ignorar a espiritualidade, a influência dos espíritos e das energias em nossa vida.

— Com certeza, Amauri. Você possui mediunidade semelhante à de Celina. No entanto, você se envolve muito menos em problemas do que ela. Celina pode melhorar muito. Só depende dela.

— Será que só depende de mim? — retrucou Celina com voz sofrida. — Desde que me conheço por gente eu sou assim. Eu não pedi para ser médium. Por que aconteceu?

Cora tornou paciente:

— Querida, não adianta fazer discurso infantil, pois nada disso a ajudará. Não adianta reclamar pela vida que tem, pelos pais que teve, pela mediunidade, e assim por diante. Trata-se de escolhas feitas tanto nesta como em outras vidas. Somos responsáveis por tudo que nos cerca, e tudo isso com o consentimento de Deus.

— Não posso aceitar que isso seja verdade, dona Cora. Por que não sou normal, como Lúcia, por exemplo?

— Como eu? Acha que sou tão maravilhosa assim?

— Sim. Você tem alguém que a ama, tem uma família que a cerca de carinho e atenção. Pode não ter dinheiro, mas tem amor, e amor não tem preço. Quanto a mim, Deus tirou-me a pessoa que mais amava no mundo, meu pai, e ainda me faz conviver com mamãe e Murilo, que não me dão a atenção necessária.

— Talvez esteja exigindo deles aquilo que não podem dar ainda, aquilo que você mesma não se dá.

— Perdão, mas como disse, dona Cora?

— Isso mesmo. Você está exigindo de sua mãe e de seu irmão coisas que só você pode se dar: respeito, amor, compreensão por si mesma. As pessoas só nos dão consideração quando estamos do nosso lado, quando tomamos posse de nossos pensamentos e sentimentos, quando nos amamos incondicionalmente. Você se ama incondicionalmente, Celina?

Celina sentiu-se tomada de surpresa.

— Eu? Não... Sou cheia de defeitos.

— Então. É justamente essa insegurança que cria buracos em seu campo energético, destruindo sua cerca de proteção, permitindo que energias daninhas entrem e perturbem sua saúde mental.

— E a mediunidade é um dom precioso que Deus nos deu — retornou Amauri. — Não pense que ela é um fardo duro de carregar. Se direcionada e voltada para o bem, viveremos muito melhor do que aqueles que a desconhecem.

— Como tem tanta certeza disso?

— Porque sei que é assim que funciona. Existe material científico que comprova a veracidade disso. A mediunidade permite que enxerguemos além, que possamos ver as coisas por um ângulo mais profundo do que o convencional. É olhar de maneira impessoal a vida, aproveitando as oportunidades que ela nos dá de aprender. Quando não estamos com o campo emocional em desequilíbrio, ficamos mais lúcidos e torna-se mais fácil fazer escolhas acertadas. Consegue entender a linha de raciocínio?

— Acho que sim. É tudo novo para mim. Berta sempre me disse para estudar a mediunidade, frequentar um centro. Mas achei coisa de gente velha, antiquada.

— Berta pode ser tudo, menos antiquada — tornou Cora. — Você reclama que não tem família que a ame ou a ajude. Eu creio que sua mãe e Murilo a amam do jeito deles, diferentemente de como você gostaria que fosse. Já Berta a ama de forma incondicional. Graças a ela você está viva e bem. Não esqueça que, se Deus existe, ele colocou um anjo bom chamado Berta em sua vida.

Tanto Celina quanto os demais emocionaram-se. Cora falava com determinação e franqueza. A mensagem vinha de sua alma. Pararam de falar e ficaram em silêncio, ainda com aquelas últimas palavras reverberando em seus ouvidos.

Minutos depois, Amauri disse com ar triunfante:

— Chegamos!

Amauri diminuiu a marcha e parou defronte ao sobrado. Cora e Wilson desceram do carro amparando Celina, enquanto Lúcia ia logo atrás. Amauri acelerou e foi estacionar o veículo.

Havia duas senhoras na porta recepcionando e encaminhando as pessoas que formavam pequena fila. Primeiro eram encaminhadas para a sala de passes e depois se dirigiam para o salão onde seria proferida a palestra.

Um suor frio escorria pela testa de Celina, que novamente começou a passar mal. Cora e Wilson seguraram-na pelo braço e quase foram arrastando-a para o interior do centro. As duas senhoras atenderam-lhes de imediato.

Uma delas alegrou-se ao ver Cora e Wilson.

— Como vão?

Enquanto Wilson segurava Celina, Cora a cumprimentou:

— Como vai, dona Aparecida? Que surpresa agradável!

— Como vai, querida? E você, Wilson, ainda tem Zezinho por companhia na mercearia?

Mesmo segurando Celina, Wilson tornou:

— Aquele menino vale ouro. Trabalha para mim em suas horas vagas. Desculpe, mas estamos com problemas — disse, movendo os olhos para Celina.

Aparecida percebeu, mas estava travando ligeira conversação para que os guardiões espirituais da porta do centro pudessem cortar os laços energéticos de Celina com as entidades já levadas por Laura e Inácio. Percebendo que Celina encontrava-se pronta para tratamento, disse amorosa:

— Pelo que vejo, a menina está sofrendo ataques mentais de desencarnados. Precisamos agir logo. Vou encaminhá-la para a sala de número quatro. Podem acompanhá-la. É só pegar esta ficha aqui. Qual é o nome dela?

Wilson respondeu:

— Celina.

— Muito bem. Recomendo que entrem com ela esta noite. Após o passe, dirijam-se até o salão de palestras. Ao encerrarmos os trabalhos de hoje, conversaremos.

Aparecida entregou um papel com o nome de Celina e encaminhou-os para a sala.

Lúcia ficou aguardando na recepção até a chegada de Amauri.

— Onde estão?

— Celina começou a passar mal de novo. Uma conhecida nossa que trabalha aqui na porta conduziu-a até uma sala para tratamento.

— Já estão em vantagem. Aqui, eu só conheço o senhor Antero.

Lúcia sorriu e continuou:

— Não precisa ficar com ciúme. Está na hora de irmos ao salão de passes.

— Não podemos tomar o mesmo passe que eles?

A outra senhora respondeu educadamente:

— Aquela sala é específica para distúrbios emocionais.

— Mas dona Cora e Wilson entraram com ela. Eles não sofrem de distúrbios emocionais, pelo que eu saiba.

— Sim, meu filho. Os dois a estão acompanhando. Ela precisa muito da energia deles. No mundo, tudo é feito por meio de troca. Celina precisa trocar energias salutares.

— E como a senhora sabe que eles precisam trocar energia entre si?

— Porque o rapaz está ligado afetivamente a ela, e isso é positivo. Pela cor de sua aura, percebi que ele a ama verdadeiramente. Isso só poderá ajudá-la a se fortalecer e não permitir que as entidades continuem atacando-a.

— A senhora consegue ver as entidades?

— Eu não, somente Aparecida, minha colega aqui na porta. Ela entrou com a moça, mais a senhora e o outro rapaz.

Lúcia interveio:

— Enquanto estava esperando-o estacionar o carro, vi mamãe e Wilson serem conduzidos por dona Aparecida, que morava perto de casa. Disse que nos encontrarão no salão de palestras logo mais.

— Trata-se da senhora que deixou a própria casa para Zezinho e a mãe enferma?

— Ela mesma. Olhe só como a vida trabalha a nosso favor! Viemos com você e encontramos dona Aparecida. É sinal de que estamos no caminho certo.

A outra senhora, ouvindo a conversa de Lúcia e Amauri, apresentou-se:

— O meu nome é Ivone. Sou a responsável pela recepção aqui do centro no período noturno.

Lúcia e Amauri apertaram a mão da senhora. Ela anotou o nome dos dois, entregou uma ficha para cada um.

— Vocês devem se dirigir à sala de número cinco. Depois serão encaminhados para o salão.

— E por que não podemos tomar os passes depois?

— Porque as pessoas chegam ansiosas, aflitas ou às vezes perturbadas, como o caso da colega de vocês. Precisamos que haja um clima harmonioso durante a palestra, a fim de que todos possam absorver os conhecimentos e as energias salutares que os espíritos amigos trazem do astral.

Ivone saiu do balcão e encostou-se na porta à sua frente.

— Bem, agora não será mais permitida a entrada de pessoas no recinto. O horário deve ser cumprido. Não podemos nos atrasar. Vamos, irei com vocês até a sala cinco. Tomaremos o passe juntos.

Amauri e Lúcia deixaram-se conduzir pela simpática senhora até a sala de passes. Entraram, e suave luz iluminava o ambiente. Em silêncio, dirigiram-se ao centro da sala e sentaram-se cada qual em uma cadeira, onde havia um médium na frente e outro atrás. Foi pedido que fechassem os olhos e pensassem somente em coisas boas, agradáveis.

Terminado o passe, Lúcia e Amauri sentiam-se muito bem e foram acomodados por Ivone no salão repleto, que se encontrava na penumbra. Aparecida estava ao lado de Celina, Cora e Wilson. O dirigente começou a proferir sentida prece:

— É com alegria que estamos reunidos nesta noite para mais uma palestra.

O silêncio fez-se presente e em instantes, após pigarrear, um homem sentado no meio de uma mesa, em frente à plateia, com modulação alterada na voz, começou a falar sobre os cinco sentidos e sobre a interpretação de nossas sensações.

Os espectadores ouviam atentos, admirados com a desenvoltura e clareza da explanação. O palestrante perguntava e respondia ao mesmo tempo, captando com facilidade as dúvidas da plateia.

A palestra foi magnífica e finalizada da seguinte maneira:

— E não esqueçam: não são os outros que os magoam, são vocês que dão excessiva importância ao que as pessoas falam. Na verdade, nada é bom ou ruim, tudo depende da maneira como você olha. Portanto fiquem atentos ao seu mundo interior. Aprender a viver melhor é tarefa intransferível que só você pode realizar.

Logo em seguida as luzes foram acesas. Algumas pessoas encontravam-se emocionadas com as palavras ouvidas. Celina mantinha a cabeça baixa, olhos úmidos. Pensava em seu relacionamento com a mãe. Então ela registrava o amor da mãe de outra maneira? Ela mesma era a responsável por tudo que vinha lhe acontecendo?

— Dona Cora, sinto que tudo que foi falado é verdade. Meu peito encheu-se de ânimo e contentamento. Mas estou tão presa a meus valores que é muito duro admitir que eu seja responsável por tudo que me cerca na vida.

— Eu sempre disse isso a você, querida — tornou Cora, amorosa.

— Mas eu achava tudo isso conversa fiada. Nunca imaginei que eu tenho a liberdade e o poder de imaginar o que quiser e registrar as sensações à minha maneira.

— Pelo fato de registrar as sensações à sua maneira é que deve reavaliar suas crenças. Elas é que moldam a maneira como interpretamos os fatos na vida. Talvez agora, Celina, você comece a perceber a verdade.

Celina nada respondeu. Segurou a mão de Cora como atitude de agradecimento e logo em seguida procurou o ombro de Wilson, sobre o qual se recostou em silêncio. Wilson continuou quieto, mas um brando calor percorreu seu peito. Encontrava-se feliz, reconhecia que gostava de Celina e seus sentimentos eram os mais sinceros possíveis. Instintivamente colocou seu braço ao redor do pescoço dela e permaneceram sentados ainda por um tempo.

Cora dirigiu-se até Ivone, Lúcia e Amauri.

— Mamãe, esta é dona Ivone.

— Eu a vi na porta. Boa noite.

— Boa noite. Sua filha e seu namorado são encantadores. A mediunidade de Amauri é uma bênção de Deus, e tanto ele quanto Lúcia terão muitos momentos agradáveis e felizes na vida, se continuarem a educar o sexto sentido.

— Também concordo. Temos de estar sempre prontos para entender melhor a vida.

— Isso é fato. Amauri me disse que conhece o senhor Antero, o dono deste centro. Você não gostaria de cumprimentá-lo?

— Sim, adoraria. Mas há muita gente ao redor. Posso falar com ele numa outra oportunidade. Talvez voltemos na próxima quinta-feira.

— Não. Já que estão aqui, podem conversar hoje mesmo. Você aproveita e conhece sua esposa, dona Aparecida. Ela e eu somos muito amigas.

Cora exultou:

— Então o senhor Antero é o marido de Aparecida? Que coisa boa!

Ivone continuou:

— Estão casados e felizes. Trabalham e estudam juntos. Sem a dedicação de ambos, este centro não existiria.

— Não acha que iríamos incomodá-los? Eu mal conversei com o senhor Antero no outro dia, não sei se agora é o momento propício — tornou Amauri.

Ivone ficou com o semblante transformado. Com os olhos pousados nos de Amauri, salientou com firmeza:

— Você está cheio de desculpas. Precisa reforçar seu lado firme, indo atrás daquilo que realmente quer na vida. Não pode e não deve depender de ninguém. Você só é dependente enquanto achar que é. Quando sentir sua força, verá que é capaz de realizar tudo sozinho e que as pessoas ao seu lado irão somar, criar um laço de convivência e harmonia, sem dependência, sem exigências.

Amauri estremeceu.

— Por que a senhora me diz isso?

— Porque você é solícito demais, necessita portanto soltar-se mais. Está na hora de se assumir, Amauri, ou então suas faculdades mediúnicas também irão contra, e poderá amargar por não ter tido uma postura mais firme.

— Ora, eu...

— Nada. Você deve fazer suas escolhas de acordo com sua alma. Não deve ir atrás do que os outros acham. Você é responsável por si, então cuide do que é seu. Ninguém pode tirar o que lhe pertence.

Amauri e Lúcia ficaram assustados olhando para Ivone. Cora riu e entendeu. Pensou no jantar em que ele apresentaria Lúcia aos pais. Ivone talvez estivesse registrando o medo que Amauri já sentia pela reação que seus pais teriam a respeito de Lúcia.

Ivone levou-os até o encontro de Antero.

— Antero, olhe aqui o rapaz da praça Buenos Aires.

O homem abriu os braços com alegria:

— Amauri, meu querido, você veio!

— Então eu sou o famoso rapaz da praça? — perguntou Amauri, após se abraçarem.

Antero riu com gosto.

— Sua história corre solta aqui no centro...

Amauri abraçou-o novamente:

— Disse que sentia falta de um lugar com que me identificasse, onde pudesse seguir com meus estudos e meu trabalho. Resolvi vir.

— A casa está aberta. Estamos com dificuldade de encontrar novos trabalhadores. No começo todos se empolgam, mas poucos são aqueles que continuam no trabalho e nos estudos das leis da vida.

— Se o senhor quiser, estamos à disposição — salientou Cora.

Antero olhou para ela e sorriu.

— Reconheço que nos seria de grande valia termos a senhora aqui conosco.

Amauri fez as apresentações:

— Dona Cora, Lúcia, este é o senhor Antero.

— Muito prazer — responderam as duas.

— O prazer é todo meu. Estou muito feliz que tenham vindo até aqui. É um local modesto, mas o que interessa é o aprendizado, o proveito que podemos tirar com cada ensinamento desta equipe espiritual que nos orienta e ampara.

— Adorei a palestra — replicou Amauri. — Não sabia que o senhor discorria tão bem acerca dos imperativos da vida.

— Acontece que não estou sozinho. Hoje não fui eu quem falou, mas um amigo espiritual nosso aqui da casa.

— Gostei muito do passe — interveio Lúcia.

— A troca de energias é benéfica, ajuda a restabelecer o corpo físico, mental e espiritual. O passe é um remédio sagrado. Os poucos minutos dentro dessas salas são suficientes para trazer um grande bem-estar.

— Nós ficamos na sala cinco. Celina, dona Cora e Wilson ficaram na outra.

Antero riu com gosto.

— Não precisa ficar com ciúme.

Amauri tentou responder, mas Antero continuou, matreiro:

— A sala de número quatro trabalha com casos de obsessão. Celina estava precisando de energias revigorantes, diferentes daquelas que vocês receberam na sala de número cinco.

— O senhor acha que ela vai melhorar?

— Ela já está melhor. Mas a continuidade dessa melhora depende dela. Precisa ocupar o tempo com amigos saudáveis, com trabalho e com estudo.

— O senhor pode nos indicar algum livro?

— Se ela se interessar...

— Eu me interesso!

Celina vinha logo atrás, abraçada por Wilson.

— Deixe-me apresentá-los — tornou Amauri. — Esta é Celina e este é Wilson, filho de dona Cora.

— Como vão?

— Estamos bem, obrigada — respondeu Celina, após apertar a mão de Antero.

— Caso queira entender melhor o mundo das energias, pode começar com meu livro, que acabei de editar.

— Qual o nome, senhor Antero?

— O fascinante mundo das energias. Trata-se de um estudo metafísico sobre as relações energéticas que permeamos no mundo. Há também outro muito bom, ditado pelo espírito de André Luiz, através de Francisco Cândido Xavier.

— O senhor já havia me falado dos livros dele, quando nos conhecemos. Esse especificamente qual é? — perguntou Amauri, interessado.

— Foi lançado há pouco tempo, chama-se Entre o céu e a terra e aborda os mecanismos de nossa mente frente à mediunidade.

— Pelo visto — salientou Cora —, não podemos reclamar de material, certo?

— Isso mesmo — respondeu Antero. Agora, gostaria que conhecessem minha esposa, Aparecida.

— Nós já a conhecemos — tornou Cora. — Sempre a admiramos lá no bairro. Fiquei muito triste quando ela se mudou, pois de vez em quando eu a procurava para conversar. Comoveu-me a assistência prestada a Zezinho e Elisa.

— Fazer o bem não importa a quem — redarguiu Antero. — Aparecida sempre ajudou Elisa, mesmo depois da gravidez. Quando nos conhecemos e depois que nos casamos, decidimos que o aluguel da casa não nos faria falta. Assim Elisa poderia ter um teto seguro, ao lado de seu filho.

— Todo mês mandamos alimentos da mercearia para ambos.

— É isso mesmo, dona Cora, cada qual fazendo sua parte.

Antero fez sinal com as mãos e todos o acompanharam até Aparecida. Ela estava de costas, despedindo-se dos últimos trabalhadores daquela noite.

— Querida, quero que conheça o rapaz da praça.

Aparecida virou-se e qual não foi a surpresa de Amauri:

— A senhora?! Mas não pode ser...

Todos olharam intrigados para ele. Aparecida foi até ele, abraçou e pousou delicado beijo em sua face.

— Como vai, meu querido? Está crescido, não é mais aquele garoto assustado de anos atrás.

— Vocês se conhecem? — perguntaram Cora e Antero com interrogação no semblante.

Amauri não conseguia emitir um som sequer. Estava emocionado.

— Sim, nós nos conhecemos anos atrás, quando eu ainda morava no Cambuci. Ele é aquele garoto cujo caso lhe contei.

— É por essa razão que não consegui localizá-la. Procurei-a por todo o bairro. Eu nem ao menos sabia seu nome. Mas como o mundo é pequeno, meu Deus!

— Quando estamos destinados a nos cruzar no mundo, não há tempo nem fronteiras. Você estava muito assustado naquele tempo e também estava sob o domínio de sua mãe, o que é natural quando somos adolescentes e inseguros.

— Mas a senhora me curou, livrando-me das influências de meu tio.

— Ele precisava de ajuda e a obteve.

— Dona Aparecida, a senhora não sabe como estou feliz por reencontrá-la.

— Eu também estou muito feliz, meu filho.

Abraçaram-se e ficaram conversando por mais tempo no centro.

Capítulo 10

Naquela noite, todos saíram do centro com ânimo para vencer suas dificuldades. Wilson sentia-se estimulado a logo declarar-se para Celina. Amauri, por sua vez, aguardava ansioso o jantar marcado pelos pais para conhecerem Lúcia.

O sábado chegou e, no final da tarde, Amauri foi apanhar Lúcia em casa.

— Você está radiante! Que roupa linda!

— Isso é coisa dela mesma — disse Cora. — Lúcia é muito observadora e capta com facilidade o mundo da moda. Esse vestido é ideia dela. Não tirou molde de nenhuma revista.

— Está linda! Meus pais irão adorá-la.

— Tenho certeza disso. Também acho que vou gostar deles. E sua irmã, estará presente?

Amauri fez gesto contrariado.

— Infelizmente, sim. Maria Eduarda está louca para saber quem estou namorando.

— Não fale assim — considerou Cora. — Sua irmã é o que é. Não crie energias desagradáveis. Precisa estar com bons pensamentos, para que tudo corra da melhor maneira possível. Não deixe que pensamentos ruins atrapalhem esta noite.

— A senhora está certa.

Cora sentiu um pequeno aperto no peito, uma sensação desagradável, comum à mãe que pressente algo de ruim. Ela procurou ocultar a sensação, mas Lúcia percebeu.

— O que foi, mãe? Está se sentindo bem?

— Estou, sim — disfarçou. — Estou preocupada com seu irmão. Ele foi jantar na casa de Celina.

— Na casa de Celina? — perguntou Amauri com largo sorriso. — Por que não me avisou? Eu poderia dar-lhe carona.

— Ele resolveu ir só. Pegou o bonde aqui perto.

— Mas sabe Deus quando vai voltar. Eu posso ir buscá-lo, afinal de contas estamos perto um do outro.

— Não será necessário, Amauri.

— Não se preocupe, dona Cora. Assim que chegar a minha casa, ligarei para a de Celina. Aviso que, logo que terminarmos o jantar, passo lá para trazê-lo até aqui.

— É muita generosidade de sua parte.

— Não, senhora. Gosto de Wilson e de Celina. É como se fôssemos irmãos. Pena que Maria Eduarda não possa fazer parte de nossa roda.

— Por que o preconceito? Você é tão esclarecido! Será que sua irmã não necessita de ajuda assim como Celina, ou como você precisou anos atrás?

— Não, dona Cora. Mediunidade é uma coisa e maldade é outra. Maria Eduarda é invejosa, prepotente, adora estragar a felicidade dos outros. Parece que se alimenta disso. Precisa ver as pessoas sofrerem para se sentir bem. Não gosto desse comportamento, ou desse traço de seu caráter.

— Dê tempo ao tempo. Todos somos dignos de compreensão. Por que sua irmã não seria? Tenho certeza de que, se tudo correr bem, logo ela estará frequentando nossa casa. Você vai ver.

— Isso não! A senhora é muito otimista, dona Cora. Maria Eduarda é uma cobra. Duvido que uma cobra se transforme em coisa boa.

— Aposto que tudo tem jeito na vida.

— Mas isso é demais. Nunca nos demos bem. E acho que nunca iremos nos dar.

— Veremos.

— Se isso acontecer...

— Se isso acontecer, o quê, Amauri? — retrucou Lúcia, levemente irritada. — Você está sendo muito duro. É este o homem com quem pretendo casar-me? Tão insensível a ponto de não acreditar que as pessoas possam mudar?

Ele coçou o queixo, contrariado. Surpreendeu-se com o gesto firme de Lúcia.

— É fácil falar. Vocês não a conhecem. Ainda vão dobrar a língua.

Lúcia, percebendo que Amauri não cedia, cutucou-o:

— E se, por um milagre da natureza, ela mudasse, o que você faria?

— Não sei. Nunca pensei nisso.

Lúcia olhou bem para o namorado. Depois, virando-se para a mãe com ar triunfante, falou, alteando a voz:

— Já sei! Está com medo de que eu me dê bem com ela!

— Como? — perguntou Amauri, sem nada entender.

— É isso mesmo! Tem medo de que possamos dar atenção a Maria Eduarda.

Amauri baixou a cabeça, aturdido.

— Quando éramos pequenos, Maria Eduarda não desgrudava de mim. Parecia uma união perfeita. Nunca brigamos.

— Será que ela não mudou o comportamento quando notou a preocupação de seus pais em relação aos seus distúrbios? Às vezes, quando somos pequenos, é muito difícil nada poder fazer para ajudar a quem mais amamos. Nunca pensou nesta possibilidade, já que Maria Eduarda era uma garota amável e companheira?

Amauri sentiu um frio percorrer-lhe a espinha.

— Nunca pensei nessa possibilidade. Acha mesmo que ela tenha se perturbado com tudo aquilo?

— Quem garante que não? Acho que está sendo muito duro com sua irmã. Você mesmo diz que seus pais não conversam entre si. Se quem ela mais amava partiu, com quem iria conversar, colocar seus medos e aflições?

— Nunca olhei as coisas por esse ângulo. Será que ela se fechou e trancou seus sentimentos a sete chaves?

— Vamos aguardar e serenar. Precisamos confiar cada dia mais na vida, nas forças universais que sempre fazem tudo pelo melhor.

Amauri ficou pensativo. O que Lúcia lhe dissera fazia sentido. Será que Maria Eduarda ficara tão abalada com a partida do irmão que se fechara e nunca mais voltara a ser a menina alegre de outrora? Ficou ruminando os pensamentos até que Cora o pegou delicadamente pelo braço.

— Certo, certo. Agora deixem esse assunto de lado. Vamos fazer vibração para que o melhor ocorra com Maria

Eduarda. Se fizermos isso, estaremos ajudando. A noite de hoje é especial para vocês dois.

Cora beijou-os e despediu-se, ainda carregando no peito aquela sensação desagradável. Adentrou a casa, sentou-se na poltrona e procurou concentrar-se na leitura indicada por Antero. Por mais que tentasse, estava difícil absorver o conteúdo do livro. Fechou-o e dirigiu-se até a cozinha. Colocou água na chaleira e pegou no armário um pote com cidreira.

— Talvez isto me ajude a ficar mais calma — disse, falando consigo mesma.

Amauri e Lúcia entraram no carro e partiram. Ficaram em silêncio durante todo o trajeto. Era com um misto de alegria e desconforto que Lúcia revia seu antigo bairro. Para ela era difícil voltar à mesma rua onde passara quase toda a vida, vivendo no luxo. Ao sair do carro, passou um olhar de reconhecimento pela quadra e foi com olhos úmidos que avistou o casarão em que morara até um ano atrás. Amauri, percebendo a emoção, disse com voz doce:

— Não fique assim. Se tudo correr bem, logo você estará de volta, vivendo no lugar de onde nunca deveria ter saído. Você vai voltar para cá. E sua família ainda vai recuperar aquela casa.

— Não fale assim, meu amor. Não prometa o que não pode fazer. Eu bem que gostaria, mas, imagine, como poderemos voltar a morar aqui, ou como Wilson ou mamãe poderiam recuperar a casa? Veja — disse Lúcia, apontando para um dos cômodos do andar de cima –, a casa está habitada de novo. Não se esqueça de que foi penhorada. Um dos antigos sócios de papai a arrematou em leilão. Ele e a mulher sempre nos invejaram. Não sei se eu gostaria de morar na mesma casa de novo.

— Bobagens. Não sei explicar, mas tenho certeza de que você voltará para cá. Ninguém tira o que é nosso. Pode ser por um tempo, quando estamos confusos, perdidos. Mas, quando está tudo certo de novo em nossa vida, o que é seu de direito volta, não tenha dúvidas.

— Pode ser. Mas vamos, não quero chegar atrasada. Seus pais são pontuais. Não posso decepcioná-los logo no primeiro encontro. A primeira impressão é a mais forte.

— Então vamos, minha princesa. Você está linda! Mamãe não vai acreditar que não seja rica.

— Mas eu sou! Só não estou no momento, mas sou rica, pelo menos em valores. Você está com a razão, Amauri: ninguém tira o que é nosso por direito. Se eu tiver de voltar, voltarei.

— Assim é que se fala. Agora erga o queixo e vamos entrar.

Amauri abriu a porta e conduziu Lúcia para o interior do hall. Elói e Chiquinha estavam sentados no jardim de inverno, aguardando a chegada deles. Vendo-os entrar, levantaram solícitos. Elói foi o primeiro a dar os cumprimentos:

— Como vai?

Lúcia estendeu a mão com delicadeza:

— Muito bem, obrigada.

Chiquinha cumprimentou-a olhando-a por vários ângulos, deixando Lúcia constrangida. A jovem olhou para Amauri na tentativa de pedir-lhe ajuda, e o olhar penetrante do namorado encorajou-a a manter a pose.

— Boa noite, Lúcia. É um prazer recebê-la em casa. Amauri nos disse que sua família perdeu tudo, mas esse vestido...

Lúcia corou.

— É verdade. Perdemos o status social, mas o bom gosto não está ligado ao dinheiro. Aliás, bom gosto e dinheiro nem sempre andam juntos.

— Também acho — aquiesceu Elói. — Venha, por gentileza, senhorita. Queira acompanhar-me.

Chiquinha enlaçou seu braço no do filho, indo logo atrás. Achou um despautério a resposta de Lúcia, mas precisava manter as aparências. Ficou nervosa por Elói ter simpatizado com a moça.

De fato, Elói havia se impressionado com Lúcia. Embora tivessem morado na mesma rua por anos, ele nem suspeitava que ela fosse filha de Diógenes e de Cora.

— Onde está Maria Eduarda?

— Como sempre, sua irmã está atrasadíssima. Mandou servir o jantar. Descerá logo.

— Isso são modos, mamãe? — retrucou Amauri, deixando Chiquinha furiosa.

Então ele se atrevia a falar dessa maneira na frente da namorada? O que Lúcia pensaria dela? Como seu filho se atrevia? Procurou engolir a raiva e respondeu secamente:

— Maria Eduarda sempre se atrasa, você sabe disso. Logo estará aqui à mesa. Acomodem-se, por favor.

Elói conduziu Lúcia até seu lugar. Sentou-se próximo.

— Diga-me: uma moça tão fina, educada e bela, como pode não ser de nossas relações?

Amauri respondeu primeiro, com medo da sinceridade de Lúcia, pois durante o trajeto até a casa ela afirmou que não esconderia nada dos pais de Amauri caso perguntassem sua origem.

— Lúcia teve educação esmerada. Fala francês com perfeição.

Chiquinha irritou-se e perguntou em francês como Lúcia se sentia diante dos pais de seu namorado.

Lúcia respondeu com graça e segurança, deixando Chiquinha boquiaberta e Elói e Amauri contentes com a desforra.

O clima de guerra iria recrudescer, não fosse a entrada de Maria Eduarda e seu sorriso sinistro.

— Boa noite. Demorei, mas cheguei. Você deve ser...

— Lúcia.

— Ah, desculpe, querida. São tantas as namoradas de Amauri que esqueço de gravar o nome. É melhor perguntar do que arriscar e cometer uma gafe, não acha?

Elói, Chiquinha e Amauri olharam irritados para Maria Eduarda, o que aumentou sua vontade de espicaçar Lúcia.

— Posso sentar-me a seu lado? Sempre quis conhecer gente de nível inferior ao nosso. Pensei que mordessem, mas você não parece agressiva.

— Que modos são esses, minha filha? — perguntou Chiquinha, perturbada.

Por mais que não aprovasse o namoro de Amauri e Lúcia, Chiquinha tinha pavor a discussões. Estava notando que a filha tentava, em vão, provocar a convidada.

— Ora, mamãe, Amauri mesmo nos disse que ela é pobre, não é mesmo? Só queria saber como são, o que pensam. Preciso fazer um estudo para a faculdade. Quem sabe Lúcia não poderá me ajudar?

— Ajudarei com prazer. Mas não esta noite. Hoje vim para conhecê-los, trazer meus votos de amizade e cordialidade. Quando quiser fazer sua pesquisa, pode ir até minha casa.

Maria Eduarda quis fuzilá-la com o olhar, mas Amauri interveio:

— Mamãe, faça o jantar ser servido.

Maria Eduarda ficava a todo instante olhando para Lúcia. Ela era muito delicada, fazia sua refeição com classe. Mas o que mais a intrigava era o fato de o rosto de Lúcia ser familiar. Tentou a custo desvendar na memória de onde conhecia aquela moça.

— E onde aprendeu francês? — perguntou Elói durante o jantar.

— Mamãe sempre fez questão de que estudássemos. Eu e meu irmão dominamos não só o francês, mas também o inglês.

— Sua mãe está certa. Os filhos devem ter uma educação esmerada. Mas, se você não é rica, como pôde aprender com sua mãe? Acaso ela era de família tradicional?

Antes de Lúcia responder, Maria Eduarda levantou-se de um salto da cadeira e gritou:

— Já sei! Já sei!

Todos olharam para ela estupefatos.

— Não adianta esconder sua verdadeira identidade. Sei quem você é! Mamãe, papai, vocês ainda não descobriram? Ela é Lúcia, filha de dona Cora. Vocês moravam do outro lado da rua. Seu pai fez uma série de falcatruas e perderam tudo.

— O que é isso? — perguntou Chiquinha visivelmente perturbada.

Elói, tomado de susto, dirigiu outra pergunta:

— Isso é mesmo verdade?

Amauri ficou mudo. Lúcia, sem saber para onde olhar, baixou constrangida os olhos. Balbuciou:

— Sua filha tem razão. Sou Lúcia de Lima Tavares.

Maria Eduarda estava visivelmente irritada. Na ponta da mesa, com dedo em riste no rosto de Amauri, bradou:

— Isso não passa de uma brincadeira de mau gosto! Como pode você trazer uma pessoa que compromete a imagem de nossa família? Como pode só pensar em você?

— Não é bem assim...

— Como não é bem assim, Amauri? — interpelou Elói. — Por que escondeu de nós a verdadeira identidade dessa moça?

— Não escondi. Não tive essa intenção. Gosto de Lúcia e creio que ela de mim. Nosso amor não tem nada a ver com o passado de seu pai. Ela não pode carregar a culpa pelos desacertos do doutor Diógenes.

— Como não? — perguntou Maria Eduarda. — São todos iguais. Nunca pensei que você fosse capaz de tamanha desfaçatez.

— Maria Eduarda, pondere.

— Como ponderar, papai? Não vê que Amauri fez isso de propósito, só para espicaçar-nos? Não percebe que tudo que ele faz é para denegrir nossa imagem e impedir-me de encontrar um bom partido?

— Seu irmão não teve essa intenção — disse por fim Lúcia, ainda tomada de pânico.

— Quem nos garante isso? Para você, querida, isso é muito cômodo. Arruma um partidão como meu irmão e pronto: você e sua família estão novamente fazendo parte de nosso círculo social. Conheço mulheres como você: não prestam.

Amauri levantou-se da mesa com chispas a sair pelos olhos:

— Você está desrespeitando Lúcia. Como pode ser tão vil, Maria Eduarda? Como pode ter pensamentos tão vulgares a respeito dos outros?

— Não quero saber. Papai e mamãe estão visivelmente constrangidos. Você não tinha o direito de nos fazer esta surpresa tão desagradável. Se não fosse pela minha perspicácia, quando iríamos saber a verdade? Na frente do padre, diante de centenas de convidados?

— Sua irmã tem razão, Amauri — considerou Chiquinha. — Você deveria ter-nos contado a verdade.

— Mamãe, nunca pensei que isso pudesse causar-lhes desconforto. Tanto a senhora quanto papai foram amigos de dona Cora e do doutor Diógenes.

— Sim, fomos, mas há muito tempo. Veja como Diógenes terminou seus dias: soterrado em um monte de falcatruas, dívidas. Não posso permitir que meu filho se ligue a uma família com antecedentes assim.

— E o nosso amor?

— Amor? Isso não passa de arroubos juvenis. Sua mãe e irmã estão certas. Não aprovamos esse namoro.

— Desculpem-me pelo transtorno. Não tive a intenção — disse Lúcia, levantando-se da mesa.

— Ora, ora, não teve a intenção... Acha mesmo que somos tão burros de acreditar na pobrezinha? — tornou Maria Eduarda, novamente com seu característico sorriso sarcástico.

— Não posso obrigá-los a enxergar o que não querem ver. Estou com a consciência tranquila. Gosto de seu irmão, mas, se tudo isso é motivo para criar uma guerra dentro desta casa, podem ficar sossegados. Desde que papai morreu nunca precisamos de ninguém, e não será agora que precisaremos. Com licença.

— Não, Lúcia, espere — disse Amauri, segurando-a no braço. — Isso não vai ficar assim. Eu a amo, e não é com esse discurso descabido que vamos nos separar. De jeito nenhum.

— Vão, sim — respondeu secamente Elói.

— Não vou, papai. Eu e Lúcia nos amamos. Ficaremos juntos. Não me importo com o que os outros vão pensar.

— Eu determino isso. Você depende de mim. Dou-lhe mesada e vai começar a trabalhar em meu escritório. Quem dita as regras ainda sou eu. Por esse motivo, não quero mais vê-lo junto dessa moça.

— Então pode ficar com a mesada e com o escritório. Estou cansado de suas imposições, de suas manipulações. Não preciso de você e não quero mais ser dependente. Esta pequena discussão mostrou-me que está na hora de mudar. Preciso tomar o rumo de minha vida.

— Se você pretende ameaçar-me, fique sabendo que não vou tolerar. Leve a moça para casa e voltaremos a conversar depois.

— Não, senhor.

Chiquinha procurou contemporizar:

— Querido, deixe Amauri levar a moça até em casa. Agora não é hora de discussão. Já chega o desconforto pelo qual passamos. Não se apoquente mais com nosso filho.

Elói ficou sem ar. Estava espumando de ódio:

— Ele nunca me ouve! Não pode ser meu filho. Como saiu tão diferente de mim? Onde errei?

Maria Eduarda lembrou-se de algumas histórias que Rodolfo lhe contara. Olhou para a mãe com ar enojado e respondeu ao pai, numa tentativa de defendê-lo:

— O senhor não errou, pai. Ele é que nasceu todo errado.

— Agora chega! — gritou Amauri. — Eu vou embora desta casa.

Chiquinha deu pequeno grito de susto. Elói encolerizou-se:

— Chantagem? Você ousa fazer chantagem com seu pai? Só porque saiu recentemente das fraldas quer enfrentar-me de igual para igual? Você não passa de um pirralho mal-educado. Nem tem onde cair morto. Se ameaçar sair desta casa, não tem retorno.

Chiquinha começou a chorar. Maria Eduarda continuava olhando para todos embevecida com a situação que ajudara a criar. Pensou: "Como mamãe pode ter sido tão canalha? E ainda continua se fazendo de santa, praticamente permitindo um incesto entre esses dois. Pobre papai! Ele não merece isso..."

Enquanto Maria Eduarda ruminava seus pensamentos, Lúcia apertou a mão de Amauri. Beijou-o na face e disse:

— Vou esperá-lo lá fora.

Fez sinal de cumprimento para Chiquinha e Elói, que continuavam com o semblante crispado. Quando passou perto de Maria Eduarda, esta lhe fez ar de mofa:

— Vá com Deus. E boa sorte com o próximo imbecil.

Lúcia ia responder, mas engoliu a raiva. Maria Eduarda não estava em seu juízo perfeito. Era melhor não cutucar mais a onça. Preferiu sair calada. Tinha certeza de que uma hora qualquer todo esse problema seria resolvido.

Com a saída de Lúcia, Amauri sentiu-se mais forte para enfrentar os pais.

— Vocês estão atrasados, parados no tempo. Só pensam em reputação. Será que não cometeram deslizes no passado?

Maria Eduarda olhou admirada para o irmão. Será que ele também desconfiava do passado dos pais?

Enquanto ele lançava a pergunta, por um instante, tanto Elói quanto Chiquinha percorreram através de suas memórias os fios do tempo. Algumas cenas vieram à mente de ambos, mas a emoção do momento os trouxe de volta à realidade.

— Não interessa o que eu ou sua mãe fizemos. Você nos deve o respeito. Fomos nós que o criamos, pagamos escola, médicos, mesada. Portanto nós é que temos o direito de exigir, cobrar, perguntar. O contrário é nulo. Agora pare com esse romantismo irritante e leve a moça para casa. Conversaremos na volta.

— Quero conversar agora.

Elói levantou a mão para bater em Amauri. Chiquinha colocou-se entre ambos.

— Meu Deus! O que estão fazendo? Nunca tivemos de bater em nossos filhos, Elói.

— Tem razão. Mas Amauri está me tirando do sério.

Chiquinha procurou manter o controle:

— Vá, meu filho, leve a moça. Não importa a hora que chegue. Prometo que, amanhã, tanto eu quanto seu pai iremos conversar com você.

— Sim, faremos isso. Mas com uma condição.

— E qual é, meu filho?

— De que Maria Eduarda esteja bem longe daqui.

— Eu? Longe? Sou da família, tenho de participar.

— Você foi a causadora de tudo.

— Eu de novo? Sempre eu? Então você traz a pobretona aqui dentro de casa, arma toda uma situação, e só porque descobri tudo sou a ordinária? Não queira inverter os papéis, Amauri. Você sempre foi esquisito, sempre deu problemas a papai e mamãe desde pequeno. Agora, depois de adulto, em vez de estar com papai no escritório, fica andando com essa desclassificada e com Celina.

— Papai, mamãe, só iremos conversar sem Maria Eduarda por perto.

— Está bem, faremos assim — concordou Chiquinha.

Maria Eduarda explodiu em raiva.

— Não acredito que estejam defendendo esse paranormal de meia-tigela.

Saiu fingindo chorar, correndo pelas escadas até trancar-se no quarto, mas ao fechar a porta chorou copiosamente. Não sabia como se entender com o irmão, estava achando cada vez mais difícil ficar próxima de Amauri. E agora aparecia aquela bobinha? Então ela arrancaria seu único e melhor amigo do seio de sua família? Mais uma vez Amauri seria arrancado de casa? A presença de Lúcia a ameaçara.

Maria Eduarda debatia-se na cama, e as lágrimas continuavam a escorrer pelas faces já vermelhas e inchadas. Agora aparecia uma mulher que tiraria o irmão para sempre daquela casa. Ela sabia, sentia quando um homem se apaixonava, e Amauri estava apaixonado por Lúcia. Mas o que fazer? Como se reaproximar do irmão e voltarem a ser amigos como antes? Como? Perdida e insegura, deixou que as lágrimas amenizassem a dor aguda que carregava no peito.

Na sala, Amauri beijou a testa da mãe e saiu em silêncio, sem dirigir o olhar ao pai.

Lúcia estava no portão, olhos inchados de tanto chorar. Amauri abraçou-a por trás. Sentia-se culpado pelo ocorrido.

— Não queria que as coisas fossem desse jeito. Eu a amo, mas eles não entendem.

— Sei como seus pais se sentem, meu amor. É muito difícil para a geração deles. Foram criados para conviver entre iguais. Tudo que seja fora de seu meio é sinal de perigo. Eles não sabem como lidar com situações que não sejam como as que eles esperam.

— Mas isso é viver num mundo de ilusões! A realidade da vida é completamente diferente.

— Seus pais não têm fé em nada, não conhecem o mundo espiritual, nunca se interessaram pelas leis da vida. Foram vivendo conforme os impulsos básicos e a educação. Nunca se perguntaram se estavam felizes, se queriam viver assim ou assado...

— Mas meu pai é estudado. Fez cursos no exterior. Minha mãe também é culta. Está sempre atualizada. Outro dia peguei-a discutindo política com papai.

— Não estou falando disso, Amauri. Falo de valores, de postura em relação à vida. Seus pais estão presos ao mundo deles. Até acho que gostariam de experimentar novas possibilidades de vida. Só não o fazem por falta de conhecimento, por medo, por defesa. O novo assusta muito as pessoas.

— Mas papai não pode continuar tirano desse jeito. Quem ele pensa que é?

— Em sua cabeça, pensa e age com o modelo de pai. Ele incorporou esse modelo. Age por meio de normas e crenças aprendidas.

— Está defendendo meu pai?

— Por pior que tenha sido nossa noite, seu pai fez o melhor. Ele não pode fazer mais do que isso no momento. Quem tem ilusão é você, que acreditou que ele fosse ser diferente do que é. Você estava com medo de me apresentar a eles. Maria Eduarda encarou-me como uma rival.

— Não fale esse nome! Isso me irrita profundamente! Gostaria de vê-la...

Lúcia pousou a mão na boca do namorado:

— Não fale isso! Não queira emitir pensamentos de raiva contra sua irmã. Ela receberá com certeza essas ondas de energia. Não se lembra do que o senhor Antero falou quinta-feira no centro?

— Parece que faz tanto tempo... É tão difícil! Lá no centro fica tudo fácil, assimilamos as coisas com a maior boa vontade. Aí vem uma situação dessas, ainda por cima envolvendo minha família. Fica complicado...

— Complicado mas não impossível. Dê tempo ao tempo. Maria Eduarda sente-se desprotegida, e minha presença faz com que se sinta cada vez mais longe de você.

— Acha isso mesmo?

— Sua irmã é voluntariosa. Tem força, coragem. Poderia usar essa energia que produz em grande quantidade a seu favor. Mas ela ignora o conhecimento dessa força. A hora em que se acertarem, ela se revelará outra mulher.

— Maria Eduarda é osso duro de roer. Ela é capaz de armar e puxar o tapete de qualquer um, até de papai e mamãe, se precisar.

— Veja: ela não mede esforços para conseguir o que quer. Imagine essa força bem direcionada, estruturada no caminho do bem. Maria Eduarda pode se tornar uma mulher poderosa e feliz consigo mesma e com as pessoas ao seu redor.

— Quem está cheia de ilusões é você. Depois de tudo que ouviu esta noite, defende a família toda?

— E há sua mãe, acabei me esquecendo. Sabe quanto sou observadora. Sua mãe tentou no início embarcar no discurso de Maria Eduarda, mas algo nela, por instantes, a freou. Sabe se sua mãe viveu alguma situação semelhante à nossa no passado?

— Como assim?

— Fiquei sabendo o que Maria Eduarda espalhou aos quatro ventos sobre sua mãe e meu pai.

— Isso não tem importância. Maria Eduarda é venenosa. Quem pode garantir que minha mãe namorou seu pai? Só dona Cora pode nos dizer algo.

— Mamãe não gosta de falar no passado. Tenho certeza de que ela namorou papai depois que ele terminou com dona Chiquinha.

— E o que a faz pensar que a minha mãe esconde algo?

— Humm, não sei... intuição, talvez... Sua mãe esconde muito bem as emoções. Ela vai muito pelas regras. Não condiz com a delicadeza de seus gestos.

— Agora anda observando os gestos?

— Sim, porquanto a postura das pessoas revela muito de sua personalidade. Há muitos estudos sobre isso. Li numa revista que universidades americanas estão estudando os gestos e posturas das pessoas. Sua mãe é uma mulher quente e apaixonada.

— Pelo meu pai? Duvido. Nunca os vi aos beijos e abraços. Sempre achei estranho eles não terem a mínima demonstração de carinho, de afeto. Quando fazem aniversário de casamento, ele manda flores e cartão com os mesmos dizeres. Só muda a data. No aniversário dela é sempre uma joia, escolhida talvez pela secretária. E no dia das mães sempre compra algo para a casa.

— Sua mãe gosta muito de seu pai, e vice-versa. Algo os bloqueia.

— Será que meu pai tem uma amante?

— Não. O doutor Elói também é apaixonado por sua mãe. Mesmo não havendo demonstração de carinho, dá para notar pelos olhos. Os olhos nunca mentem, Amauri.

— E meus olhos agora, estão dizendo o quê?

Lúcia riu. Beijou-o nos lábios e depois retrucou:

— Estão dizendo que ambos estamos morrendo de fome. Sua irmã poderia ter começado a discussão na hora da sobremesa. Que pena...

Amauri deu uma gargalhada. Abraçou Lúcia com amor.

— É por isso que a amo! Você é espetacular. — Ele olhou para o relógio e disse: — Podemos jantar na casa de Celina. Pelo horário, eles devem estar no meio da refeição.

— Acha mesmo que deveríamos importuná-los?

— Wilson é muito sistemático. Devem estar todos comportados: ele, Celina, Murilo e dona Eulália.

— Não fomos convidados, não acho que seja de bom-tom.

— Nada de bom-tom. Vamos. Eles moram logo ali na avenida Angélica. Vamos a pé.

Deram-se as mãos e foram andando pela calçada, contemplando as estrelas que brindavam aquela noite com brilho singular.

Capítulo 11

Cerca de dez minutos depois, Amauri e Lúcia tocaram a sineta na casa de Eulália e foram andando até o degrau da porta principal.

Berta abriu a porta e com largo sorriso os cumprimentou:

— Mas que surpresa agradável! Celina não disse que viriam jantar.

— Não viemos mesmo — respondeu Lúcia. — Amauri insistiu e aqui estamos. Acha melhor esperarmos?

— De jeito algum! Wilson ficou conversando muito com Murilo. Deram-se muito bem. O jantar acabou atrasando. Acabei de mandar servir. Chegaram em boa hora.

— Não queremos importunar ninguém, Berta.

— Ora, Amauri, você nunca incomoda, nem a menina Lúcia. Nunca vou me esquecer da ajuda que deram à minha menina. Serei eternamente grata a vocês e dona Cora.

— Deixe disso, Berta. Fizemos o que achávamos necessário. Simpatizamos com Celina, e, pelo visto, Wilson está nas alturas.

— Louvado seja o Santíssimo!

Amauri e Lúcia riram a valer. Ele perguntou:

— E quanto a dona Eulália? Será que ela já esqueceu aquele incidente?

— Isso já faz um bom tempo. Com a melhora de Celina, Eulália bem que gostaria de conhecê-lo, mas está com dor de cabeça. Encontra-se fechada em seu quarto. — Berta baixou o tom de voz: — Ela não quer ser incomodada. O caminho está livre. Acompanhem-me.

Amauri e Lúcia riram e entraram. Embora ambos tivessem sido criados no luxo, nunca haviam visto casa mais requintada. Lúcia sabia que Eulália era considerada uma das melhores anfitriãs da sociedade paulistana. Na época em que era casada com Inácio, suas festas eram disputadíssimas. Houve muitos saraus inesquecíveis entre as décadas de trinta e cinquenta. O hall de entrada era todo de mármore branco, tanto no chão quanto nas paredes. Vidros bisotados e lustres de cristal, tapetes persas espalhados pelos cômodos e móveis finos de época. Tudo combinando nos tons, mantendo uma harmonia que inebriava os olhos de tanta beleza.

Berta conduziu-os até a sala de jantar e mais surpresas ainda os aguardavam. A decoração era primorosa. A fama de Eulália era merecida. Ela tinha muito bom gosto. Celina levantou-se dando gritinhos de felicidade:

— Não acredito no que vejo! Se eu não tivesse começado a estudar e frequentar o centro do senhor Antero, diria que estou vendo espíritos.

Deu a volta pela mesa e abraçou e beijou Lúcia e Amauri. Wilson veio logo atrás e fez o mesmo. Logo atrás estava Murilo, olhando desconfiado para Amauri. Celina captou o olhar e deduziu o pensamento do irmão. Ligeira, comentou:

— Murilo, lembra-se de Amauri?

O rapaz fez ar de entediado, mas não deixou a educação de lado. Estendeu a mão para Amauri.

— Como não me recordar? Como está?

— Bem. E você?

— Como manda o figurino.

Celina apressou-se.

— Murilo, esta é Lúcia, irmã de Wilson e namorada de Amauri.

O rapaz cumprimentou-a educadamente:

— Prazer.

— O prazer é todo meu.

— Vamos — convidou Celina. — O jantar acabou de ser servido. Sentem-se. Berta, peça para trazerem mais pratos, talheres e copos, por favor.

Berta foi para a cozinha. Murilo ficou na cabeceira, Celina e Wilson sentaram-se ao lado esquerdo, e Amauri e Lúcia ao lado direito da mesa.

Wilson perguntou:

— Não tinham jantar marcado em sua casa, Amauri?

— Tínhamos, mas tivemos um pequeno problema com Maria Eduarda.

Celina irritou-se.

— Maria Eduarda... Sempre ela! Não conheço sua irmã, não me lembro nadinha dela, mas toda vez que você fala nela sinto tanta raiva! Parece que onde ela está só há confusão.

— Eu também acho.

— Mas o que é isso? — atalhou Lúcia. — Se ficarmos aqui fazendo comentários negativos a respeito de Maria Eduarda, ela vai recebê-los em forma de raiva e desconforto. Nada estamos fazendo para que ela possa mudar. Sei que ela só vai mudar quando quiser, mas, se mantivermos um nível de vibrações positivas, ajudaremos na criação de um campo propício para uma mudança.

— Lúcia foi agredida por minha irmã e ainda a defende. Não consigo entender.

— Como? Maria Eduarda a desrespeitou? — reinquiriu Celina.

— Ela se sentiu ameaçada, só isso.

— Ameaçada? Por que você seria uma ameaça para ela?

— Eu vejo assim. Tenho uma maneira diferente de enxergar a vida.

— Minha irmã só vê o lado bom das coisas — tornou Wilson.

— Não é isso — defendeu-se Lúcia. — Não enxergo nem pelo lado bom nem pelo lado mau. O lado é o mesmo, tudo depende da maneira como enxergamos. Temos de ser mais impessoais e fazer nosso melhor. Não podemos mais nos envolver tanto com os problemas dos outros. Se queremos ajudar a nós ou a alguém, não podemos estar emocionalmente envolvidos. Se olharmos Maria Eduarda com olhos de fúria, nunca poderemos dar-lhe uma chance. E será que, agindo assim, não encontraremos situações desse teor em nossa vida?

— Não entendi — respondeu Murilo, mostrando-se visivelmente interessado.

— Se dentro de meus conceitos costumo usar o julgamento como arma para peneirar minha relação com as pessoas, o mesmo vai acontecer de forma contrária. Se eu mantenho esse tipo de postura, assumo uma atitude de crítica com os outros, e a vida também vai responder do mesmo jeito. Serei julgada e criticada na mesma medida que eu usar. Só chegaremos à verdade não julgando e não nos colocando acima dos fatos.

— Do que está falando?

— Da mudança de atitude. Começar a tornar-se impessoal diante das emoções. Quando vir uma pessoa em desequilíbrio, só poderá ajudá-la se estiver bem e não entrar no desequilíbrio dela.

— Faz sentido — tornou Murilo.

— E se tudo é energia, como disse o senhor Antero — completou Wilson —, quanto menos nos envolvermos, mais protegidos estaremos dos ataques das mentes encarnadas e desencarnadas.

— Mas isso é fascinante! — disse inesperadamente Berta.

Todos olharam para ela e riram. Celina levantou-se e foi até ela:

— Venha, querida, sente-se conosco.

— Não! Não posso, não fica bem...

Celina olhou para Murilo. Ele se admirou com o pedido da irmã, mas também gostava muito de Berta. Fez sinal afirmativo com a cabeça.

— Está vendo? Eu e Murilo, assim como certamente os demais aqui, gostaríamos que sentasse conosco.

Os demais responderam em uníssono:

— Queremos!

Berta ardeu nas faces, baixou os olhos e sentou-se próxima a Celina. Murilo tocou a sineta e pediu que os empregados trouxessem prato, talheres e um copo para Berta.

— Fico muito honrada de estar diante de vocês.

— Ora, Berta, a honra é nossa — replicou Amauri. — Gostamos muito de você.

— É verdade. Lá em casa, mamãe vive tecendo-lhe elogios — disse Wilson.

— Mas sua mãe não vale. Ela é muito boa. Um espírito forte. Sinto muita afinidade com ela.

— Ela também diz o mesmo de você. Vai saber se não são amigas de outras vidas?

— Pode ser. Sempre simpatizei com dona Cora, desde quando era menina.

— Você conheceu nossos pais, não? — perguntou Wilson.

— Sim. Conheci os pais de Amauri, de você e sua irmã Lúcia, e, claro, o doutor Inácio e Eulália.

— E eles eram assim como nós?

— Assim como?

— Ora, Berta — completou Celina –, assim, amigos, felizes, sei lá.

Berta pousou os olhos no fundo do prato. Permaneceu por alguns instantes assim, como se estivesse vendo cenas de um tempo longínquo, quando aquelas crianças ainda nem haviam chegado a este mundo.

— O que foi? Está pensando em quê?

— Em nada, minha filha.

— Já que Berta conheceu todos, ela poderia nos dizer... — Wilson ia continuar, mas antes olhou para a irmã e Amauri com olhos significativos. Depois perguntou: — É verdade que dona Chiquinha namorou o doutor Diógenes?

Berta esboçou leve sorriso. Pensou por alguns instantes e respondeu:

— Por pouco tempo. Ela sabia que ele tinha uma queda por Cora e a recíproca era verdadeira. Mas, quando ela conheceu o doutor Elói, ficou encantada.

Amauri remexeu-se inquieto na cadeira:

— Minha mãe? Encantada? Não consigo imaginar.

— Mas ficou, sim. Ela e Cora eram muito bonitas. Diógenes era bem disputado. Creio que Chiquinha o namorou somente por capricho. Tanto que, num baile, ao pousar seus olhos nos do doutor Elói, rompeu o namoro.

— Você acha que foi amor à primeira vista?

— De sua mãe e seu pai, Amauri? Sim. Eles formavam um lindo par. Depois, saíam muito com dona Cora e o doutor Diógenes. Mas algo aconteceu e dona Chiquinha e o doutor Elói romperam relações com os demais amigos.

— O que foi? — perguntou Amauri, mordendo os lábios de curiosidade.

— Bem, eles...

— Eles nada!

Um grito seco ecoou na sala de jantar. Todos os olhos voltaram-se assustados para a porta. Berta levantou-se de um pulo.

— Oh, Eulália! Perdão! Desculpe-me por estar sentada à mesa.

— Queira, por gentileza, retirar-se.

— Com licença.

Amauri, Lúcia e Wilson baixaram os olhos, visivelmente constrangidos. Celina perguntou irritada:

— Por que não deixou que Berta ficasse aqui conosco? Ela é companhia agradável.

— Agradável e fofoqueira. Não gosto que fique esmiuçando o passado, ainda mais com vocês.

— Por quê? O que há no passado que não podemos saber? Por que tantos segredos?

— Fique quieta, Celina. Tenha modos com sua mãe. Não permito que me dirija a palavra dessa maneira.

Celina ia responder com raiva, mas resolveu contemporizar.

— Desculpe-me, mamãe. — E mudando de assunto: — Veja, aqui estão os convidados de hoje. Gostaria que a senhora conhecesse Wilson e Lúcia.

Os dois levantaram-se da cadeira e cumprimentaram Eulália.

— Este aqui...

— Esse eu sei quem é. Como vai?

— Bem, dona Eulália — respondeu Amauri envergonhado, lembrando-se do papelão de meses atrás, que a fez tombar desmaiada na soleira da porta.

— E o que fazem aqui? Não fiquei sabendo deste jantar.

— Nós queríamos contar, mamãe — foi logo dizendo Murilo. — Mas a senhora estava com enxaqueca, não queria ser incomodada. Celina os chamou de última hora.

— Fico contente que estejam aqui dentro, e não lá fora. Pelo menos o que ocorre aqui a imprensa não ficará sabendo.

— Mamãe! — objetou Celina. — Não me ofenda! Saiba que é graças a esses amigos que tenho mudado. Estou procurando compreender melhor a vida.

— Então esses são os amigos dos espíritos?

— Se prefere chamá-los assim, tudo bem.

Eulália caminhou em direção a Murilo.

— Depois do jantar, gostaria de mostrar-lhe um tecido que comprei na cidade. Renda francesa, da melhor qualidade.

— Está certo, mamãe.

Os demais perceberam como Celina se inquietava com a íntima relação entre mãe e filho. Lúcia percebeu naquele instante quanto Celina desejava relacionar-se daquele mesmo jeito com a mãe, e quanto se sentia rejeitada.

Murilo continuou:

— Não quer sentar-se conosco, mamãe? O jantar acabou de ser servido.

— Quero, sim. Faz tempo que não criam novas amizades. Preciso saber com quem meus filhos se relacionam.

Olhando para Lúcia e Wilson, Eulália perguntou educada:

— Vocês têm um rosto familiar, mas não creio serem de nosso círculo de amizade.

— Ah, mamãe — tornou Celina, apreensiva —, desde que papai morreu, a senhora tem saído muito pouco de casa.

— Mas seu pai morreu há pouco mais de um ano. Esse moço e essa garota deveriam estar em nosso círculo, ou mesmo ter ido ao enterro de seu pai. Não me recordo de vocês no enterro de Inácio.

— Não fomos, dona Eulália — respondeu Lúcia em tom pausado e delicado. — Tivemos também um ano muito difícil. Nosso pai morreu mais ou menos na mesma época que o doutor Inácio.

Eulália sentiu-se levemente constrangida.

— Lamento. Não sabia. Meus pêsames.

Lúcia e Wilson fizeram sinal de deferência com a cabeça.

— E onde moram?

Celina apressou-se a responder.

— Aqui perto.

— Celina, não estou perguntando a você. Parece que seus modos desapareceram por encanto! Estou perguntando a eles.

— E voltando os olhos para Lúcia e Wilson, reinquiriu: — Onde moram?

— No Cambuci, senhora — respondeu Wilson.

— Ah...

— A senhora deve ter conhecido minha mãe — comentou Lúcia.

— Sua mãe? Não pode ser. Não conheço ninguém do Cambuci.

— Estamos morando lá há pouco tempo.

— Deve estar equivocada. Não deve ser de meu círculo social.

— Mas foi.

— E qual o nome dela?

— Cora de Lima Tavares.

Um raio não teria produzido efeito semelhante sobre a cabeça de Eulália. Com estupor no semblante, perguntou aturdida:

— O que foi que disse?

Lúcia tornou, pausada:

— Somos filhos de Cora e Diógenes de Lima Tavares.

Eulália levou a mão à boca, para abafar o gritinho de susto.

— Não vejo sua mãe há anos. Soube que perderam muitos bens com a morte de Diógenes — disse por fim.

— Ficamos com pequeno assobradado no Cambuci. Temos uma mercearia no térreo e moramos no andar superior. O doutor Rodolfo nos ajudou.

Eulália remexeu-se nervosa na cadeira. Um brando calor passou pelo seu peito. Rodolfo... Todos eles presentes. Havia esquecido, ou melhor, tentara esquecer-se de tudo e todos durante aqueles anos. Cortou relações com suas melhores amigas, trocou o sentimento vivo de Rodolfo pelas convenções... Mas Rodolfo havia aprontado. Não merecia seu amor. Ele era um canalha.

Nervosa, procurou disfarçar:

— E, então, agora vocês todos são amigos. Interessante...

— Não só amigos — comentou Celina. — Eu já lhe disse que Lúcia e Amauri são namorados, lembra?

Eulália colocou a mão no peito e jogou as costas contra a cadeira, como se fisicamente levasse um tapa.

— O que disse? Namorados?

— Sim — respondeu Lúcia. — Estamos namorando há alguns meses.

Os lábios de Eulália começaram a tremer. Ela bem que tentou falar, mas não conseguia articular som algum. Era-lhe difícil expressar-se.

— O que foi, mamãe, por que está tão pálida? — perguntou Celina, preocupada.

Eulália ficou tonta, sentiu um torpor toldar-lhe a visão. Antes de desabar no chão, murmurou:

— Isso não pode acontecer...

Murilo e Celina correram até a mãe. Wilson pegou-a nos braços e deitou-a no sofá, na sala ao lado. Celina correu a chamar Berta. Amauri, abraçado a Lúcia, mais uma vez dirigia um olhar de súplica para Murilo, sem entender o que se passava.

Eulália recobrou a consciência. Ao abrir os olhos, percebeu que não havia sonhado, pois seus filhos e os convidados estavam fitando-a com ar carregado de preocupação.

Educadamente levantou-se, apoiou-se no braço de Berta e dirigiu-se a seu quarto, sem se despedir de ninguém.

Murilo foi logo atrás, e Celina resolveu ir com ele. Despediu-se constrangida dos amigos e foi para o quarto da mãe. Naquele momento, Celina teve a consciência de que Eulália não estava bem e precisava de sua ajuda. Embora sentisse um forte desejo de acompanhar Wilson até sua casa, resistiu.

Lúcia e o irmão foram para a rua na tentativa de achar um táxi.

— De forma alguma — objetou Amauri.

— Mas você e eu viemos a pé de sua casa. Não queremos mais incômodos por hoje. Eu e Wilson nos viramos muito bem. Iremos de táxi para casa.

— Quero estar com você, Lúcia. Intrigou-me o comportamento de dona Eulália. Isso não é normal. Por que ficou pálida ao saber que somos namorados?

— Você também notou isso? — perguntou Wilson.

— Todos na mesa perceberam. Ficou claro que há algo errado. Mas o quê?

— Amauri, deixe disso. Se houvesse alguma coisa, seus pais já teriam falado no jantar. Eles só se rebelaram contra mim devido ao meu passado, à nossa situação financeira.

— Sei, Lúcia, mas e a atitude de dona Eulália? Não posso aceitar isso com naturalidade. Essa mulher ou precisa de tratamento ou está escondendo algo...

— Ou está precisando dos dois — completou Wilson.

Os três riram um pouco. Estavam tensos e preocupados. Não queriam admitir, mas perceberam que Eulália escondia alguma coisa. Mas o que seria? O que havia acontecido com os casais tão amigos que não mais se falavam?

— Vou falar com meus pais, eles devem saber do que se trata.

— Nem queira, Amauri — replicou Wilson. — Já tivemos confusões demais. Agora estou me lembrando...

— De quê? — inquiriu Lúcia.

— Lembra-se do dia em que Amauri foi em casa e saímos para jantar?

— Claro que me lembro. Foi um dos dias mais felizes de minha vida.

Amauri beijou-a delicadamente nos lábios. Wilson continuou:

— Mamãe começou a nos relatar parte de seu passado. Ela iria nos contar sobre suas diferenças com dona Chiquinha.

Amauri interveio:

— O que minha mãe tem a ver com isso? O que sabem que eu não sei?

— Nada. Estamos na mesma situação que você. Mamãe pronunciou o nome de dona Chiquinha porque Maria Eduarda espalha aos quatro cantos o namoro de sua mãe com meu pai.

Amauri riu com ironia.

— Acreditam no que aquela doida da minha irmã diz?

— Não sei, querido. Maria Eduarda não tem tanta criatividade assim. Se sua irmã sabe disso, é porque sua mãe deve ter contado algo.

— Minha mãe é muito reservada. Nunca nos confidenciaria isso. Não é o natural dela.

— E como Maria Eduarda sabe dessas coisas?

— Ora, conversas de mulher, sei lá. Maria Eduarda sempre foi muito bisbilhoteira. Pode ser que mamãe tenha lhe confidenciado algo no passado. Mas duvido de tudo que ela fala. Pode estar mentindo.

Wilson coçou o queixo.

— Não sei, não. Sua irmã pode ser o que for, mas não é mentirosa.

— Também acho — concordou Lúcia. — Maria Eduarda não mede forças para conseguir o que quer, mas nunca a vi mentir para conseguir seus intentos.

— Mas qual o problema de minha mãe ter namorado o pai de vocês? Isso é natural.

— Ainda hoje isso não é tão natural assim — completou Lúcia. — Moças que trocam de namorado são faladas e, por mais que tentem se livrar da maledicência, fica difícil. Imagine há quase trinta anos, quando os conceitos eram ainda mais arraigados. Lembre-se de que nossos pais foram jovens na década de vinte, quando os costumes eram mais severos.

— Concordo, mas não creio que houvessem tido uma ligação mais forte. O que está parecendo é que houve um simples namoro, sem consequências.

— Será, Amauri? — perguntou Lúcia, com certa preocupação.

— Como descobrir a verdade? Dona Eulália não fala, só desmaia. Minha mãe e meu pai não são dados a intimidades, ainda mais depois que regressei de Portugal. Eles têm um pé atrás com minha tia Isabel Cristina. O doutor Diógenes e o doutor Inácio estão mortos. Só nos resta...

— Minha mãe! — exclamou Wilson.

— Isso mesmo, meu amigo, sua mãe. — E virando-se para Lúcia: — Será que é muito tarde para incomodarmos dona Cora?

— De jeito algum. Conheço mamãe. Ela deve estar nos esperando, provavelmente recostada no sofá.

— Então vamos até minha casa — considerou Amauri. — Pego o carro e vamos os três falar com dona Cora.

— Mas nem temos certeza se mamãe vai conversar conosco — interveio Lúcia. — Não perca seu tempo. Deixemos para amanhã.

— Nunca deixe para amanhã o que pode fazer hoje, certo?

— Concordo com Amauri — replicou Wilson. — Mesmo que mamãe não nos conte nada, ele fica lá, dorme em meu quarto e poderemos passar o domingo juntos.

— Isso é que se pode chamar de um excelente cunhado — disse Amauri batendo levemente em suas costas. — Agora vamos até minha casa.

— Mas seu pai pode não nos querer lá.

— Não há problema, Lúcia. Ficarão no portão. Entro, pego as chaves do carro e em cinco minutos estaremos indo para sua casa.

— Está certo, vamos acompanhá-lo.

Amauri abraçou-se a Lúcia, e Wilson foi caminhando ao lado do casal. Rapidamente chegaram à casa de Amauri. Os irmãos ficaram no portão, do lado de fora. Em poucos instantes Amauri piscou para Lúcia e Wilson e dirigiu-se até a garagem. Logo os três estavam dentro do carro e seguiam até a casa de Cora.

Do alto da janela, com meio rosto inclinado pela borda da cortina, estava Maria Eduarda.

"O que esses três estão fazendo? Aonde vão?", pensou.

Ficou olhando o carro desaparecer pela avenida. Com o semblante desfigurado pela dúvida, voltou para a cama, inquieta.

— Preciso vigiar os passos de Amauri. Amanhã vou até a casa de Rodolfo. Ele está me evitando, mas não perde por esperar. Ele vai ter de falar comigo.

Levantou-se novamente da cama e caminhou pelo dormitório. O sono não chegava. Resolveu sair.

"Não posso deixar para amanhã. Preciso ver Rodolfo agora. Ele tem de me atender."

Saiu do quarto, correu até o banheiro. Elói e Chiquinha já estavam dormindo. Haviam se indisposto com o filho por causa da presença de Lúcia. Estavam cansados e decepcionados. Maria Eduarda ajeitou-se, perfumou-se. Desceu as escadas, apanhou sua bolsa sobre a cômoda no hall e saiu. Já era tarde, mas ela não se importou. Andou um pouco e logo apanhou um táxi com destino à casa de Rodolfo.

Cora cochilava na sala. A sensação desagradável no peito havia diminuído e após o jantar resolveu recostar-se no sofá. Acordou sobressaltada com o barulho na escada.

Lúcia, Amauri e Wilson subiram a toda brida.

— O que foi? Aconteceu alguma coisa?

— Sim, mamãe — respondeu Lúcia. — Temos muito o que conversar. Estamos com nossas cabeças cheias de dúvidas.

— Em que posso ajudá-los?

— Sabe, mamãe — foi logo dizendo Wilson –, não sabemos o que está acontecendo.

— Então acalmem-se e sentem-se. Contem o que houve.

Os três começaram a crivá-la de perguntas. Cora fez sinal com as mãos.

— Esperem, um por vez. Você, Lúcia, comece com o jantar na casa de Amauri.

Lúcia não queria falar sobre o desagradável encontro com os pais de Amauri, mas não viu outra saída. Cora precisava ouvir para poder ajudá-los.

— Sabe, mãe, aconteceu tudo que eu temia. Os pais de Amauri não aprovam nosso namoro, e Maria Eduarda também espicaçou-me.

— Era de esperar. Chiquinha e Elói estão muito presos às aparências sociais. Esse foi um dos motivos que nos afastou deles. Com isso eu acabei vislumbrando outros valores, percebendo que cada um é o que é, dando o que tem. Não podemos mudar com as pessoas, o melhor é nos afastar. Foi o que fiz.

— Dona Chiquinha bem que queria falar algo, mas o doutor Elói não deixou.

Uma nuvem passou pelo rosto de Cora.

— Você percebeu isso?

— Isso o quê, mãe?

— Que Chiquinha estava do seu lado?

— Quem cala consente. Ela pareceu aprovar o namoro. Ficou um pouco constrangida a princípio, por saber que sou sua filha, que perdemos tudo. Mas acho que, se não fosse Maria Eduarda, talvez ela tivesse aceitado.

— Não é bem assim — objetou Amauri. — Mamãe não tem voz ativa em casa, fica com medo de falar ao lado de papai. Você nunca a viu sozinha. É outra pessoa.

— Sua mãe fez a escolha dela — disse calmamente Cora. — Chiquinha até poderia ter-se casado com Diógenes, mas apaixonou-se perdidamente por Elói.

— Minha mãe não poderia ter tanto amor pelo meu pai — retrucou Amauri.

— Vocês não sabem nada, conhecem-nos agora, mas éramos muito diferentes quando jovens.

— A senhora era muito amiga de mamãe? — quis saber ele.

— Sim.

— E por que nunca mais se falaram?

— Motivos pessoais.

— Por que tantos mistérios? Por que tudo vem pela metade? O que aconteceu?

— E para que trazer o passado à tona? — perguntou Cora, apreensiva.

— Porque dona Eulália, ao saber que eu e Lúcia estávamos namorando, ficou branca como cera e desmaiou. Por que ela teria uma atitude dessas?

Cora ficou a fitar um ponto indefinido da sala. Ela também estranhou o comportamento de Eulália.

— Como sabem que ela desmaiou por isso? Pode ter tido um mal-estar repentino.

— Ora, mamãe — respondeu Lúcia –, quando Celina disse que eu e Amauri éramos namorados, ela deu um gritinho de susto e desmaiou. Foi um comportamento esquisito.

— É, parece esquisito mesmo. Eulália não teria motivos para chocar-se com o namoro de vocês.

— Então — insistiu Lúcia — conte-nos sobre sua amizade com dona Eulália e dona Chiquinha. Vamos descortinar este quebra-cabeças que parece não ter fim?

Cora voltou a fitar um ponto indefinido. Após breve suspiro, concordou.

— Está bem, tentarei recordar-me dos velhos tempos. Não sei se isso vai ajudar, mas vamos ao passado...

Capítulo 12

Meados de 1929. Os anos loucos estavam chegando ao fim, bem como o império do café. Embora o Brasil estivesse política e economicamente agitado, vislumbravam-se tempos de liberdade, principalmente para as mulheres.

O saldo neste final de década era positivo ao "belo sexo": o espartilho havia sido aposentado definitivamente, os vestidos subiram em comprimento e desceram em decote. E, para tornar-se uma melindrosa de verdade, a mulher aderiu ao uso de carmim nos lábios e deixou os cabelos bem curtos, tal qual famosas atrizes do cinema da época, entre elas Gloria Swanson e Mary Pickford.

Nesse ambiente descontraído encontramos Chiquinha sentada em frente ao piano. Acabara de executar delicioso chorinho.

Toda semana, ela e suas amigas Cora e Eulália — o trio inseparável —, bem como seus respectivos namorados, encontravam-se ora na casa de uma, ora na casa de outra. Mesmo tendo uma vida noturna agitada, repleta de salões de baile, teatros e cinematógrafos, as famílias reservavam um dia da semana para o sarau. Tratava-se de uma reunião festiva, onde as pessoas se encontravam na casa de determinada família de fino trato a fim de conversar, jogar e executar peças ao piano.

Era noitinha de sexta-feira e, após os aplausos costumeiros, Chiquinha correu para a bandeja colocada em mesinha próxima ao piano. Pegou um copo de refresco e bebeu com gosto, de um só gole.

— Como sempre, executa muito bem suas peças — parabenizou-a Cora.

— Obrigada, minha amiga. Adoro música.

— Você sabe por que Diógenes ainda não chegou?

— Está com problemas na gráfica, não virá esta noite.

— Ele nunca perdeu um sarau.

— Pois é, mas essa onda de greve o deixa nervoso. Em todo caso, é melhor que falte ao sarau do que ao baile que faremos em casa.

— Puxa, o baile! Há quanto tempo não organizamos um! Será uma noite inesquecível, tenho certeza.

— Com direito a todos os tipos de dança.

— Precisamos ensaiar um pouco mais o charleston.

— Estou com alguns discos, podemos treinar quando quisermos.

— Não podemos nos esquecer de fazer novas roupas. O que acha?

— A modista virá semana que vem. Gostaria que me ajudasse a escolher o tecido. Você poderia, Cora?

— Claro, minha amiga. Será com prazer. O que acha de musselina em seda preta?

Chiquinha abriu a boca em concordância.

— Você tem muito bom gosto. Não sei o que seria de mim sem sua amizade, ou a de Eulália. Às vezes tenho tanto medo de que algo nos separe...

— Imagine, Chiquinha. Somos amigas há muitos anos, nossas famílias se relacionam. O que poderia nos atrapalhar?

— Não sei. Sabe que não gosto de falar nesses assuntos, mas ultimamente venho sentindo uns arrepios.

— Interessou-se por algum livro que lhe trouxe?

— Ainda não.

Chiquinha não gostava de travar este tipo de conversa com Cora. Tinha muito medo do mundo espiritual. Procurando mudar o assunto, perguntou:

— Qual das duas vai ficar com ele?

Cora assustou-se com a pergunta inapropriada.

— Ora, Chiquinha, como saberei? Gosto muito dele, mas sou sua amiga; não quero criar caso. Nunca houve segredos entre nós. Você apareceu primeiro e parece que o namoro vai muito bem.

— Não vai — respondeu Chiquinha, com leve tristeza no semblante.

— Vocês não estão bem?

— Acho que não. Sabe como é, Diógenes é lindo, disputado por tantas garotas. Nunca quis chegar à sua frente, pois sempre fomos amigas e cúmplices. Eu nunca escondi nada de você ou de Eulália. Preciso de sua opinião para saber o que fazer.

— Não é apaixonada por ele?

Chiquinha mordeu levemente os lábios.

— Não. Hoje, se quer saber para valer, tenho certeza de que não. Elói chegou da Europa e apareceu aqui em casa para jantar na semana passada.

— Então está interessada nele?

— Oh, Cora, minha amiga, estou tão aflita! Acreditava piamente estar apaixonada por Diógenes, mas ao ver Elói meu coração disparou, as pernas ficaram bambas.

— Isso é sinal de que está apaixonada por ele.

— Sim, mas Elói parece mais interessado em Isabel Cristina.

— Acha mesmo? Não sei, Isabel não desgruda de Rodolfo.

— Ele é apaixonado por Eulália, e Isabel sabe disso.

— Mas você não faz nada para mudar a situação.

— Não tenho nada a ver com a vida de Isabel, Eulália ou Rodolfo.

— Não fale assim, Chiquinha, somos amigas. Por que você cutuca os brios de Eulália sempre que tem oportunidade?

— Não sei explicar. Às vezes, tenho muita raiva, sem mais nem menos. Gosto dela tanto quanto de você, mas há momentos em que essa raiva vai além de meu controle.

Cora ficou pensativa por alguns instantes.

— O que faz quando essa raiva chega?

— Não consigo fazer nada. Perco a noção das coisas. Já tive vontade de esganar Eulália.

— Procure combater essa onda mental. Não tem razão de ser.

— Acho que isso é coisa de Isabel Cristina. Não sei, mas há algo errado entre mim, Eulália e Isabel Cristina, algo obscuro. Sinto que alguma coisa muito desagradável vai acontecer.

— Procure orar nesses momentos. A oração é uma grande arma a nosso favor.

— O que você acha que pode ser?

— Ataques mentais ou situações mal resolvidas do passado, que se repetem para que tenhamos a chance de ter nova postura diante dos velhos fatos.

— Mas sempre fomos amigas, desde a infância!

— Não estou falando desta vida, mas de uma outra, talvez.

Chiquinha bateu três vezes na cauda do piano.

— Vire essa boca para lá. Não gosto quando fala isso.

— Está certo. Agora não é hora de conversarmos sobre espiritualidade. Então, fale-me um pouco mais de seu coração.

Chiquinha crispou a face e esfregou as mãos, aflita.

— Como farei para desmanchar o namoro com Diógenes?

Cora deu um pulo da cadeira.

— Desmanchar? Você acha que tem de fazer isso mesmo? Por acaso o que sente por Elói é tão forte?

Chiquinha colocou a mão no peito.

— Só de pensar nele, meu coração começa a trepidar.

— Mas seus pais sonham com esse enlace!

— Eu sei, mas estou pensando na minha felicidade. Elói também é de família importante, tradicional, e está se graduando em Direito. Isso não seria problema. Mas o que fazer com Diógenes? Não gostaria de magoá-lo.

— Você está me dando-o de bandeja! Sabe quanto apreço tenho por ele.

— Sei disso também, Cora. E estou incomodada.

— Não deveria. Você fez sua escolha. Não pode consultar as pessoas à sua volta para saber se deve ou não namorar fulano ou sicrano. Consultou seu coração?

— No caso de Elói, sim. Em relação a Diógenes, fui mais pela atração. E isso me causa angústia.

Cora empalideceu.

— Vocês fizeram alguma coisa que não deveriam?

— Humm...

— Chiquinha, não se pode brincar com uma coisa dessas. Acredito no amor, em carinho, necessidade de afeto e tudo o mais. Mas não me diga que você e Diógenes passaram da conta...

Chiquinha baixou os olhos constrangida.

— Creio que estou em maus lençóis, amiga.

— Você se entregou a ele? É isso?

— Não foi bem uma entrega.

Cora crispou a face, incrédula.

— Então nem adianta entregar-me Diógenes. Ele está apaixonado por você.

— De maneira alguma! O fato de termos cometido excessos o faz sentir-se responsável, obrigado a reparar o erro.

Cora levantou-se do sofá e começou a andar inquieta de um lado para o outro da sala.

— Pare de andar, estou ficando mais nervosa — suplicou Chiquinha.

— Estou pensando. Preciso concatenar meus pensamentos. Foi só uma vez?

— Sim.

— Faz tempo?

— Ora, por que quer saber?

— Não podem correr riscos desnecessários. E se você estiver grávida?

— Eu? Nunca!

— Como pode afirmar?

Chiquinha pendeu a cabeça para os lados, atrapalhada.

— Porque continuo virgem. Não chegamos às vias de fato.

— Não mesmo? Não acha prudente esperar antes de tomar alguma decisão?

— Não posso. Tenho certeza de que não estou grávida. Você pode ir ao médico comigo, se quiser.

— Chiquinha, por que não se conteve?

— Agora vem me recriminar?

— Não, minha amiga, nunca. Vivemos numa época moderna, com algumas liberdades, mas ainda cheia de preconceitos. A guerra ajudou a quebrar apenas alguns tabus. Sabe que o homem deseja uma mulher casta ao pé do altar.

— Não me preocupo com isso. Não me entreguei totalmente. Estou com a consciência tranquila.

— E como vai contar a Elói?

— Não vou.

— Como não? Você pode arrumar encrenca.

— Não, Cora, não arrumarei. Não fizemos nada demais, e conto com alguém que prometeu me ajudar.

— Você falou com Eulália?

— Não, ainda.

— Para quem contou, afinal?

— Não contei a ninguém, mas eu e Diógenes fomos surpreendidos.

— Ficaram assim no carro, em praça pública?

— De jeito algum! Imagine, eu fazendo uma coisa dessas na rua...

— Então não estou entendendo — replicou Cora, visivelmente irritada.

— Promete não brigar comigo?

Cora fez sinal afirmativo com a cabeça.

— Não vou brigar. Farei o possível, você me conhece.

— Rodolfo...

Cora, num gesto inconsciente, colocou as mãos na boca, abafando o grito de susto.

— Como pôde fazer isso, Chiquinha? Foi contar justo para Rodolfo?

— Não tive escapatória. Aconteceu. Eu estava no quarto de Diógenes, esquecemos de trancar a porta. Foi sorte termos sido surpreendidos por Rodolfo. Imagine se fosse o pai, a mãe ou uma das empregadas!

— Mas justo Rodolfo?

— Calma, Cora, não se aflija. Tenho mais confiança nele do que em Eulália.

— Santo Cristo! Mas o que Rodolfo estava fazendo na casa de Diógenes?

— Não sei ao certo. Parece que foi pegar um livro da faculdade. Você bem sabe que ele e Diógenes estão terminando o curso juntos. Como eu havia entrado escondida, ninguém sabia que Diógenes tinha companhia no quarto.

— A família dele sabe que você visita o quarto?

Chiquinha balançou a cabeça com força.

— Não, isso nunca!

Cora interrompeu-a.

— Mas continue. Rodolfo chegou ao quarto e...

— Bem, estávamos deitados, sem roupas. Rodolfo arregalou os olhos, voltou para trás e fechou a porta. Diógenes correu até ele, suplicando que voltasse.

— Meu Deus do céu! — exclamou Cora.

— Enquanto isso, eu me vesti. Rodolfo jurou que podíamos confiar nele. Não contaria a ninguém.

Cora colocou os dedos no queixo, pensativa.

— Bem, Rodolfo é sedutor, mas não um canalha. Sabe que não mede esforços para conseguir o que quer. Este acontecimento pode ser munição para ele no futuro. Por isso, acho prudente contar a Elói. Sei que você pode ficar insegura, mas é um risco necessário.

— Oh, minha amiga, você não imagina o constrangimento. Ando tão nervosa ultimamente!

Chiquinha parou de falar e caiu em pranto compulsivo. Cora procurou acalmá-la, abraçando-a e dizendo:

— Fique tranquila.

— Tentarei. Não quero pensar em Rodolfo por ora. Ele nos tranquilizou, a mim e Diógenes. Sei que guardará segredo.

— Espero — tornou Cora apreensiva.

— Sabe, Diógenes é bom moço, espero que nosso deslize não mude o seu desejo de namorá-lo.

— Não os culpo. Passaram um pouco dos limites, mas não posso julgá-los. Se o que há entre vocês é pura atração, não vejo motivo para deixar de me interessar. Sabe quanto gosto de Diógenes.

— Sei perfeitamente, Cora. É por essa razão que resolvi lhe contar absolutamente tudo. Não quero que amanhã venha a saber por outras bocas. Sua amizade é muito importante para mim.

— Eu também a aprecio muito, Chiquinha. Nada poderá nos separar.

Chiquinha levantou-se e estendeu os braços, ajudando Cora a levantar-se. Abraçou-se à amiga e, por fim, disse:

— Está certa, nada poderá nos separar.

Capítulo 13

Após o sarau, os convidados reuniram-se em grupos distintos: alguns cavalheiros dirigiram-se para o escritório, enquanto outros foram para a sala de fumantes. As mulheres continuaram à beira do piano.

Mais calma, Chiquinha confidenciou a Cora:

— Não consigo tirar Elói de meu pensamento. O que fazer?

— Tenha calma. Vamos orar juntas, pedir para que as forças universais nos ajudem a encontrar a melhor maneira de resolvermos a questão.

— Você e sua mania de orar. Por que forças universais? São mais poderosas que Jesus?

— Ora, Chiquinha, sinto-me bem falando desta maneira. Também fui criada num ambiente católico, mas o espiritismo chegou em boa hora.

— Não sei, não sei... Isso de se meter com espíritos me assusta. Os arrepios que sinto de vez em quando e as ondas de raiva em relação a Eulália já me bastam. Lembra-se de nossa colega de classe, Dorinha? Ficou doente de tanto trabalho pesado que fizeram para ela. Não gosto disso. Prefiro agarrar-me em Jesus.

— Chiquinha, que preconceito mais descabido! Primeiro você precisa saber separar as coisas. O espiritismo não tem nada disso. Trata da reencarnação, de mostrar que a vida após a morte é um fato, uma verdade.

— E o trabalho pesado feito para Dorinha?

— Isso é por atração magnética, não está ligado a nenhuma religião ou filosofia. É fruto da maldade humana. Tudo está aqui para fazer magia — fez Cora, apontando para a cabeça. — Enxergue à sua volta. Está desesperada com seu namoro. Mas você atraiu Diógenes para sua vida, dando trela, flertando com o moço. E agora que percebeu não querê-lo mais, está nervosa e sem coragem de tomar uma atitude.

— Isso é verdade. Mas o que posso fazer agora?

— Está aflita, mas seja impessoal. Perceba como você participou de tudo conscientemente. Assuma sua responsabilidade ao invés de jogar a culpa em Isabel Cristina.

— Eu?

— Sim. Você é responsável pelos seus atos. Ninguém a obrigou a namorar Diógenes.

— Pode ser, mas de onde tira informações tão diferentes de nossa realidade? Na Revista da Semana não pode ser.

Cora riu a valer.

— Nela até poderia encontrar algo interessante, mas todas as informações tiro de outro lugar.

— De onde?

— Isso está em livros de cunho espiritual e científico. Alguns estão lá em seu quarto.

— É mesmo, emprestou-me alguns, mas não tive tempo de dar uma olhadinha.

— Chiquinha, então não leu aquele livro que trata da autossugestão consciente?

— O livro do professor Émile Coué?

— Sim.

— Deve estar sobre o criado-mudo. Você também me enche de livros! Ainda não terminei o Sucesso pela vontade, de Orison Marden.

— Está com ele há seis meses!

— E o namoro? É difícil arrumar tempo para tudo.

Cora riu da maneira infantil com que Chiquinha se escusava de suas responsabilidades. Interessada, perguntou:

— O livro a ajudou?

— Nunca pensei haver livros que falassem de ânimo, força de vontade, níveis de consciência...

— Não se esqueça de que já se passou um quarto de século, e o fim da guerra nos trouxe muitas novidades, desde a moda e o comportamento até as reformulações de crenças antigas em relação à vida.

— Lá vem você de novo com isso.

— Está bom — concordou Cora. — Não vou mais discutir. Continue no seu ritmo e toda noite, antes de se deitar, leia um trecho qualquer do Evangelho.

— Psiu! — fez sinal Chiquinha com os dedos. — Fale mais baixo.

— Você gosta tanto de Jesus, pensei que aquele livro pudesse confortá-la.

— E conforta. Leio escondida todas as noites. Confesso que tenho dormido melhor. Mas se minha mãe descobre...

— O que tanto conversam neste sarau?

As duas se levantaram de pronto. Chiquinha disse sorrindo:

— Conversas íntimas, Eulália. Só não a chamamos porque você não desgruda de Rodolfo um minuto.

Eulália corou. Por fim respondeu:

— Sua irmã, Chiquinha, é petulante. Não posso desgrudar-me de meu noivo. Preciso estar sempre por perto.

— Sua insegurança ainda pode causar problemas.

— Vire essa boca para lá, Cora! Nunca diga isso de novo. Se não me casar com Rodolfo, eu me mato.

— Não exagere. Sem dramas, por ora.

— É verdade. Ele é o homem da minha vida.

Chiquinha fez ar de deboche. Uma onda súbita de ódio apoderou-se dela, e com tanta força que ela disparou:

— Vai ficar ao lado de um homem que sai com tudo quanto é mulher? E depois do casamento? Saiba que não vai ter como voltar atrás.

Eulália percebeu o tom e enervou-se:

— E quem é você para me dar conselhos?

— Sou sua amiga — respondeu Chiquinha.

— Amiga da onça, isso sim. Você não tem moral para vir e repreender-me à vontade. Pensa que não sei o que você e Diógenes andam aprontando?

Chiquinha desabou no sofá estupefata, e a onda de ódio sumiu com o impacto. Cora procurou acalmar o ânimo das amigas.

— Eulália, o que quer dizer com isso?

— Chiquinha sabe bem o que quero dizer. Rodolfo me contou tudinho.

— Contou como, o quê?

— Ora, não se faça de santa! Rodolfo confidenciou-me que você e Diógenes, bem... sabe como é...

Chiquinha escondeu o rosto vexado com as mãos. Cora contemporizou:

— Eulália, isso não é jeito de tratar sua amiga. Nunca fomos de briga.

— Sei, mas Chiquinha vive a cutucar-me. Há momentos que parece me odiar.

— Não a odeio — respondeu de pronto Chiquinha. — Quer dizer, de vez em quando fico com raiva de você, mais nada.

— Você sabe que Rodolfo me conta absolutamente tudo. Ele anda desconfiado que você esteja atormentando Isabel Cristina para atrapalhar nossa relação.

Chiquinha levantou-se indignada do sofá.

— Como ousa? Não sou baixa, ainda tenho classe. Rodolfo está jogando lenha na fogueira. É um pulha, isso sim.

— Eu o amo e não gosto de sua vista grossa em relação ao nosso namoro. Você tem inveja de nosso amor e quis fazer o mesmo que nós.

Cora objetou:

— Como o mesmo? Por acaso estão íntimos como Chiquinha e Diógenes?

Eulália levantou os ombros, pouco se importando.

— Vocês sempre souberam que faço tudo para manter Rodolfo a meu lado. Ele é e será sempre meu. Com Isabel Cristina por perto, não posso deixar de saciá-lo. Faço o que ele quiser. Afinal de contas, será meu marido.

— Não tenha tanta certeza.

— E por quê, Cora? O que sabe que eu não sei?

— Desculpe, Eulália, não gosto de intrometer-me em sua vida privada.

— Você pode, é minha amiga — respondeu, enquanto fuzilava Chiquinha com os olhos.

— Chega de intrigas! As duas precisam acalmar-se.

Ambas baixaram os olhos e balançaram a cabeça, fazendo sinal afirmativo. Cora continuou:

— Eulália, sei que gosta muito de Rodolfo...

— Gosto não, eu o amo. Rodolfo vai mudar, tenho certeza. Ele só precisa de alguém que o ame e o aceite do jeito que é. — E, virando-se para Cora: — Você sempre nos ensinou que deve ser assim.

— Assim como?

— Que devemos respeitar as pessoas como são; que devemos nos envolver e amá-las; que nossa energia chegará até elas beneficiando a relação. Ou elas mudam e ficam, ou afastam-se se não estão maduras.

Cora bateu palminhas.

— Isso mesmo, Eulália. Parece que está assimilando bem as leituras.

— Se nossos pais descobrirem que você nos dá esse tipo de leitura...

— Só vão descobrir se vocês contarem. Logo estaremos casadas e faremos o que quisermos de nossas vidas.

— Logo também não! Rodolfo precisa terminar a faculdade. Embora esteja morrendo de ansiedade e desejo, vamos nos casar após a colheita do café. Seu pai disse que nos dará uns bons contos de réis como presente de casamento.

— Vai se tornar a dama do café — ironizou Chiquinha.

Eulália irritou-se e provocou:

— Onde está Diógenes, seu noivo?

— Não é noivo.

— Está em maus lençóis. Agora que Elói apareceu...

— Isso é problema meu.

— Por que não acaba com essa relação infrutífera e se declara a Elói? Cora saberá o que fazer com Diógenes.

— Não é hora apropriada para esse tipo de conversa. Podemos ir até a varanda? Isabel Cristina não está aqui dentro, deve estar rodeando Rodolfo — disse secamente Chiquinha.

— É isso mesmo. Isabel Cristina deve estar flertando com meu namorado. Vamos para a varanda.

— Você não tem jeito — disse Cora balançando a cabeça.

— Não tenho mesmo. Ele é meu e pronto! Seremos felizes para sempre.

— Assim esperamos.

Foram andando e gesticulando em direção à varanda. Eulália ia na frente, ansiosa por encontrar Rodolfo sozinho. Cora e Chiquinha corriam logo atrás, rindo do comportamento infantil da amiga.

Dias depois, Eulália estava sentada ao lado da janela, distraída com as gotas da chuva que escorriam insistentes pelos vidros, e não notou a presença da governanta. Ao deparar-se com ela, deu um pulo.

— Berta! Quantas vezes pedi que batesse antes de entrar?

— Bati, mas a senhorita não respondeu. Insisti, até que resolvi entrar. Pensei que houvesse acontecido algo.

— Preocupa-se demais comigo, Berta. Estou bem. O que quer?

— O doutor Rodolfo está lá na sala. Deseja vê-la.

Os olhos de Eulália brilharam.

— Faz tempo que chegou?

— Não muito.

— Diga que já desço. Preciso me ajeitar.

Berta ia saindo, mas um livro no criado-mudo chamou sua atenção.

— Senhorita Eulália?

— Já disse que não gosto que me chame de senhorita. Temos pouca diferença de idade.

— São as regras.

— Mas deixe-as de lado. O que foi?

— Poderia me emprestar aquele livro?

— Qual?

— Aquele sobre o criado-mudo.

Eulália empalideceu.

— Por quê?

— Porque... bem...

— Vamos, responda logo! Meu noivo está aí embaixo, não posso me atrasar.

— É que, bem, eu fui ontem até um centro espírita aqui perto. Gostei do local e das pessoas. Penso em continuar frequentando.

— Você?!

— Desculpe, senhorita, quer dizer, Eulália. Nunca pensei que lesse sobre tais assuntos.

— São coisas de Cora. De uma certa maneira ela tem razão. Gosto dos livros "proibidos". Mas o que tem a ver o centro com o livro?

— O dirigente orientou-me a ler o Evangelho. Então, poderia dar uma olhada?

— Farei melhor. Vou encomendar um exemplar para você.

— Verdade?

— E por que não? Assim a terei como aliada. Se mamãe descobrir, direi que foi você quem o colocou aqui. Não quero desavenças em casa.

— Está certo. Eu aceito. Se descobrirem, digo que fui eu quem lhe emprestou.

— Não, senhora. Não quero desculpas. Digo que não sei de nada. A responsabilidade é sua. Meus pais não digerem Rodolfo muito bem, mas sua fortuna faz com que papai fique quieto. Mesmo assim, qualquer desobediência pode gerar conflitos.

— Tudo bem — respondeu Berta rindo. — Não se preocupe. Mas saiba que a vida faz tudo certo. Às vezes queremos seguir um caminho, mas Deus nos conduz por outro. Só lá na frente é que saberemos o porquê de as coisas acontecerem de acordo com a vontade da vida e não como queremos.

— Por que diz isso? Sabe de algo que não sei?

— Não. Mas não se entregue tanto ao doutor Rodolfo. Vá com calma. Tudo tem jeito na vida.

— Assim espero. E o jeito certo é o de casar-me com ele. Mais um ano e adeus: ficaremos juntos e seremos felizes.

Berta saiu do quarto angustiada. Havia algum tempo vinha sentindo um pequeno aperto no peito ao ver Eulália e Rodolfo juntos. Algo no rapaz era obscuro. Era nítido seu amor por Eulália, mas havia algo em sua personalidade que impedia que esse amor fosse para a frente. Afastando os pensamentos com gesto largo, desceu para a sala.

Logo em seguida Eulália desceu, impecavelmente vestida, como de costume.

Rodolfo não pôde deixar de exclamar:

— Está linda, como sempre!

Eulália continuou descendo as escadas e sorrindo. Estendeu a mão para o noivo.

— Não o esperava tão cedo!

Rodolfo cumprimentou-a, pousando delicado beijo em sua mão.

— Estava sentindo muito sua falta. Por que não poderia vir mais cedo?

— E o escritório?

— Papai continua cuidando de tudo, afinal ele gosta muito de trabalhar.

— E não é bom ficar ao lado dele, aprendendo? Quero que seja o melhor advogado do mundo.

— Serei, mas não preciso acabar-me no escritório. Estou concluindo a faculdade este ano, terei muito tempo para trabalhar. A cotação do café está em alta nos Estados Unidos. Quanto mais café plantarmos e vendermos, menos precisarei pensar em trabalho.

— Não sei, meu amor. As indústrias estão crescendo. Vocês poderiam diversificar os negócios. Ficar atrelados ao café pode trazer consequências danosas no futuro.

Rodolfo surpreendeu-se.

— De onde tirou essas ideias disparatadas?

— Ouvi meu pai comentando com um de seus amigos...

— Isso é bobagem. Falam isso porque no ano passado o preço do café caiu bastante. Mas olhe como melhorou neste ano! Ficarei cada vez mais rico, e desfrutarei a seu lado os melhores momentos de nossas vidas.

— Fico preocupada com papai. Ele tem faro para os negócios. Se estão ganhando muito dinheiro com os cafezais, por que então não diversificam?

— Para quê? Para ter mais trabalho? Isso não, meu bem. Quero sossego, paz. E sabe o que desejo tão logo conclua meu curso?

Eulália fez beicinho.

— Não, o que seria?

— Nosso casamento!

Rodolfo respondeu e tirou do bolso do paletó uma pequena caixa em veludo verde, entregando-a a Eulália. Ela arregalou os olhos.

— Rodolfo! Outro presente? Está gastando muito comigo.

— Ora, querida, quero que tenha todas as joias do mundo. Minha mesada cresce todos os meses, conforme a cotação do café.

— Mas não tanto para comprar-me isso — disse, enquanto abria a caixa.

— Então, gostou?

— Rodolfo, o anel é lindo! Obrigada, meu amor.

— O seu sorriso vale como agradecimento. Eu a amo.

Rodolfo colocou-a nos braços e caminhou até um sofá próximo à escadaria. Deitou Eulália, ajeitando sua cabeça sobre delicada almofada. Depois, beijou-a com sofreguidão.

— Você é tudo que quero. Estou cansado da vida que levo. Prometo que nos casaremos e serei somente seu. Eu juro.

— Sei disso, meu amor. Chiquinha às vezes fala algumas coisas...

Rodolfo levantou-se nervoso do sofá.

— De novo ela está enchendo sua cabeça de besteiras?

— Chiquinha falou-me algumas coisas outro dia. Ficou nervosa quando soube que você me contou sobre ela e Diógenes.

Rodolfo continuava nervoso. Chiquinha era uma pedra em seu sapato. Ele tinha certeza de que ela atiçava Isabel Cristina para seduzi-lo e atrapalhar a relação com Eulália. Ele era rico, mas Eulália era muito mais. Ele a amava, mas também amava o dinheiro. A união parecia perfeita e inevitável. Mas os assédios de Isabel Cristina, por ordem de Chiquinha, irritavam-no profundamente.

Eulália notou que ele ruminava os pensamentos e nada falava. Perguntou preocupada:

— O que é que há? Acha que Chiquinha seria capaz de algo contra nós?

— Não sei — respondeu, fazendo gesto preocupado.

— Não faça essa cara. Tenho medo quando fica assim. O que foi?

Rodolfo queria mesmo que Eulália se afastasse em definitivo de Chiquinha. Assim, ele ficaria livre de Isabel Cristina. Embora muito mais nova, Isabel era muito bonita e sedutora. Ele sabia que, se ela continuasse as investidas, ele cederia. Sabia que o sexo era seu ponto fraco e não poderia deixar que isso acontecesse. Nada poderia separá-lo de Eulália. Havia tempos sua mente trabalhava numa maneira de afastar as amigas, mas como? Acreditou que confidenciando à amada a cena de flagrante entre Chiquinha e Diógenes pudesse fazê-la corar de indignação. Rodolfo tentou distorcer os fatos, mentiu, alegando que o casal chegara a manter relações íntimas inúmeras vezes. Nada ganhou com isso, pois Eulália não se chocou com os comentários. Afinal de contas, ambos também faziam o mesmo. Ele iria responder, mas lembrou-se da irmã de Chiquinha.

"Isabel Cristina! Este será o meu trunfo", pensou.

Continuou mantendo ar de preocupação e salientou:

— Você, Chiquinha e Cora são amigas desde a mais tenra idade. Nunca se desgrudaram. Não quero me meter, não quero ser o culpado...

A aflição de Eulália aumentava a cada frase entrecortada de Rodolfo.

— Ser o culpado de quê? O que está acontecendo que eu não sei?

Rodolfo sabia como dobrar Eulália. Baixou a cabeça e riu intimamente. Agora era a hora. Disse, alteando a voz:

— Isabel Cristina!

Eulália nada entendeu.

— Chiquinha está fazendo de tudo para que eu fique com Isabel Cristina, essa é a verdade. Você sabe quanto essa menina é venal.

— Não pode ser, isso é loucura. Sinto que Chiquinha às vezes tem raiva de mim, mas depois passa e tudo volta ao normal. Acha mesmo que ela atiça Isabel para assediá-lo?

— Você é que não enxerga. Desculpe, sei que ela é sua amiga, mas...

— Mas o quê?

— Ela está infeliz com Diógenes.

— E o que isso tem a ver com Isabel Cristina?

— Os pais não querem o rompimento da relação. Mal conhecem Elói.

— Continuo não entendendo.

— Pois bem. Se eu começar a namorar Isabel Cristina, seus pais não irão se preocupar com o andamento do namoro de Chiquinha e Diógenes. Quando descobrirem sobre o rompimento, será tarde demais.

Eulália exalou forte suspiro.

— Isso não pode ser. Chiquinha sempre fez o que bem quisesse. Nunca colocaria a irmã numa situação constrangedora.

— Chiquinha quer que eu dance com Isabel Cristina no baile.

— Ela fez isso por educação, embora eu morra de ciúme. Mas o que fazer? Afinal de contas, a festa será na casa delas. É natural que você dance com Isabel.

Rodolfo sentiu-se impotente. O que fazer para separá-las? Pensou, pensou e não chegou a nova alternativa. Mas iria afastá-las, arrumaria uma situação em que Eulália não confiasse mais em Chiquinha. O tempo não tardaria a ajudá-lo em seu intento. Voltou a beijar sua amada, mas em seu íntimo antegozava o dia em que seria insustentável Eulália e Chiquinha continuarem amigas.

Capítulo 14

Isabel Cristina era três anos mais nova que Chiquinha. Dona de temperamento único, era capaz de dobrar os pais e fazer com que sempre satisfizessem seus caprichos. Sua mãe tivera um parto complicado, e Isabel quase veio a falecer. Temerosos de que algo pudesse acontecer à filha, os pais encheram-na de mimos, tornando-a uma garota insuportável.

Revoltada com a escolha de Rodolfo por Eulália, fazia o possível para arrumar encrenca. Se ao menos o tivesse em seus braços...

Debruçada sobre uma poltrona no jardim de inverno de sua casa, a garota refletia sobre a vida.

— Oh, Rodolfo, como é lindo! Por que não cheguei primeiro? Por que Eulália tinha de aparecer em nosso caminho?

— Falando sozinha?

Isabel Cristina recompôs-se, assustada.

— Não, estava divagando.

Chiquinha sentou-se ao lado da irmã.

— O que a aflige tanto?

— O de sempre.

— Rodolfo, para variar.

— Você não faz nada para me ajudar. É conivente com o namoro dele com Eulália, e o que está ganhando com isso?

— Mas o que posso fazer? Eles se amam!

— E daí? Eu também o amo. E o que faço?

Chiquinha colocou suas mãos sobre as da irmã e disse:

— Sei que não podemos comandar o coração, mas o que fazer quando ele já está amarrado em outro?

— E quem garante que Rodolfo ame mesmo Eulália?

— Estão juntos há alguns anos. Eu os conheço muito bem. Eles se amam, Isabel. Infelizmente você se apaixonou pelo homem errado.

Isabel Cristina levantou-se irritada.

— Homem errado? Você está maluca? Como pode falar assim comigo? Pensa que não sei que você está apaixonada por Elói?

Chiquinha estremeceu.

— Já percebeu também?

— Até papai percebeu.

— Papai?! Não pode ser...

— Mas percebeu — mentiu Isabel Cristina. — Será muito pesado para ele e mamãe aceitarem o rompimento de sua relação com Diógenes. Imagine você se separando dele hoje e já namorando Elói amanhã? Será impossível.

Chiquinha quedou arrasada no sofá.

— O que poderei fazer? É minha felicidade que está em jogo. Não posso me unir a quem não amo. Você precisa me ajudar.

— Eu?

— Sim, se arrumasse algum pretendente, papai estaria com a atenção dividida. Talvez ficasse mais fácil introduzir Elói em nossa família.

Isabel Cristina riu maliciosa:

— Você sabe qual é meu pretendente.

— Mesmo não simpatizando às vezes com Eulália, não posso ajudá-la.

Isabel deu de ombros.

— Por mim, tanto faz. Continuarei flertando com Rodolfo. Você poderia juntar o útil ao agradável. Poderíamos ser amigas, mas você prefere defender aquela desclassificada.

— Não fale assim de Eulália. Ela é minha amiga.

— Como pode afirmar com tanta certeza?

— Porque posso.

— Se fosse você, ficaria mais atenta.

Chiquinha sentiu leve ponta de insegurança.

— O que sabe que não sei?

Isabel Cristina estava adorando o jogo. Precisaria mentir, inventar histórias. Tudo valia a pena, desde que conseguisse Rodolfo em seus braços.

Pensou sordidamente e completou:

— Na hora da despedida, semana passada, conversamos.

— Eu as vi conversando. Eulália me disse depois que você queria o endereço do ateliê na cidade, para fazer seu vestido para o baile.

— Mentira — rebateu Isabel com veemência. — Eu pedi que ela inventasse algo. Na verdade, estávamos falando de você.

— De mim?

Isabel fez beicinho. Procurando disfarçar, continuou:

— Sim.

— E o que você e Eulália estavam falando?

Era mentira. Isabel Cristina, na reunião passada, após cumprimentar os convidados, interessou-se pela conversa da irmã com as amigas. Intrigada com o ar de cumplicidade no semblante das três, ficou parada no corredor, escutando a conversa. Assim, descobriu que Chiquinha havia se excedido em carícias com Diógenes. Após se lembrar do ocorrido, respondeu à irmã:

— Sobre os seus desatinos com Diógenes.

Chiquinha corou. Até Isabel Cristina estava sabendo daquele deslize? Se as coisas continuassem daquele jeito, logo isso chegaria aos ouvidos de seus pais. Ela tremia qual vara sacudida pelo vento, mal conseguindo articular palavra. Isabel continuou, como a ler os pensamentos da irmã:

— Imagine papai sabendo disso? Será seu fim. Irá para um convento ou algo pior.

— Não, isso nunca!

— Se quiser, posso ajudá-la. Mas é uma troca. Sabe que papai faz tudo que quero. Não será difícil ele aprovar seu namoro com Elói, desde que eu o perturbe, como de costume. Mas você precisará me ajudar com Rodolfo.

— Você está alucinando. Eulália já sabe o que aconteceu entre mim e Diógenes. Se ela descobrir que eu possa ter a menor intenção de afastá-la de Rodolfo, será meu fim.

— Devemos correr o risco. Esse vale a pena. Você fica com quem ama e eu também.

— Mas e Eulália?

— Eu quero que ela se dane! Estou tentando ajeitar nossas vidas. Ela que ajeite a dela.

Chiquinha ficou pensativa no sofá. O que Isabel tentava tramar era perigoso e colocaria a amizade delas em jogo. Nesse momento, sentiu novamente aquela conhecida onda de ódio contra Eulália. Pensando bem, se ela se ajeitasse com Elói e sua irmã com Rodolfo, o que Eulália poderia fazer?

— Tenho medo de que Eulália fale sobre meu deslize.

— Deixe de ser boba. Quem vai acreditar nela? Há provas? Claro que não. Rodolfo pode desmentir tudo. Todos acharão que ela ficou louca porque perdeu o amor de sua vida. Pura dor de cotovelo.

— Só de saber que meu nome possa estar metido em confusão...

— Por uma boa causa. Depois de algum tempo tudo passa, as pessoas esquecerão e seremos felizes para sempre.

Isabel Cristina estava sabendo como incutir na cabeça da irmã pensamentos daninhos.

— Você é minha irmã, sangue do meu sangue — dramatizou. — É melhor ajudar quem é da família do que uma estranha.

A onda de raiva havia diminuído e Chiquinha respondeu, atrapalhada:

— Ela não pode desconfiar. Rodolfo não gosta de mim.

Ainda me lembro de seus olhos quando me prometeu não contar nada a ninguém. Se pudesse, contaria ao mundo inteiro o que presenciou.

— Ele não chegaria a tanto. Por consideração a Diógenes, será cauteloso.

Chiquinha procurou afastar as dúvidas meneando a cabeça para os lados. Isabel redarguiu:

— Pense bem, ainda há tempo. O baile será uma oportunidade única de colocarmos nossos planos em ação.

— Mas como?

— Deixe comigo. Faça sua parte e farei a minha. Agora vá descansar, sua aparência não está boa.

Chiquinha levantou-se e foi para o quarto. A conversa com a irmã a deixara aflita. Não gostaria de separar Eulália de Rodolfo, mas não conseguia enxergar outra saída.

Isabel continuou a divagar no jardim de inverno:

"Encontrarei uma maneira de trazer Rodolfo para mim, custe o que custar. Até a festa, darei um jeito, encontrarei uma solução. Eulália não ficará com ele. Não permitirei."

Assim ela permaneceu no sofá, ruminando os pensamentos, tentando encontrar uma maneira de destruir a felicidade alheia.

Enquanto Isabel Cristina pensava, uma névoa negra ia tomando forma e força, pairando sobre sua cabeça.

Era dia de festa e todos estavam ansiosos. Chiquinha estava acostumada a realizar muitos encontros, festas, reuniões. Havia muito tempo não organizava uma festa tão pomposa. Tinha contratado serviço de bufê, garçons, banda de jazz e tudo o mais. As mesas, postas no jardim, estavam impecavelmente arrumadas e floridas meia hora antes da chegada prevista dos convidados.

Chiquinha, embora jovem ainda, tal qual sua mãe, possuía um tino natural para organizar eventos grandiosos, sem deixar escapar um detalhe sequer. Ela estava radiante, sentada na banqueta de seu toucador, terminando de retocar o carmim nos lábios, quando foi abordada por sua irmã.

— Ainda não se arrumou, Isabel?

— Não. Estou desanimada, não tenho roupa à altura.

Chiquinha meneou a cabeça.

— Como não? Você está brincando? Olhe seu armário!

Isabel Cristina, sacudindo os ombros, respondeu:

— E o que importa? Estou com dezessete anos e veja só meu corpo!

— E o que tem? Está bonita. Um pouco de carmim vai ajudar.

— Não gosto de nada nos lábios, não sou melindrosa.

Chiquinha levantou-se da banqueta. Terminando de ajeitar os cabelos curtos, respondeu:

— Pois eu gosto dos novos padrões da moda. Gosto de vestidos na altura dos joelhos, de enfeites e maquiagem. Veja as atrizes dos filmes. São radiantes!

— Como pode dizer isso? Filmes em preto e branco. Como pode saber a cor da maquiagem que usam? E a cor das roupas?

— Ora, nas revistas podemos encontrar fotos coloridas das atrizes. E como poderia dançar o charleston sem estes vestidos largos e de cintura baixa?

— Dança vulgar...

— Você é muito preconceituosa, Isabel. Precisa mudar seu jeito de ser. É muito nova para ser tão ranzinza. O que será de você daqui a vinte anos? Uma matrona conservadora dando palmadas nos filhos?

— Não! Serei uma senhora elegante, bonita. Estarei casada com Rodolfo e teremos lindos filhos. Pode apostar.

Chiquinha baixou e balançou a cabeça para os lados.

— Você não tem jeito, mesmo. Continua com essa obsessão por Rodolfo. Tenho tanto medo...

— Medo de quê?

— Eulália é apaixonada por ele. Existem outros almofadinhas em nosso meio. Procure interessar-se por outro. Esta noite terá a possibilidade de conhecê-los. Estarão às dúzias em nossa festa.

— Está esquecendo? Não há mais como voltar. Hoje começo a colocar nosso plano em ação. Por isso estou nervosa: não encontro roupa que possa despertar a atenção de Rodolfo.

— Vamos juntas escolher um vestido. Prometo ajudá-la. Ficará linda. Todos notarão sua beleza.

Isabel nada respondeu. Chiquinha tinha razão. Ela precisaria estar linda para que Rodolfo a notasse. Sorriu e correu animada, empurrando Chiquinha para seu quarto. Afinal, faltava pouco para a chegada dos convidados.

Às oito da noite, as primeiras pessoas começaram a chegar, e os grupos afins sentaram-se em mesas próximas. Numa delas estavam Cora, Diógenes, Chiquinha, Elói e Rodolfo. Eulália chegaria mais tarde.

Isabel Cristina correu até a mesa e dirigiu um olhar perscrutador a Rodolfo.

— Gostaria de dançar comigo?

Os demais sentados olharam-se admirados. Rodolfo, por sua vez, declinou educadamente.

— Estou aguardando Eulália. Quem sabe mais tarde?

Isabel mordeu os lábios nervosa.

— Eulália o tem por tanto tempo! Qual o problema de conceder-me uma única dança?

Chiquinha olhou para a irmã e deu uma piscada. Voltou-se para Rodolfo e contemporizou:

— Vá lá. Conhecemos Eulália e sabemos que ela costuma se atrasar. Tenho certeza de que chegará impecavelmente vestida. Vamos fazer o seguinte: você vai dançar com Isabel, Diógenes comigo e Cora com Elói. O que acham?

Todos deram de ombros. Diógenes respondeu:

— Elói chegou há pouco, não tem intimidade com Cora. Por que não o deixa dançar com você e eu danço com Cora?

Chiquinha exultou. Seus olhos brilharam felizes.

— Se Elói não se importar...

— Mas é claro que não! — rebateu ele. — Faço questão de tirá-la para dançar. A proposta de Diógenes não poderia ser melhor.

Rodolfo ia declinar, mas todos se levantaram e se dirigiram para o salão, que naquele momento estava repleto de casais dançando o tango, muito em voga na época.

Elói procurava acertar o passo, mas era-lhe impossível seguir Chiquinha, que dançava muito bem.

— Assim fico com vergonha. Não é justo, você dança de forma maravilhosa.

Chiquinha corou.

— Obrigada. Com paciência, poderei ensiná-lo a dançar. Não é tão difícil quanto parece.

— Seu namorado não vai ficar com ciúme? — perguntou o rapaz, indicando um olhar malicioso para Diógenes.

— Eu e Diógenes não estamos bem.

Elói animou-se.

— É mesmo? Seus pais dizem a todos que logo se casarão.

— Isso é coisa de papai. Ele tem medo de que eu fique solteira, por isso insiste nesse casamento.

— Você, solteira? Duvido. É muito bela para não ter um bocado de pretendentes ao redor.

— Não é bem assim. A partir do momento que comecei a namorar Diógenes, ninguém mais flertou comigo.

— Mas não estão bem...

— Não. Já conversamos e não queremos nos casar. Seria tolice. Não sou apaixonada por ele, nem ele por mim.

— E por que não terminam logo?

Chiquinha não sabia o que responder. Gostaria de ser sincera, falar do ocorrido algum tempo atrás, quando ela e Diógenes foram surpreendidos por Rodolfo. Mas o que fazer? E se Elói fosse como a maioria dos almofadinhas daquele tempo? Ela não podia perder a chance. Precisaria mentir. Pensou rápido e respondeu:

— Papai é muito rigoroso, preciso ser cautelosa. Não posso terminar um namoro hoje e começar outro logo amanhã.

Elói surpreendeu-se.

— Já tem algum pretendente?

— Não, mas...

Elói encarou Chiquinha de frente. Estavam conversando e tentando acertar os passos do tango. A proximidade dos corpos causou uma faísca no peito de cada um. Ambos sentiram as pernas falsearem. Elói equilibrou-se e segurou Chiquinha nos braços. Ela suspirou emocionada.

— Está abafado aqui. Vamos caminhar pelo bosque?

— Sim — respondeu mecanicamente Elói, ainda inebriado pela gostosa sensação.

Enquanto ambos dirigiam-se para o bosque, Diógenes conversava com Cora, também tentando acertar seus passos de dança.

— Estou mais acostumado com o foxtrote. Perdoe-me.

— Logo mais a orquestra vai descansar. O jantar será servido. Prometo não abusar de você.

— Chiquinha e Elói foram até o bosque. Já percebeu quanto ele a aprecia?

— Da mesma maneira que eu aprecio você.

Diógenes sentiu um nó na garganta.

— Você é muito direta, Cora.

— Não gosto de perder tempo. Você sempre soube quanto gosto de você. Não insisti em consideração a Chiquinha. Mas parece que a relação de vocês está por um fio...

— Está, e isso me preocupa deveras.

— Só porque foram surpreendidos por Rodolfo?

Diógenes empalideceu. O suor começou a brotar em sua fronte.

— O que disse?

Cora tornou delicada:

— Não fique preocupado. Eu e Chiquinha somos muito amigas. Ela me confidenciou que ambos passaram da conta.

— O desejo falou mais alto. Quase cometi uma loucura. Mas não posso deixá-la. Preciso reparar meu erro.

— Mas que erro, Diógenes? Onde erraram? Só porque se excederam? Dê graças a Deus que Chiquinha tem a consciência larga e não é adepta de um matrimônio por aparências.

— Não, Cora. Sou muito íntegro. Não posso largá-la. Mesmo tendo de renunciar à minha felicidade, eu me casarei com Chiquinha.

— Mas por que tanta certeza? Não percebeu quanto Elói a aprecia?

— Já percebi. E parece-me que Chiquinha está interessada nele. No fundo adoraria...

— Adoraria o quê?

— Bem, que por milagre eles se entendessem. Chiquinha merece ser feliz com alguém que a ame de verdade. E não sinto que ela me ame.

— Então liberte-a. Deixe que ela siga seu rumo. Tanto ela quanto você têm o direito à felicidade.

— Eu sou um canalha, Cora. Deveria ter me segurado. Não fiz por mal. Não me sinto bem.

— Já passou, não adianta se martirizar. A culpa em nada ajuda, só atrapalha.

— Então não devo me sentir culpado?

— Não. Deve analisar a situação, olhar para dentro de si e rever suas atitudes, posturas, seu jeito de ceder à paixão. Essas situações acontecem para que possamos parar, refletir e verificar nosso grau de tentação.

— Só você mesmo, Cora. Grau de tentação? Essa é nova. De onde tirou isso, de seus livros "modernos"?

Cora sorriu e continuou:

— Quando possuímos uma tendência, algo que não conseguimos controlar e nos prejudica de alguma maneira, o que fazemos?

— Eu procuro fugir, ou então, se a tentação for mais forte, entrego-me por completo.

— Essa é a atitude que todos nós temos normalmente. A maioria das pessoas não percebe que são seus pensamentos desequilibrados e atitudes que atraem as tentações. A vida faz com que as situações se repitam, até que tenhamos a consciência de nossa responsabilidade para aprendermos a lidar com elas.

— Então é só mudar o pensamento e pronto?

— Basicamente isso. Quando temos vontade de mudar, de querer melhorar, entramos em contato com nossa alma. Ela nos orienta e sempre nos guia para o melhor.

— Falar é muito fácil.

— E é. Nós costumamos complicar as coisas. Você e Chiquinha estão sendo muito dramáticos.

A música acabou e anunciaram que o jantar seria servido. Diógenes esticou o braço. Cora o enlaçou elegantemente e voltaram à mesa. Chiquinha ainda estava no bosque com Elói, e Rodolfo conversava com Isabel Cristina no canto do salão.

— Quero retomar a conversa — adiantou-se Diógenes. — Estamos sozinhos à mesa. Continue.

— Este é meu ponto de vista. Não posso querer que você ou Chiquinha mudem o jeito de ser. Cada um deve se respeitar. Mas talvez ambos estraguem suas vidas por causa das conveniências, das aparências...

— Isso tem pesado demais. Tenho medo de que Chiquinha sofra represálias.

— Nessa época em que vivemos? Imagine, Diógenes! As mulheres podem fumar e dirigir um automóvel. Os tempos estão mudando. Não acredito que o rompimento desse compromisso possa chocar tanto assim.

— Você fala com muita convicção. Não está fazendo isso porque gosta de mim?

Cora admirou-se.

— Nunca neguei. O mundo inteiro sabe disso, inclusive Chiquinha. Não percebe que ela está apaixonada por Elói? Não percebe que ela está louca para que você rompa com o compromisso de casamento?

— Acha mesmo? Tenho medo de tomar uma decisão tão radical. Os pais de Chiquinha são muito severos.

— Mas são mais preocupados com Isabel Cristina. É melhor ter uma conversa franca com Chiquinha, abrir seu coração, falar tudo que tem vontade.

— Nisso você tem razão. Preciso tomar providências.

Diógenes coçou o queixo, baixou os olhos. A conversa com Cora tirara um peso imenso de suas costas. Na verdade, ele gostava muito de Chiquinha, mas não a amava. Nunca havia sentido amor antes. Para ele, isso era coisa de afrescalhado, afinal, homem de verdade não podia sentir amor.

Claro que os tempos haviam ajudado os homens a mudar um pouco o comportamento. A aparência, por exemplo, era muito diferente de dez anos atrás. Agora os moços usavam cabelos engomados com brilhantina, os bigodes eram mais curtos e bem aparados.

Diógenes, como qualquer outro rapaz de sua idade, cultivava o corpo, preocupava-se com sua aparência. Era um belo rapaz, alto, cabelos fortes penteados para trás, olhos expressivos. Mas emoção era coisa típica de mulher. Embora alguns padrões de comportamento houvessem mudado, era duro para o homem aceitar os sentimentos. Ainda pensativo, Diógenes olhou para Cora com expressão singular. Achava-a muito atraente, até mais bonita que Chiquinha. Num gesto rápido, perguntou:

— Se eu terminar meu namoro com Chiquinha, você...

— Eu o quê?

— Bem, tornar-se-ia minha noiva?

Cora engasgou.

— Você é doido!

— Sim ou não?

— Claro que não!

Diógenes não entendeu mais nada.

— Como não? Converso com os pais de Chiquinha e rompemos nosso compromisso. Converso em seguida com seus tios e peço sua mão.

— Nunca!

— Não entendo você, Cora. Primeiro me encoraja a terminar com Chiquinha, e agora recusa-se a ser minha?

— Ora, Diógenes, como se atreve? Você não me ama. Eu gosto muito de você, talvez até esteja apaixonada, mas não posso me casar com quem não me ama.

— Posso aprender. Nunca amei ninguém. Não sei o que é o amor.

— Um dia saberá. E nesse dia, quem sabe, poderei ser sua.

— E se aparecer outra?

— É sinal de que não devemos nos unir. Eu respeito a vida e procuro entender seus sinais. Se tivermos de estar juntos, estaremos. Não tenho medo de perder.

Diógenes mais uma vez surpreendeu-se. Cora era uma mulher decidida, firme. Notava em seus olhos que ela estava apaixonada por ele. Mas por que não o aceitara? O que ele teria de fazer para conquistá-la? Estava absorto em suas indagações quando foi surpreendido por Eulália, que acabara de chegar.

— Onde está Rodolfo?

Cora recompôs-se. Fez sinal com os dedos:

— Está lá no canto.

Rodolfo não estava. Eulália acompanhou com os olhos os dedos de Cora e nada viu. Preocupou-se. Onde ele havia se metido? Olhou ao redor e notou que Isabel Cristina também não estava no recinto. Além de preocupada, Eulália estava visivelmente irritada.

— Que canto? Está apontando para onde?

Cora e Diógenes entreolharam-se e baixaram os olhos. Eulália saiu em disparada pelo salão, à procura do amado. Após percorrer todo o local, dirigiu-se ao bosque. Aquela cena não podia ser real. Esfregou os olhos com força e tornou a abri-los. Não era ilusão. O que estava vendo era real.

A cena paralisou suas pernas e Eulália por instantes esqueceu-se de Rodolfo. Encostados em uma árvore estavam Chiquinha e Elói, aos beijos e abraços. Eulália gritou:

— O que é isso? Estão loucos?

Chiquinha, um pouco torpe pelo uso de lança-perfume, sacudia os ombros.

— Estou cansada. Chega de bancar a santinha. Estou apaixonada por Elói e vou me casar com ele. Não quero saber.

— Você não pode!

Chiquinha olhou para Eulália com rancor.

— Como não? Quem é você para me dizer o que devo ou não fazer? Está louca? Vai ameaçar-me?

— Mas você e Diógenes... Rodolfo me contou tudo. Elói tem de saber.

Elói estava confuso. A inalação de lança-perfume também havia alterado sua consciência, e ele não registrava tudo que Eulália dizia, apenas fragmentos.

— O que há de tão sério entre você e Diógenes?

Chiquinha respondeu rispidamente.

— Nada, absolutamente nada. Eulália não passa de uma mulher sem juízo. É só perder Rodolfo de vista e pronto.

Eulália estava incrédula. Olhava para Chiquinha com indignação e para Elói com tristeza. Enquanto o casal voltava a se beijar, ela se lembrou do dia em que Rodolfo lhe contara o escândalo:

"— Eles tinham acabado de fazer amor. Diógenes não resistiu. Agora não sabe o que fazer. Chiquinha anda enjoada, ele tem medo de que ela esteja grávida."

A fala de Rodolfo ficava ecoando o tempo todo dentro de sua mente. Parecia ser real. Sua amiga estava grávida e envolvia-se com outro? E ainda por cima não iria contar nada?

Eulália sacudiu o braço da amiga, procurando separá-los. Chiquinha desprendeu-se de Elói e deu um gritinho histérico:

— Quem pensa que é?

— Precisamos conversar.

Chiquinha voltou-se para Elói:

— Vá até a mesa. Vou com Eulália ao escritório. Voltaremos logo.

Elói, ainda tonto e inebriado pela paixão que se apoderava de seu coração, nada disse. Carregando um sorriso cúmplice no semblante, rodou nos calcanhares e voltou ao salão.

Chiquinha deu um beliscão em Eulália:

— Você me paga! Quer destruir minha felicidade?

— Como destruir? Vai enganá-lo?

— Só porque me excedi vou ter de carregar este peso pelo resto de minha vida?

Eulália abria e fechava a boca, em estupor.

— Não posso acreditar que seja tão cínica! Você não está falando sério.

Antes de Chiquinha responder, Rodolfo apareceu e, percebendo que Chiquinha pudesse negar sua versão dos fatos, amenizou a situação:

— Ora, ora. Amigas não brigam.

Eulália e Chiquinha nada disseram. Ficaram se olhando e rangendo os dentes, coléricas.

Rodolfo ria intimamente. Estava feliz: as coisas caminhavam de acordo com o planejado. Chiquinha e Eulália já estavam entrando em conflito. Procurando dissimular, perguntou:

— O que aconteceu? Por que estão brigando? Hoje é noite de festa e estamos ao lado da anfitriã. — E, virando-se para Eulália, disse, com tom de voz levemente modificado: — Não fica bem discutir com a dona da festa. Venha comigo. O jantar já foi servido.

— Não, preciso conversar com Chiquinha.

Isso não estava nos planos de Rodolfo. Mentindo, disse:

— Estou com muita fome, e Isabel Cristina insiste para que eu me sente a seu lado no jantar.

Eulália esqueceu-se por completo da conversa com Chiquinha. Ao ouvir o nome de Isabel, mudou rapidamente o tom:

— Está certo. Já sei a quem Isabel puxou. Isso vem de família. Trata-se de um bando de vagabundas.

Chiquinha não suportou e, alterada pela bebida e pelo lança-perfume, estapeou a face da amiga. Eulália virou o rosto e colocou a mão sobre a face, num gesto de indignação. Rodolfo, embora surpreso, estava achando que tudo corria muito bem.

— Vocês duas, parem! Não podem brigar, isso não é correto. Irão estragar uma amizade de anos por causa de problemas pessoais?

Chiquinha considerou:

— Está certo. Vamos esquecer o incidente de hoje. Mas nunca mais me chame de vagabunda.

Eulália nada respondeu. Com os olhos marejados, agarrou-se ao braço de Rodolfo e arrastou-o para o interior do salão de festas.

Chiquinha estava novamente tomada por aquela onda de raiva. Mas agora estava perplexa. Ela sempre conseguiu se controlar. Não sabia bem o que havia ocorrido, mas sentiu-se como que impulsionada a dar um tapa no rosto de Eulália. Desesperada, deixou que algumas lágrimas escapassem, estragando a maquiagem. A que ponto haviam chegado? Por que tanto descontrole? Embora Eulália tivesse ido além da conta, não era justo agredi-la fisicamente.

Entristecida com o ocorrido, Chiquinha adentrou o salão e a passos largos dirigiu-se a seu quarto, a fim de retocar a maquiagem e esquecer, por minutos, aquela situação desagradável. Entrou no quarto sentindo-se arrasada. Correu até o toucador e tornou a chorar. Em voz alta, dizia:

— O que está havendo? Justo agora que me sinto forte o bastante para romper com Diógenes? Elói declarou seu amor por mim. Ao invés de feliz, estou aqui, sentindo-me mal por estapear minha amiga. O que está acontecendo?

— O inevitável.

Chiquinha assustou-se.

— O que faz aqui, Isabel?

Em tom irônico, Isabel respondeu:

— Presenciei a cena no bosque. Eu lhe disse que Eulália não prestava.

— Mas eu bati nela. Não precisava chegar a tanto.

— Mas ela provocou — replicou Isabel, venenosa. — Ela queria falar a Elói sobre seu deslize com Diógenes. Imagine o estrago que ela iria fazer!

— Agradeço aos céus a chegada de Rodolfo.

— Agradeça a mim.

— Por quê?

— O plano já começou. Eu e Rodolfo estávamos ouvindo a conversa. Pedi para que ele fosse lá e não deixasse Eulália abrir o bico.

— O que você está tramando?

— Nada que não seja pela nossa felicidade. Você já sai me devendo uma, caso contrário Eulália poderia ter acabado com sua alegria.

Chiquinha secou as lágrimas. Respondeu raivosa:

— Não sei por que ela queria fazer isso. Nunca lhe fiz mal, nunca quis saber de Rodolfo. Por que ela quer acabar com minha felicidade? Quem ela pensa que é?

Isabel Cristina intimamente ria. Estava tudo indo muito bem.

— Tome cuidado. Não converse mais com ela. Tenho certeza de que Eulália vai dizer que Rodolfo contou-lhe coisas horríveis a seu respeito.

— E por qual motivo ela faria isso?

— Porque quer que você tenha raiva de Rodolfo. Ela está com medo de perdê-lo para mim, isso é um fato. Se você tiver raiva dele, ficará ao lado dela. Não vê o jogo sórdido que ela pretende fazer?

Chiquinha estava atrapalhada. O lança-perfume ainda estava fazendo efeito sobre sua consciência. Estava difícil concatenar os pensamentos.

— Acho que tem razão. Eulália é louca por Rodolfo e é capaz de qualquer coisa para mantê-lo a seu lado.

— Inclusive levar seu nome para a lama — concluiu a irmã.

— Está bem. Não quero estragar a noite. Estou decidida a romper com Diógenes. Elói também me ama. Ficaremos juntos.

— Então não se preocupe. Eu irei ajudá-la. Confie em mim.

Chiquinha sentiu um peso sobre a cabeça.

— O que conversou com Rodolfo?

— Nada demais. Antes de sua chegada, estava ouvindo papai e uns amigos falarem sobre as colheitas de café. Parece que o preço está caindo bastante. Imagine se a família de Rodolfo sofrer um colapso financeiro?

— Pelo que sei da família de Eulália, somente aprovam a união com Rodolfo por causa da fortuna que ele acumula a cada ano. Os pais de Eulália sempre foram contrários a esse namoro. Todos sabemos que a reputação dele não é das boas. Isso me preocupa.

— Por quê?

— Será que não estará se casando com o homem errado?

— Só porque ele apronta por aí? Isso não é nada. Posso mudá-lo com o tempo.

— Temo pelo seu futuro. Sabe que, se as cotações do café estão caindo, papai também pode ser contrário à união de vocês. Não chegou a pensar nessa possibilidade?

— Não tenho medo. Sei como dobrar papai.

— Assim espero.

Isabel Cristina pegou uma escova e penteou delicadamente os cabelos da irmã.

— Agora vamos. A festa continua e somos as anfitriãs. Confie, porque tudo irá se ajeitar.

Chiquinha deixou-se levar. Embalada nos braços de Isabel, voltou para a festa, tentando esconder a aflição que ia em sua alma.

Capítulo 15

Os dias correram céleres e aquela inesquecível noite na casa de Chiquinha foi ficando cada vez mais distante, e muitas coisas haviam acontecido desde então.

Diógenes e Chiquinha finalmente decidiram romper o namoro, o que a princípio causou certo desconforto aos familiares. Isabel Cristina continuou com o plano de ajudar a irmã e conseguiu dobrar o pai, fazendo-o aceitar aquele rompimento de maneira mais suave, inventando desculpas as mais variadas e descabidas.

Logo depois, Elói passou a frequentar a casa de Chiquinha, primeiro como amigo, em seguida como pretendente. O pai de Chiquinha, com medo de que a sociedade começasse a achincalhar a moral da filha e da família Bueno, aceitou de bom grado o namoro dos dois. Com a impertinência natural de Isabel Cristina, não foi difícil planejar o casamento de Chiquinha e Elói em espaço de tempo recorde.

Desde o baile, Chiquinha e Elói encontravam-se às escondidas, deixando a paixão correr solta. Para ela, quanto mais cedo seu pai oficializasse a união, melhor. Elói também ansiava pelo enlace, pois a amava de verdade.

Os encontros ocorriam em lugar afastado, num sítio de um amigo de Elói próximo às construções do aeroporto. Como haviam aberto caminho para facilitar o transporte de tratores, máquinas e equipamentos para o local, era fácil para Elói e Chiquinha irem para lá a qualquer momento.

Num desses encontros, Elói confidenciou:

— Não vejo a hora de nos casarmos. Eu a amo muito. Seremos felizes e eternos namorados.

— Tenho medo de ficarmos como nossos pais. Até duvido que eles tenham momentos íntimos. Às vezes me assusto com o fato de ficar velha, não ficar mais atraente, e você procurar uma amante.

Elói riu gostoso.

— O que é isso? Nunca arrumaria uma amante. Quero ter filhos com você, criá-los de uma outra maneira, com outro tipo de educação.

— Espero que nos lembremos disso. Tenho medo da rotina.

— Saberemos como lidar com a situação. Você é muito quente para que nosso amor esfrie ou mude.

— Mesmo com filhos?

— Sim, mesmo com filhos. Mas por que está preocupada com filhos? Sempre disse que queria esperar um pouco, até que eu firmasse a clientela no escritório.

Chiquinha nada respondeu. Estava visivelmente abalada.

— O que está havendo, meu amor? Não quer mais viver dois anos em lua de mel? Já está cansada?

Chiquinha começou a chorar. O que fazer, ou melhor, o que falar? Elói preocupou-se:

— Prometemos não esconder nada um do outro. Falei de meus desatinos e ouvi sobre os seus. Sei que você e Diógenes nada fizeram. Ou há algo por trás?

— Não, isso nunca. Foi difícil contar-lhe a verdade, senti-me envergonhada por tudo que passou. Estou apaixonada por você e não me arrependo de nada.

— Diógenes está apaixonado por Cora. Está tudo resolvido. O que a preocupa?

Chiquinha procurou disfarçar.

— Nada. Fico feliz por ele ter se acertado com Cora. Ela está fazendo com que Diógenes descubra o amor que tem para dar.

— Ele sempre foi muito reservado. Não o conheço a fundo, mas percebo que tem medo de se envolver.

— Não deveria. Cora o ama, tenho certeza. Serão muito felizes.

— E Eulália e Rodolfo logo casarão. Então, se estão todos ajeitados e apaixonados, por que esta preocupação em seu semblante?

— Não dá para esconder, não é mesmo?

— Não. Eu a amo, e por isso conheço seu jeito. O que está acontecendo?

— Bem... eu...

— Chiquinha, sem rodeios. O que há?

Ela caiu em pranto sincero. Elói abraçou-a com carinho. A jovem encostou a cabeça em seu tórax e continuou a chorar.

Balbuciou:

— Estou enjoada, tenho passado mal.

— Está cansada. Muitas coisas aconteceram em pouco tempo. Não temos estrutura para tantas mudanças.

— Você não entendeu. Estou grávida.

Elói deixou-se cair na cama, atordoado.

— O que foi? Não entendeu? Estou grávida!

Não havia palavras para expressar o sentimento de felicidade na alma de Elói. Ele estava radiante. Dobrou o corpo, tomando Chiquinha nos braços, e beijou seus lábios com ardor.

— Eu a amo mais do que nunca. Um filho. Meu Deus, um filho!

— Não está zangado?

— E por que estaria? É tudo que mais desejo no mundo. Você queria esperar, eu não. Agora poderemos nos casar.

— Precisamos fazer isso o mais rápido possível. Ninguém pode desconfiar. Se casarmos agora, podemos nos safar dos comentários maledicentes.

— Tem razão. Meus pais aceitarão com prazer. Falarei com eles hoje mesmo e marcaremos um jantar para oficializar nossa união. Você me fez o homem mais feliz do mundo. Quero muitos filhos!

— Muitos, não! Um casal está bom.

— Está certo, um menino e uma menina.

— E por que não uma menina primeiro?

Elói remexeu-se na cama.

— Não sei. Adoraria ter um filho homem. E meu desejo é tanto que na última semana tenho sonhado com um lindo garotinho, sempre a sorrir-me.

Chiquinha riu alto.

— E só porque sonhou acha que teremos um menino? Ora, Elói, por acaso está conversando com Cora? Ela adora conversas místicas, diz que tudo está certo, que nada acontece por acaso.

— Não sei — disse ele pensativo. — A maneira de Cora encarar a vida, os fatos, é diferente. Sinto algo de verdadeiro em suas palavras. Por que você se recusa a conversar sobre espiritualidade?

— Tenho medo, não gosto.

— Cora nos disse que, daquilo que se tem medo, a vida nos traz em dobro, sempre aumentado, para aprendermos a enfrentar e não termos como fugir.

— Mas eu tenho o direito de não aceitar. Por que deveria?

— Você mesma disse que os livros que ela lhe emprestou são interessantes.

— Mas não quero mais saber. Tenho esse direito. Quero ficar livre de dogmas, de tudo isso. Já tenho você, terei nosso primeiro filho. Sou feliz. O que mais poderia querer?

— Por enquanto nada. Se pensa assim, melhor. Eu a respeito.

Elói dobrou novamente o corpo e deitou-se sobre Chiquinha.

— Precisamos brindar a chegada de nosso filho.

Chiquinha riu maliciosa. E cheios de amor e paixão entregaram-se ao prazer, esquecendo as conversas e os problemas.

Eulália estava preocupada. Rodolfo havia ligado, dizendo que precisavam ter uma conversa urgente. O que teria acontecido? Ruminava os pensamentos aflitos quando ouviu leve batida na porta.

— Pode entrar.

— Com licença, Eulália. Sua mãe está chamando. O lanche foi posto à mesa.

— Não quero descer, estou sem fome. Rodolfo está para chegar.

— O doutor Honório também está na sala de refeições.

— Papai? Tão cedo? Aconteceu algo?

— Parece que sim. A menina Eulália sabe que não sou de ouvir, mas...

Eulália não ocultava mais a preocupação.

— Mas o quê, Berta? O que ouviu de papai?

— Ouvi-o dizer para sua mãe que o comércio foi fechado mais cedo, que as pessoas estão desesperadas lá na cidade. Parece que aconteceu algo de grave nos Estados Unidos, que de alguma maneira afetou nossa economia.

— Será que estamos diante de uma nova guerra?

Berta bateu três vezes na cabeceira da cama.

— Não fale uma coisa dessas, Eulália. Tenho horror a essa palavra. Espero não ouvir mais falar nisso.

Eulália levantou-se da cama aturdida.

— Será que eclodiu uma nova guerra? Será que Rodolfo ligou-me para dizer que se alistou?

Berta sorriu.

— Está indo longe demais na sua linha de pensamento. Pela conversa de seu pai lá embaixo, não deve ser guerra. Espere pela chegada de Rodolfo.

— Oh, Berta! Não sei. Quando ele me ligou, sua voz não estava nada boa.

— Não falou nada? Não adiantou o que seria?

— Não. Disse que precisávamos conversar em casa, que o assunto era grave e não podíamos falar pelo telefone.

— Calma. Não deve ser tão grave.

— E se ele quiser romper comigo? O que farei?

— E por que está pensando desta maneira? Ele nunca a deixaria.

— Tenho medo. A crise do café está afetando sua família. Entregaram a papai duas fazendas e o casarão da Angélica. Sabe que, se Rodolfo não tivesse um tostão, papai jamais permitiria nossa união.

— Você é filha única. Seu pai pode ser um pouco rude, mas dona Laura é compreensiva.

— Mamãe não tem força para dobrar papai. Sou filha única. O que ela poderá fazer? Se a cotação do café continuar a cair, estaremos perdidos. Mas prometo que, se for preciso, fugirei com Rodolfo.

— A menina não pode cometer uma loucura dessas!

— Não importa, fugirei se for necessário, ou me mato.

— Pare com isso, Eulália. Há solução para todo tipo de problema. Vamos aguardar a chegada de Rodolfo. O doutor Inácio está lá embaixo com seu pai.

Eulália fez ar de mofa:

— Ele insiste em flertar comigo. Não gosto de Inácio.

— Sabe que a indústria da família Medeiros cresce a todo instante.

— Não quero saber de dinheiro, nem ao menos dos Medeiros. Jamais permitirei que esse sobrenome se junte ao meu.

— Seu pai é banqueiro, tem negócios com os Medeiros, bem como com a família do doutor Rodolfo.

— E daí?

— E daí que a família do doutor Rodolfo assinou algumas promissórias com o banco do doutor Honório. Se a cotação do café continuar caindo, como saldarão as promissórias?

Era difícil para Eulália entender. Tudo estava muito confuso. Berta, ao sair do quarto, fechou os olhos e proferiu comovida prece, pedindo amparo para a sua pequena Eulália.

Capítulo 16

Berta estava no portão, providenciando a limpeza do jardim, quando avistou o carro de Rodolfo aproximar-se da residência. Ele mal estacionou o veículo e desceu rápido, carregando no semblante expressão preocupada.

— Onde está Eulália? — perguntou.

— No quarto. Está ansiosa aguardando sua chegada.

— Vou subir.

Berta colocou o braço na frente, impedindo-o de continuar.

— Acho melhor não entrar, pelo menos por esta porta. O doutor Honório está aí.

— O doutor Honório? Em casa?

— O que está acontecendo? Por que todos estão tão preocupados?

Rodolfo sentou-se no banco do jardim, jogando as costas pesadas de preocupação sobre o encosto.

— Berta, é o meu fim! Perdemos tudo.

— Perderam o quê?

— Tudo. Minha família está falida.

— Mas como? O que aconteceu de tão grave? Tem algo a ver com a confusão nos Estados Unidos?

— Tem, sim. A bolsa de valores de Nova York quebrou. O preço do café, que já estava caindo, foi ao chão de vez. Perdemos tudo, estamos desesperados. Meu pai está passando mal. Nosso médico foi lá para casa.

— Eulália não se preocupa com seu dinheiro. Ela o ama.

— Eu também a amo. Sei que poderemos recomeçar nossas vidas em outro lugar. Mas sabe que tenho promissórias com o pai dela, não sabe?

— Sei. Tentei explicar a Eulália, mas ela não entendeu. Acha que as fazendas e a casa da avenida Angélica foram vendidas.

— Nunca quis que ela soubesse que as casas foram entregues a seu pai para saldar algumas promissórias antigas.

— O que foi que não quis que eu soubesse? — interrompeu uma voz atrás deles.

Ambos voltaram as costas. Rodolfo perguntou aturdido, procurando disfarçar:

— Eulália? O que faz aqui? Não estava no quarto?

— Reconheci o barulho de seu carro e desci pelos fundos. Não quero encontrar-me com papai. Além do mais, o almofadinha do Inácio está lá com ele. Mamãe disse que se trancaram no escritório. O que está acontecendo?

Ele, desesperado, correu até Eulália e abraçou-a, chorando:

— Perdemos tudo, Eulália, tudo!

— Como assim?

— Estamos falidos!

Eulália acariciava os cabelos em desalinho do noivo.

— Não se desespere. Tenho dinheiro para nós dois.

— Você não entende. Esse não é o problema. Sabe que tenho promissórias com seu pai.

— Berta me falou. Mas não entendi qual o problema. Converso com ele, e vocês terão o tempo que quiserem para saldar a dívida.

— Não é bem assim. Sabe que seu pai não gosta de mim, não aprova nossa união. Essas promissórias serão decisivas para o doutor Honório nos afastar.

— Não estou entendendo. Papai não seria tão vil. Sou sua única filha, ele vai atender às minhas súplicas. Afinal, sempre fui boa nisso.

Rodolfo olhou para Berta. Será que ainda havia esperança?

— Acha que poderemos falar com seu pai?

— Agora mesmo.

— Não, Eulália. O dia foi terrível, poderemos conversar outra hora.

— Prefiro que seja agora. Não quero esperar.

Berta considerou:

— Entrem pelos fundos.

— Não somos animais. Entrarei pela frente, ao lado do homem que será meu marido. Esta casa será minha. — E, fazendo gestos largos com a mão, chamou Rodolfo: — Venha, meu querido, vamos enfrentar a fera juntos.

Entraram pela frente da casa, e mais uma vez Berta fez uma prece para apaziguar aqueles corações em conflito.

Dona Laura estava sentada na sala, lendo um periódico. Ao ver Rodolfo, levantou-se assustada:

— O que faz aqui a esta hora?

Antes de o rapaz responder, Eulália retrucou:

— É meu noivo, pode vir à nossa casa a hora que bem entender.

— Sabe que seu pai não aprova essa relação.

— E daí? Por acaso vai impedir nosso casamento? Impossível. Nem que eu tenha de fugir com Rodolfo.

Dona Laura assustou-se:

— Não diga isso, minha filha. Está indo longe demais.

— Como longe demais? Estou lutando pela minha felicidade.

Rodolfo ia falar, mas Eulália pousou os dedos em seus lábios:

— Não diga nada. Vamos até o escritório.

Dona Laura tentou contê-la:

— Não pode. Seu pai pediu para não ser interrompido. Está com o doutor Inácio tratando de negócios.

— Eu quero que se danem! Vamos resolver essa história de uma vez por todas.

Eulália agarrou o braço de Rodolfo e, sem que ele pudesse contê-la, adentraram o escritório, fazendo grande estardalhaço. Honório e Inácio, debruçados sobre alguns papéis na escrivaninha, voltaram seus rostos para a porta. Honório bradou:

— O que é isso? Onde está sua educação?

Eulália ia responder usando palavras de baixo calão, mas foi contida por Rodolfo.

— Desculpe, doutor Honório. Sua filha está muito nervosa.

Honório fez um esgar de incredulidade.

— Ah! Então o pulha apareceu! Quando é chamado para prestar contas do que deve some, mas quando se trata de resolver assuntos com minha filha...

Eulália interveio:

— Ele será meu marido! O senhor não tem o direito de...

— Que direito? — irritou-se o pai. — Você não é mais uma menina. Olhe bem para esse sujeito a seu lado. Além de não valer nada, não tem mais um vintém.

— Eu posso negociar o resto da dívida — disse timidamente Rodolfo.

Inácio, que até aquela altura estava calado, a um canto do escritório, pronunciou-se:

— Será muito difícil acertar o que deve. O que aconteceu ontem em Nova York agrava muito seu caso em particular. Trabalho com o doutor Honório há algum tempo e, pelo que consta, as dívidas de seu pai são muito altas.

Eulália interrompeu:

— Mas Rodolfo vendeu a casa da avenida Angélica e os galpões do Brás. Não tem mais o que dar a vocês.

Rodolfo admirou-se. Então Eulália sabia sobre sua real situação. Sentindo-se confiante, replicou:

— É verdade. Estamos falidos, os senhores sabem. Papai não está passando bem, caso contrário estaria aqui comigo. Somos homens de honra, e vim até aqui justamente para negociar os papéis que ainda tem em mãos.

Inácio interveio friamente:

— Impossível negociar.

— Como impossível?

— Tem de haver uma solução — objetou Eulália.

Inácio olhou para Honório e logo em seguida para Rodolfo.

— Antes de chegar, estávamos pensando em solucionar seu problema.

Eulália e Rodolfo entreolharam-se, assustados. O que estavam tramando? Com o semblante apreensivo, voltaram os olhos para Inácio. Ele olhou novamente para Honório. O pai de Eulália estava nervoso, mas continha-se. Devolveu o olhar para Inácio e, fazendo sinal afirmativo com a cabeça, solicitou que continuasse. Inácio andava pela sala de um lado para o outro e, com a voz alteada, olhando para o chão, começou a falar:

— A família Nascimento e Silva sempre teve crédito no banco.

— Isso é verdade — respondeu Rodolfo. — Nunca nos foi negado um tostão.

— As notas promissórias assinadas por você e seu pai formam uma vultosa quantia a ser saldada.

— Sim. Só nos sobrou o cafezal no interior e a casa nos Campos Elísios.

— O senhor esqueceu-se do pequeno chalé na praia do Guarujá.

Rodolfo estava perplexo:

— Mas esse chalé é de minha mãe, não tem nada a ver com os bens a serem arrolados no processo de quitação. O que você quer fazer de nós?

Inácio irritou-se:

— Você, não! Eu sou doutor.

Rodolfo engoliu uma resposta à altura, mas naquele momento precisava acertar as dívidas do pai. Baixou a cabeça e disse, entre ranger de dentes:

— Desculpe, doutor Inácio Medeiros. Como sabe tanto a nosso respeito?

— Não é pessoal, mas, como novo presidente do banco, é imperioso saber tudo a respeito de nossos clientes.

Eulália gritou:

— Papai! O senhor prometeu-me que o cargo seria de Rodolfo após nosso casamento. O que é isso agora?

— Nada. Você é tão tola, minha filha, a ponto de acreditar que eu daria um cargo como esse, de mão beijada, a um inepto, um irresponsável?

— Então era tudo uma farsa? Prometeu-me algo que jamais cumpriria?

Inácio considerou:

— Agora não é momento para esse tipo de discussão. Há assuntos pendentes de maior importância no momento.

Eulália fuzilou-o com o olhar.

— Você é um estranho. Não deveria estar entre nós.

— Mas terá de se acostumar comigo.

— Nunca! Você pode ser doutor, presidente do banco, amigo de meu pai. Mas eu não preciso de você e não lhe devo satisfações de minha vida.

Inácio e Honório entreolharam-se. Rodolfo tornou, em súplica:

— A situação é gravíssima. Estamos todos com a cabeça quente. É melhor conversarmos outra hora. Sei que errei em algumas coisas, mas sou um homem de bem. Quero acertar a dívida de minha família e casar-me com sua filha.

Eulália quis falar, mas Honório disse, secamente:

— Filha, retire-se. Precisamos tratar desses assuntos com seu noivo.

— Quero ficar. Ele será meu marido. Nada escondemos um do outro.

Inácio mordeu os lábios, visivelmente irritado. Como uma mulher tão bela, tão fina, podia estar apaixonada por um desclassificado como Rodolfo? O que ele não tinha que fazia Eulália nem ao menos notá-lo? Desde que a vira tempos atrás, ficara encantado. Diante das escusas da moça para sair, e percebendo não ser correspondido nos flertes, decidiu que Eulália seria sua, não importasse como. E agora era chegada a hora, o grande dia em que Rodolfo não teria alternativas. Claro que seria um jogo perigoso, mas precisava arriscar. Sua obsessão por Eulália era cega. Inácio estava enlouquecido de paixão, e precisava afastar Rodolfo da amada em definitivo. O plano armado naquele escritório com Honório era perfeito. A menos que Rodolfo fosse um crápula para valer, tudo estaria resolvido.

O plano sórdido de Inácio havia seduzido Honório, e agora ele via a chance de colocá-lo em ação. Sem tirar seus olhos dos de Eulália, tornou:

— Eu tenho uma ótima solução. Todos sairão lucrando. Mas me dou o direito de exigir que se retire por uns instantes. Nossa conversa não se estenderá por mais que alguns minutos. Queira ter a gentileza.

Inácio fez sinal com o braço, apontando para a porta, indicando o caminho para Eulália. Ela se voltou para Rodolfo triste e abatida.

— Está certo. Vamos resolver logo tudo isso.

— Sim, meu amor. Vá ter com sua mãe. Tudo vai se resolver. Vamos ser confiantes na justiça.

Eulália, emocionada, atirou-se em seus braços. Ambos se beijaram com ardor, o que causou indignação a Honório e repugnância a Inácio.

Por essa ele não esperava. Ver sua amada ali à sua frente, beijando aquele crápula com amor, era demais! Mas isso acabaria logo. Aquele beijo aumentou ainda mais sua ira. O bote seria dado sem piedade. Um ódio surdo brotou dentro dele. Inácio teve de se apoiar na escrivaninha, tamanha a sensação desconfortável e sufocante que o envolveu.

Eulália retirou-se e fechou a porta. Encontrou Berta e Laura no corredor. Vendo-as, não conteve o pranto. Berta abraçou-a com ternura.

— Menina Eulália, não fique assim. Tudo vai se resolver. Vamos orar.

Laura aduziu:

— A prece é um santo remédio em horas difíceis como esta. Venha, minha filha, vamos para a sala de estar. Precisa sentar-se. — E, dirigindo a palavra para Berta, solicitou: — Traga uma chávena de camomila para nós.

— Providenciarei num minuto. O chá deixará a menina mais calma.

Eulália, muda, corpo alquebrado, deixou-se levar pela mãe até a sala. Sentou-se e aconchegou-se junto a seu peito. Laura tornou, gentil:

— Sabe, minha filha, não posso avaliar sua dor, mas estou solidária. Tentei falar com seu pai, mas ele não me deu ouvidos.

— Papai não gosta de mim, talvez nem da senhora.

— Não diga isso. Seu pai é um homem bom.

Eulália desgrudou-se da mãe, aturdida:

— Homem bom? Ele quer destruir minha vida, e a senhora ainda diz que ele é bom?

— Cada um faz o que pode. Seu pai está fazendo o melhor. Segundo suas crenças, está fazendo o possível para que tenha um futuro feliz, seguro.

— E o amor? Isso não é importante para ele?

— Seu pai a ama de maneira própria, exige que você enxergue os fatos do jeito que ele os vê.

— Só porque é advogado, não pode deliberadamente escolher com quem devo ou não me casar. Ainda vivemos sob o regime do desquite. E a senhora bem sabe o que uma mulher desquitada sofre na sociedade.

— Não se aflija, Eulália. Seu pai pensa de outra maneira. Quer garantir sua felicidade.

— Papai não tem coração. Nunca gostou de Rodolfo. A senhora relutou no começo, mas, talvez por amar seu esposo, me entenda.

— Eu fiz o que achei ser o melhor. Você ama esse rapaz e ele também a ama. Claro que ele comete alguns desatinos, é sedutor, provoca as mulheres sem perceber. Isso é que me deixa preocupada. Mas cada um sabe o que é melhor para si. Não posso julgá-lo.

— Como sabe dessas coisas? Como sabe que Rodolfo está sempre sendo assediado, mesmo quando não quer?

— Isso é característica do espírito.

Eulália sobressaltou-se.

— Como sabe? Nunca falamos a respeito!

— Pensa que nunca vi os livros jogados em sua mesa de cabeceira?

— Não são meus. Berta me emprestou.

— Não precisa mentir. Sei que Berta não lhe emprestou nada.

Eulália ia rebater, mas Laura retrucou:

— Acompanho Berta uma vez por semana ao centro espírita.

A filha emudeceu. Não havia palavras para expressar a surpresa.

— Desde o primeiro dia que fui ao centro fiquei encantada. O atendimento, as conversas agradáveis, o ambiente tranquilo. O dirigente da casa indicou-me algumas leituras. Mudei muito meu modo de encarar as coisas desde então.

— E percebeu que papai não é tão bom assim — disse Eulália rancorosa.

— Ao contrário. Seu pai é um excelente marido. Pode ser que não tenha se casado comigo apaixonado, mas isso era muito comum em nosso tempo. Eram poucos os casais que se amavam para valer. Geralmente o casamento era um acordo feito entre famílias, e, quando a idade para casar se aproximava, não nos restava outra alternativa. Ainda é assim, mas tenho visto mais casais apaixonados, como você e Rodolfo.

— A senhora também casou por obrigação, sem escolha, não é mesmo?

— Sim, mas a vida foi maravilhosa, sempre me mostrando que estava no caminho certo. Quando conheci seu pai, apaixonei-me no primeiro instante. Era como se o conhecesse há muito tempo. E só depois de estudar e entender as verdades espirituais é que pude constatar que o conheço de outros tempos.

— Outras vidas, a senhora quer dizer?

— Sim, minha filha. Eu e seu pai somos espíritos afins. Sinto isso. Saberei toda a verdade quando partir para o astral. Mas, independentemente de qualquer coisa, sou apaixonada por Honório.

— Acho os dois tão frios! Nunca os vi entre carícias, nem outro tipo de demonstração de afeto.

— Isso faz parte de minha educação. Estou aprendendo com as leis universais, mas ainda há muitas crenças a serem mudadas. Iniciei minha reforma interior, e sei que Deus está me abrindo a consciência, tornando-me mais lúcida, mostrando que a vida continua após a morte.

— Ora, mamãe! Não fale em morte. Quero tê-la a meu lado por muitos anos.

— E terá, seja aqui ou do outro lado. A morte não existe.

— Não a quero do outro lado! Quero-a aqui, junto a mim. Eu e Rodolfo teremos muitos filhos, precisarei de seus sábios conselhos.

Laura sentiu leve aperto no peito. Trouxe delicadamente o rosto da filha até seu peito novamente e afagou-lhe os cabelos com ternura. Beijou a testa da filha e levantou-se, indo até a cozinha. Chegando lá, disse com voz entrecortada:

— Oh, Berta! Os espíritos nos alertaram. Não podemos esmorecer.

— De maneira alguma, dona Laura. Pediram para que ficássemos firmes, usássemos nossa força de fé para o nosso bem-estar e o da família.

— Tenho fé, mas sinto um aperto no peito. Sabemos do que Eulália é capaz. Isso me preocupa.

— Vamos deixar a preocupação de lado. Isso só aborrece e atrapalha. Devemos nos ligar nas forças universais, permitir nosso envolvimento com Deus e deixar que Ele conduza a situação. Deus sempre sabe o que faz. Sua força é capaz de tudo. Vamos confiar.

— Você tem razão: precisamos confiar, embora eu esteja um pouco aflita.

— A comunicação que recebemos foi para termos calma. Enquanto Eulália e Rodolfo não se desgarrarem da vaidade, descobrindo os verdadeiros valores do espírito, não poderão ficar juntos.

— Será que ela aceitará Inácio?

— Não sei. Entregue tudo nas mãos de Deus. Ele fará o melhor. Ele, muito mais do que nós, sabe do que um espírito necessita para crescer e melhorar, sempre.

Laura baixou os olhos e orou. Berta olhou-a comovida e fez o mesmo. No fundo também estava aflita. Recordou-se de ter ido sozinha ao centro na semana anterior e de ter recebido comunicação de entidade amiga, que não lhe revelara nome nem vínculo de parentesco. Ainda ecoavam fortes em sua mente as palavras finais do médium incorporado:

"— Você precisará ser muito forte, Berta. A tempestade cairá sobre aquele lar, mas o tempo se encarregará de apagar as lembranças desagradáveis. O espírito que vai reencarnar entre vocês necessita de muito amparo e muito amor. Você tem muita afinidade com ele."

Berta voltou o olhar para Laura. Não havia necessidade de relatar-lhe o que ouvira no centro. Agora não era a hora certa. Terminou de preparar o chá e intimamente agradeceu ao Alto pela ajuda espiritual que sentia estarem recebendo naquele momento.

No escritório, o clima estava tenso. Honório fez gesto indicando uma poltrona para Rodolfo sentar-se. Andando de um lado para o outro, impaciente, o pai de Eulália trazia à mente o plano traçado por Inácio. A princípio achara-o infalível, genial. Mas agora, vendo o desespero da filha, não sabia ao certo se deveria seguir adiante.

Honório titubeou. Se Eulália se casasse com aquele pulha, poderia sentir na pele o drama de viver ao lado de um canalha, ou não. Laura já tinha dito que Eulália precisaria aprender com suas atitudes, que Honório deveria deixar a filha livre para escolher seu caminho. Estaria a esposa certa? Deveria deixar a filha tomar uma decisão tão importante, que, se mal administrada, a colocaria à margem da sociedade?

Honório estava confuso. Não sabia o que fazer. Eulália era sua única filha. E se Rodolfo fosse mesmo um irresponsável e diluísse a fortuna em bebidas, jogos e mulheres? O que seria de Eulália e de seus futuros filhos?

Ele sempre tivera um pé atrás com Rodolfo. Inácio percebera e aproveitava cada sensação de desconforto que Honório sentia em relação ao noivo da filha para separá-los.

Enquanto andava, Honório pensava:

"Será que tenho o direito de interferir no destino de minha filha? Será que tenho o poder de decidir com quem ela deva se casar? E se no futuro não se acertar com Inácio? Como será? Não temos o divórcio... Ó Senhor! Será que estarei jogando o nome de minha filha na lama?"

Inácio irritou-se com os passos angustiados de Honório.

"Esse velho ainda vai dar para trás. Preciso ser rápido", pensou entre dentes.

Sentou-se no sofá atrás de Rodolfo. Achou melhor não encará-lo de frente. Após acender um cigarro e fazer malabarismos com a fumaça, tornou malicioso:

— Tenho uma proposta que não poderá recusar.

— Qual é?

— Podemos ir com calma — salientou Honório.

— Não vejo por que termos calma. A proposta é simples.

Honório tentou impedir o jovem advogado, mas parecia ser tarde demais. A determinação de Inácio em colocar aquele plano em ação deixou-o impotente. Honório sentia-se fraco e quedou mudo no sofá. Inácio continuou:

— Devolvemos a você todas as promissórias.

Rodolfo, de costas para ele, não entendeu.

— Como disse?

— Você ouviu muito bem. Eu disse que lhe devolvo todas as promissórias.

Rodolfo continuou imóvel na poltrona. Limitou-se a dizer:

— Duvido. Papai e eu contraímos dívidas em libras, além de contos e mais contos de réis.

— Rasgamos tudo, devolvemos tudo, fazemos um contrato, registrado em cartório, no qual consta a quitação da dívida. Você e os seus ficarão sem nos dever um tostão e ainda ficarão com a casa dos Campos Elísios e com os galpões do Brás.

Rodolfo exalou forte suspiro.

— E nosso casarão da Angélica?

— Esse imóvel, infelizmente, terá de esquecer. Gostei muito da casa e pretendo ficar com ela. Eu tinha certeza de que a família a reclamaria e, pensando bem, em troca posso recompensá-los por essa perda dando-lhes um apartamento no centro da cidade.

— Trocar um palacete em Higienópolis por um apartamento no centro? Está louco?

— Trata-se de excelente negócio. Será o prédio mais alto da cidade. Se não gostar, poderá vender a unidade. Em relação aos bens, é isso que posso oferecer.

Rodolfo estava atrapalhado das ideias. Era tudo muito bom. A casa dos Campos Elísios era menor, mas muito confortável. Não se tratava de um palacete, mas era uma bela casa. Seus pais continuariam bem instalados por lá. Recuperar os galpões lhe renderia bom aluguel e ainda havia o apartamento do centro. Bem, o apartamento poderia servir como escritório. E ainda por cima rasgariam as promissórias? Isso era um acordo dos deuses. Seu pai ficaria orgulhoso, e a família Nascimento e Silva voltaria a ter credibilidade novamente. Assim, poderia montar seu escritório de advocacia com Diógenes e trabalhar com os clientes mais disputados da cidade.

Inácio perguntou:

— E então?

— É uma proposta irrecusável. Mas obviamente há algo em troca. Até agora só me falou dos benefícios. Onde está o sacrifício?

Inácio foi direto. Levantou-se rápido do sofá, deu meia volta e encurvou o corpo, aproximando seu rosto do de Rodolfo. Com olhar frio e vingativo, disse à queima-roupa:

— Esquecer Eulália em definitivo.

Uma pancada não teria feito devassa maior sobre a cabeça de Rodolfo. Mesmo sentado, seu corpo estremeceu e ele empalideceu.

Honório levantou-se preocupado.

— Ele precisa de um copo de água.

Tocou a sineta e logo Berta apareceu.

— Traga água misturada com um pouco de açúcar, por favor.

— Sim, senhor.

Enquanto Berta ia buscar a água, Inácio continuava saboreando o semblante crispado e sem expressão de Rodolfo.

— Repito: esqueça as dívidas, volte a ter os galpões e mais um apartamento como bônus. Papai e mamãe não irão para o olho da rua, ficarão bem instalados na casa dos Campos Elísios. Todos esses benefícios em troca de seu casamento com Eulália.

Rodolfo mal articulava som. Inácio continuou:

— E não adianta pensar em tirar vantagens. Irá assinar um documento no qual expressa o real desejo de ficar distante dela. Se se envolver, até mesmo cumprimentá-la na rua, deixará papéis assinados estabelecendo que todos os bens voltarão ao nosso poder.

— Isso é loucura! Não posso aceitar! Ficarei preso a vocês pelo resto de minha vida? Quem garante que farão tudo que prometem? Pedem para que eu me afaste de Eulália. Pois bem, faço um esforço. Mas assinar documentos mantendo meus bens presos, sem poder vender ou fazer outra coisa?

— Você poderá morar bem, alugar seus galpões. Enquanto viver, não poderá vender nada.

Inácio encarava Rodolfo com olhos sedentos de ódio:

— Pensa que sou besta? Pensei em tudo, você está amarrado.

— Pensei na possibilidade da venda dos imóveis.

— Para quê?

— Para fazer mais dinheiro, ou por uma necessidade.

— Sei, sei. Você vende tudo, pega o dinheiro e consorcia-se a Eulália. Não posso dar-lhe chance.

Rodolfo continuava mudo, tentando concatenar os pensamentos. Procurou manter a cabeça calma, mas estava difícil. Inácio não parava de falar, quase colado a seu ouvido.

— E, por consideração à sua família, estou oferecendo três passagens, de primeira classe, em um vapor rumo à Europa, por seis meses, com estadia e tudo o mais.

— Seis meses na Europa? Não posso largar minhas coisas de uma hora para outra.

— Como advogado posso redigir uma procuração e cuido de tudo para vocês. Afinal de contas, seis meses é tempo mais que suficiente para esquecermos as desavenças. Quem sabe não vai encontrar seu verdadeiro amor no Velho Continente?

Rodolfo considerou, enquanto esfregava as mãos suadas:

— Não tenho saída. Mas ainda não entendi o porquê de perder o amor de minha vida. Sei que o doutor Honório nunca gostou de nosso envolvimento. Por mais desatinos que eu possa ter cometido, eu amo essa mulher...

Inácio não se conteve e esbofeteou Rodolfo.

Honório assustou-se. Rodolfo, mecanicamente, num gesto de defesa, colocou a mão sobre a face estapeada.

— Controle-se, Inácio. Qual o motivo de tanta raiva?

Inácio espumava ódio pelas ventas. Aquilo era a desforra pelo beijo que Rodolfo e Eulália tinham dado minutos antes. Ignorando a presença de Honório, saltou para cima de Rodolfo:

— Cão imundo! Assine logo. Está tudo aqui. Meu assistente irá até sua casa amanhã cedo e colherá a assinatura de seu pai. Assine estes papéis e suma desta casa. Daqui a dois dias farei questão de despedir-me da família Nascimento e Silva no porto de Santos.

Rodolfo estava em estado apopléctico. Não conseguia esboçar uma reação. Tudo estava muito confuso. Desesperado, assinou papel por papel.

— Isso mesmo. Agora o contrato está selado. Eu e você estaremos amarrados enquanto estiver vivo, mas não precisaremos nos ver, pelo bem-estar de seus pais e pelo seu próprio.

Honório também estava confuso. Inácio havia lhe contado parte do plano, mas o que estava fazendo com Rodolfo era desumano. Será que era um bom pretendente para sua filha? Aquela reação, aquele ódio... Será que Inácio estava em seu juízo perfeito? Essas perguntas ferviam na cabeça do pai aflito. Honório não sabia o que fazer. Livrara-se de um almofadinha e entregava a filha a um tirano. E agora?

Berta adentrou o escritório com a água. Eulália e Laura correram logo em seguida, atraídas pelos gritos de Inácio. Ao ver Rodolfo sentado, face crispada, com pequena mancha de sangue no canto dos lábios, Eulália não se conteve:

— Meu amor, o que lhe fizeram? — E, virando-se para o pai: — O que é isto? Como pôde permitir uma coisa dessas?

Honório não conseguia falar. Baixou os olhos, sentindo-se impotente. Levantou um olhar envergonhado para a esposa e depois para a filha.

— Foi o melhor que se pôde fazer — disse ele por fim.

— Papai, deixou que esse imundo agredisse meu noivo?

Inácio enervou-se:

— Imundo uma vírgula! Eu agredi um fraco, não seu noivo.

— Como não? Ele é meu noivo.

Eulália olhava para Rodolfo, mas ele continuava em estado catatônico. Voltou os olhos para o pai, pedindo ajuda, mas Honório virou o rosto para a parede. De repente os olhos dela ficaram injetados de fúria ao encarar Inácio:

— O que você fez? Por que ele está assim?

— Pergunte a ele. Se eu fosse você, aproveitaria a oportunidade de vê-lo pela última vez. Seu ex-noivo está de malas prontas para a Europa.

Eulália nada entendeu. Sacudiu Rodolfo:

— O que é isso, meu amor? Do que esse verme está falando? Viagem para a Europa? Que viagem é essa?

Rodolfo voltou os olhos úmidos e tristes para Eulália:

— Vou viajar. Preciso refazer minha vida.

— Como, refazer sua vida? E quanto a nós? E o nosso amor?

Rodolfo mal conseguia articular palavra. As lágrimas banhavam suas faces. Seu peito parecia que ia explodir. Não havia outra saída. Ele precisava deixar Eulália de qualquer maneira, caso contrário sua vida e a de seus pais estariam jogadas na sarjeta. Era necessário abrir mão de seu amor por uma vida material estável. Se os pais não estivessem no jogo, Rodolfo seria bem capaz de atirar tudo para o alto e viver em outro lugar com Eulália, recomeçar a vida de nova forma. Mas, por pior que ele fosse em alguns momentos, mentindo e inventando histórias para gerar intriga entre as pessoas, não podia deixar o pai e a mãe jogados, sem eira nem beira. As lágrimas ainda escorriam, e ele tornou:

— Sinto muito, Eulália. Preciso partir. Não há mais nada entre nós.

— Seu amor por mim não pode acabar de um minuto para o outro. Seus olhos me dizem que ainda me ama. O que está acontecendo que não sei?

— Nada, absolutamente nada. Preciso partir.

Rodolfo queria sair dali o mais rápido possível. Levantou-se da poltrona sentindo o corpo fatigado. Mal tinha forças para suster as pernas. Dirigiu triste olhar para Berta e Laura e retirou-se.

Eulália continuava acocorada, os olhos voltados para o chão, as lágrimas pingando no grosso tapete. Inácio aproveitou a oportunidade:

— Podemos continuar com o combinado.

Honório estremeceu:

— Agora não é hora. Foram momentos tensos e difíceis. Deixemos para outra ocasião.

Inácio, sentindo um ódio surdo dentro de si, gritou:

— Não! A hora é agora, a família está reunida.

Laura olhava para o marido sem entender o que ainda viria pela frente. Honório mordeu os lábios e meneou a cabeça negativamente. Inácio continuou:

— Eu pedi a mão de Eulália em casamento e o doutor Honório consentiu. Casaremos o mais rápido possível.

Eulália alteou a cabeça em direção a Inácio. Uma bofetada seria menos dolorida do que aquela proposta. Seus olhos brilharam rancorosos.

— Eu nunca serei sua.

— Claro que será!

— Você destruiu minha vida por um capricho.

— Estou apaixonado.

— Não pode estar falando sério.

— Quero ser seu marido.

— Você não é apaixonado, é um demente. Não passa de um desequilibrado, inescrupuloso. Destruiu a mim e a Rodolfo. Por quê?

Aquela era a grande chance de Inácio dar a cartada final. Era a vez de arriscar mais uma vez e fazer com que Eulália mergulhasse de cabeça em seus planos sórdidos.

— Rodolfo estava mentindo ao dizer que estava desesperado. Por que acha que eu estava aqui com seu pai logo no meio da tarde?

— E vou me interessar por isso? Odeio tudo que faça ou pense.

— Assim fica difícil continuarmos.

Inácio foi até Eulália e apertou-lhe o braço, dobrando-o em seguida. Honório e Laura estremeceram com a brutalidade daquele homem aparentemente sensível e educado. Inácio, rangendo os dentes, continuou, colérico:

— Vou perguntar novamente: por que acha que eu estava aqui no meio da tarde?

Eulália, sentindo dores no braço e percebendo a fúria de Inácio, respondeu:

— P... Por causa dos acontecimentos nos Estados Unidos?

Inácio soltou-a, virou-se de costas e continuou:

— Não, minha cara. Rodolfo nos ligou hoje cedo dizendo que tinha uma proposta irrecusável a nos fazer. Marcou comigo e com seu pai aqui no escritório.

— E o que era?

Inácio ria intimamente.

— Sabe quanto Rodolfo ama o dinheiro e o luxo. Com as dívidas da família, estava desesperado. Ele pediu o perdão da dívida a seu pai em troca do casamento.

— Ele não faria isso. Você está mentindo. Rodolfo me ama.

— Ama mais o dinheiro. Pergunte a seu pai.

Eulália encarou o pai de frente.

— É verdade, papai?

Honório pigarreou.

— Sim... mais ou menos.

— Sim ou mais ou menos?

Inácio dirigiu um olhar de fúria assustador a Honório. Ele imediatamente replicou:

— Sim, minha filha. Rodolfo abriu mão do casamento em troca da liquidação das dívidas.

— Mas por que faria isso?

— Seus pais não poderiam ir para a sarjeta. Ele pensou no bem-estar da família — respondeu Inácio.

— Isso não é típico de Rodolfo. Há algo que não entendo.

— Ele disse que sente muito por você, mas seus pais merecem muito mais. E, ainda por cima, pediu-me que cuidasse de você.

Eulália avançou para cima do advogado:

— Nem por milagre eu me caso com você. Isso é aviltante!

— Pense bem. Está tudo acertado, aqui nestes papéis.

Inácio foi até a mesa e pegou o calhamaço de papéis com as assinaturas de Rodolfo.

— Veja você mesma. Tudo foi feito direitinho. Se não se casar comigo, Rodolfo e os pais vão para o olho da rua, sem nada. E se, de alguma forma, você tentar ajudá-los, será internada. Estamos com laudos médicos que atestam sua insanidade mental.

— Isso não! Tenho amigos, tenho meus pais. Ninguém poderá impedir-me de fazer o que eu quiser.

Honório ficou surpreso.

— Você está indo longe demais, Inácio. Não havia nada de laudos médicos em nosso plano.

— Tive de me cercar por todos os lados, afinal sua filha não tem juízo. Por um lado, eu soube como manter Rodolfo longe daqui. Mas e Eulália?

Todos ficaram surpresos com o advogado. Laura tapava a boca vez ou outra, evitando dar seus gritinhos de indignação. O jovem advogado, preso em suas sórdidas intenções, determinou:

— E, para agravar ainda mais a situação, há esta nota aqui.

Inácio tirou um papel do bolso, falsificado por um conhecido seu. Foram dias exaustivos para chegar próximo à caligrafia de Rodolfo. Fingindo hesitação, entregou-o a Eulália.

— O que é isso?

— Ora, querida, não sabe ler?

— E daí?

— E daí que a letra lhe parece familiar, não?

Trêmula, Eulália reconheceu a letra. Era de Rodolfo. Após exalar sentido suspiro, ela começou a ler:

Inácio,

Não sei o que fazer. Há tempos percebi que não amo mais Eulália. Em verdade, sinto uma tremenda atração física, nada mais. Nos últimos meses tenho pensado em me divertir. O casamento, para mim, encontra-se fora de cogitação. Por esta razão, preciso urgentemente arrumar um jeito de livrar-me de Eulália. Ela é bonita, fina, de excelente família. Quem sabe você não poderia fazer um favor de amigo e desposá-la? Sei que você nutre sentimentos verdadeiros por ela. Ajude-me.

Sinceramente,

Rodolfo

Eulália estava entorpecida. Não tinha mais dúvidas: além da letra, a assinatura era de Rodolfo, ela conhecia bem. Sua vista turvou-se e seu coração começou a bater em descompasso. Uma única pergunta atormentava-a sobremaneira: será que Rodolfo havia sido capaz de tudo isso?

Capítulo 17

Eulália puxou Berta pelo braço e correram para o andar de cima. Ao fechar a porta, Eulália rogou:

— Precisa ajudar-me. Tem de encontrar Rodolfo e marcar um encontro.

— Não seria prudente. Vamos aguardar.

— Não posso, Berta. O tempo urge.

— Você ouviu da boca de Rodolfo que ele nada quer, leu o bilhete. O doutor Inácio não seria tão ardiloso. Sua aura está enegrecida. Talvez seja o ódio, a situação. Tenho medo dele.

— Eu não tenho. Preciso encontrar-me com Rodolfo, conversar com calma.

— Já vi que não vai sossegar. Veja, faz pouco que ele saiu. Espere e ligue à noitinha para sua casa.

— E o que faço até lá? Morrerei de ansiedade?

— Ligue para Cora ou para Chiquinha. São suas amigas.

Eulália zangou-se:

— Posso ligar para Cora, mas não quero falar com Chiquinha.

— Sei que sempre houve diferenças entre vocês duas. Ela não gosta de Rodolfo, mas por que tanto rancor?

— Chiquinha não presta. Está enganando Elói.

— Do que está falando?

— Nada. Fiquei sabendo coisas demais sobre ela e Diógenes. Isso não vem ao caso agora. Ela não serve para ser minha amiga. E tem aquela irmã asquerosa. Não suporto Isabel Cristina.

— Não estará sendo rude demais? Seria mais prudente sentar-se com Chiquinha e conversarem como duas mulheres esclarecidas.

— Não! Ela sempre me atormentou. Nunca gostou de Rodolfo. Vai adorar saber que ele não me quer mais. Agora aquela fútil da Isabel terá livre acesso. Isso me magoa profundamente.

Eulália falava e as lágrimas escorriam aos borbotões. O drama que estava vivendo parecia irreal. De uma hora para outra, seu mundo de sonhos havia ruído. Atirou-se nos braços de Berta:

— O que fazer? Estou perdida!

— Calma, menina Eulália. Tudo vai se resolver. Tenha fé.

— Como pode me falar em fé numa hora dessas? Não tenho sangue de barata.

— A oração é a melhor amiga nessas horas difíceis. Vamos orar juntas, o que acha? Pedir a Deus que nos ilumine e que aconteça o melhor para todos. Eu já lhe tinha dito uma vez que nem sempre o que queremos é o melhor para nós.

— Mas viver com Rodolfo é o melhor para mim. Eu o amo.

— Talvez não seja o momento. Às vezes a vida, dentro de sua inegável sabedoria, enxerga além e nos protege. Achamos que estamos sendo castigados, mas na verdade estamos recebendo uma ajuda, uma bênção.

— Como saber? É difícil.

— Precisamos manter o equilíbrio e aceitar as vicissitudes que aparecem. Nosso corpo físico abriga uma alma que sabe do que precisa, o que quer. Às vezes recebemos uma sacudida para acordarmos e percebermos que nada é como parece ser. Quem garante que você e Rodolfo viveriam felizes? Será que suas consciências não precisam alargar-se um pouco mais? Será que não está na hora de parar, olhar para dentro de você, refletir e trabalhar na melhora de suas atitudes?

Eulália ouvia quieta, enquanto as lágrimas corriam livres pelo rosto. Berta sentiu uma brisa fresca e perfumada adentrar o quarto. Sentiu estar amparada por entidades amigas do bem. Continuou a afagar os cabelos da garota, e mentalmente pedia a Deus que trouxesse paz àquela família.

Rodolfo saiu da casa de Eulália aturdido. Não sabia para onde ir. Deu partida no carro e circulou pelas ruas da cidade em voltas perdidas. Cansado e abatido, parou na casa de Diógenes.

Após relatar ao amigo todo o seu drama, finalizou:

— E ainda fui ameaçado se contasse a qualquer outra pessoa. Mas, se não falasse pelo menos com você, eu enlouqueceria de vez.

— Pode confiar em mim. Cora nada saberá. Quanto a Chiquinha, também duvido que alguém vá contar-lhe algo.

— Tenho de partir daqui a dois dias. É muito pouco tempo. Não sei como meus pais irão digerir tudo isso.

— Seus pais ficarão felizes. Acreditarão que você foi um grande negociador. Dirão que logo encontrará outra moça, casar-se-ão e serão felizes. A viagem para a Europa será um bálsamo para esquecerem esse episódio.

— Meu coração está despedaçado...

Rodolfo estava em seu limite. Até então estivera alheio, mas, após desabafar com Diógenes, sentiu o peso da situação e deixou o pranto correr livre, às vezes entrecortado por soluços sentidos. Diógenes nunca vira o amigo em tal estado. Abraçou-se a ele, dizendo:

— Calma, não é o fim do mundo.

— Para você é fácil. Nunca quis saber de amor.

Diógenes afastou-se. Deu meia volta e foi até a cristaleira. Apanhou dois cálices, pegou uma garrafa de vinho do Porto. Encheu-os, deu um a Rodolfo. Após degustar seu vinho, tornou:

— Todo apaixonado sofre. Eu não quero passar pelo que está passando.

— Mas você não ama Cora?

— Não sei se amo ou não. Gosto dela, de sua companhia, de seu perfume. Estar ao lado dela é maravilhoso.

— E isso não é amor?

— Se é, não sei. Esta palavra está muito desgastada. Atribuem loucuras ao amor. Você mesmo não disse que esse crápula do Inácio é apaixonado por Eulália? Acredita que tudo que vem fazendo é por amor?

— Perdi Eulália e não quero mais ninguém. Nunca mais vou me envolver com mulher alguma.

— A escolha é sua. Estou com Cora porque sinto algo dentro de mim que me deixa tranquilo, sereno. Ao lado dela, não sinto necessidade de flertar com outras mulheres. Você, mesmo apaixonado por Eulália, não deixava de dar suas escapadelas.

Rodolfo bebeu seu vinho de um só gole. Após passar o indicador pelos lábios, disse, em tom amargo:

— Estou sendo castigado por Deus.

— Não meta Deus nisso. Está com a consciência pesada. Talvez agora esteja dando o devido valor ao sentimento que sempre nutriu por Eulália. Sou contra mentiras conjugais.

— Está sendo muito duro comigo.

— Estou sendo sincero.

— Está bem. Eu saía, sim, mas não estávamos casados.

— É a mesma coisa. Precisa aprender mais sobre o respeito. Rodolfo, pense bem: quando estamos comprometidos com alguém, devemos esquecer o resto. Ou ficamos com a pessoa que queremos ou ficamos de galho em galho. Não dá para querer ter as duas coisas ao mesmo tempo. É por isso que vivemos num mundo de escolhas.

— Mas meu amor por Eulália não tem nada a ver. O que faço diz respeito a mim e a mais ninguém.

— Você se julga o grande homem. E se Eulália também saísse com outros?

Os olhos de Rodolfo brilharam ensandecidos:

— Nem me fale uma coisa dessas! Ela é mulher, é outra conversa.

— E por que não? Vocês eram mais do que namorados. Se ela fez amor com você, por que não faria com outros?

— Porque ela não é venal. É reta, íntegra.

— Precisa aprender mais acerca de valor. Está tudo bagunçado em sua cabeça. A viagem vai ajudá-lo a refletir melhor sobre sua vida.

— A viagem para a Europa será de grande valia. Não posso mais ver Eulália, de jeito algum. Se o fizer, terei uma recaída, eu me conheço.

— Bem, se tudo caminha assim, é melhor seguir à risca o que Inácio lhe propôs. Agora, vá para casa, tome uma bela ducha e converse com seus pais. Eles ficarão contentes. E você está fazendo tudo isso por eles, não está?

Rodolfo ficou por um instante olhando um ponto indefinido. Depois reconheceu:

— Abri mão de minha felicidade, de meu amor, por eles.

— Logo encontrará outro amor.

— Nunca! Depois disso, não quero mais nada. Vou conquistar mulher por mulher, uma a uma. Flertarei com todas que puder e as descartarei tão logo as use.

Diógenes sentiu uma tontura profunda.

— Não diga isso. Está com a cabeça quente. O mundo não tem culpa de seu destino malogrado.

— Quero que o mundo se dane. Eu vou abusar de todas as mulheres. Só assim poderei enterrar esse sentimento que aquele ordinário está arrancando-me à força.

— Está nervoso. Tenha calma.

— Não, para mim chega. E a primeira a receber meu desprezo pelo belo sexo será Isabel Cristina.

Diógenes inquietou-se.

— Por quê?

— Ela sempre quis atrapalhar minha relação com Eulália. Ela vai pagar. Você vai ver o que farei.

Diógenes não teve tempo de retrucar. Rodolfo saiu a toda brida, sem ao menos fechar a porta. Diógenes pendeu a cabeça para os lados e colocou o dedo no queixo. Sentia que não conseguira demover o amigo da hedionda ideia. Rodolfo iria descontar em outras mulheres toda a humilhação pela qual tinha passado e cobrar a destruição de seus sonhos.

Enquanto Diógenes refletia, Rodolfo entrava no carro e partia em direção à casa de Isabel Cristina, acompanhado por vultos sombrios e enegrecidos.

Chegando lá, ajeitou a roupa amarrotada e tocou a campainha. Foi com enorme prazer que Isabel Cristina o recebeu.

— Mas que surpresa agradável!

Chegou mais perto e cumprimentou-o. Após beijá-lo na face, disse temerosa:

— O que é esta mancha de sangue no canto da boca?

— Nada. Mordi os lábios — mentiu.

— Já está escurecendo. Gostaria de jantar?

Rodolfo coçou a nuca. Não percebia, mas os vultos continuavam grudados em seu corpo. Ele começou a sentir um calor avassalador, um desejo incontrolável. Se não se segurasse, era capaz de agarrar Isabel ali mesmo. Conteve-se ao máximo.

— Na verdade, gostaria de passear, dar uma volta.

— Posso ir junto? — soou uma voz próxima a eles.

Ambos voltaram os olhos em direção à voz. Era Chiquinha. Isabel respondeu, atritando os dentes:

— Claro que não!

— Por que não? Elói logo virá jantar conosco. Poderemos sair os quatro, o que acham?

Rodolfo estava explodindo em desejos. Estava difícil segurar-se.

— A que horas Elói chegará?

— Lá pelas oito. Tem mais de hora ainda.

— Então eu e sua irmã poderíamos ter uma conversa reservada?

Chiquinha estranhou. Os olhos de Rodolfo revelavam sua inquietação. Ela estava achando aquele comportamento esquisito. Como podia estar sozinho, sem Eulália por perto? Isabel Cristina interveio:

— O que está esperando? Sabe que papai e mamãe estão no clube. Não virão jantar. Podemos esperar um pouco mais. Parece que está desconfiada.

Chiquinha tentou dissimular:

— Não fica bem recebermos Rodolfo assim. Papai não está...

— O que é isso agora? Se papai soubesse o que anda aprontando com Elói, ficaria escandalizado.

— Não se atreva a falar assim comigo.

— Então não me amole. Está nos atrapalhando.

Envolvida pelo magnetismo de Rodolfo, Isabel pegou em seu braço e conduziu-o até graciosa saleta.

— Aqui está melhor?

Rodolfo estava cada vez mais inquieto. Embora cheio de desejo, percebeu que Chiquinha ouvia a conversa pela fresta da porta.

— Não poderíamos subir?

Isabel corou. Estava disposta a ter Rodolfo nos braços, mas estava achando tudo estranho.

— Lá em cima?

— É. Seus pais não estão. Os empregados também nada falarão. Seus pais não vão saber. Gostaria de ficar mais íntimo. Há tantas coisas que gostaria de lhe dizer — ajuntou, enquanto sussurrava em seu ouvido.

Isabel estava inebriada de tanto desejo.

— Então vamos.

Ele abriu a porta da sala e lá estava Chiquinha, que, sem graça, procurou disfarçar. Isabel lançou-lhe um olhar reprovador.

— Vamos subir.

Chiquinha não se conteve:

— Mas que atrevimento! Em nossa casa?

— Só porque você faz fora?

— Cale a boca.

— Cale você. Venha, Rodolfo, deixe essa boba de lado.

Chiquinha também cometia seus desatinos. Estava apaixonada, e o casamento fora marcado às pressas. Estava visivelmente consternada com o comportamento de Isabel Cristina. Na verdade, arrependia-se de ter participado do jogo da irmã. Tentava manter a consciência tranquila. Dizia para si:

— Não fiz nada. Não precisei fazer nada. Isabel fez tudo. Se Rodolfo está aqui, não é por minha culpa. Ele veio porque quis.

Por mais que tentasse se escusar, a dor na consciência lhe oprimia o peito. No fundo, Chiquinha sabia que não importava o que fizera ou não; valia a intenção. E ela teve intenção de prejudicar o namoro de Eulália com Rodolfo. Sentia-se culpada e amedrontada.

Enquanto isso, Rodolfo esfregava-se em Isabel.

— Estou louco por você. Quero-a agora.

Isabel sentiu os arroubos do moço. Tentou acalmá-lo.

— Espere um pouco. Vamos conversar primeiro. Nunca fiz nada antes.

— Não se faça de santa. Sei que sempre me desejou.

Isabel queria se entregar, sempre quis, mas não daquela forma. O jeito como Rodolfo a olhava a amedrontava. Não era bem assim que havia planejado entregar-se a ele.

— Vamos com calma. Elói logo vai chegar. Nem a porta eu tranquei. Deixe-me trancar a porta.

Isabel Cristina correu até a porta e pensou em sair, mas sentia um calor insuportável no corpo. Trancou a porta e, ao virar-se, Rodolfo atirou-se sobre ela, deixando-a indefesa ante sua força.

Rodolfo, juntando sua demência à das entidades cheias de lascívia, parecia um animal. Arrancou e rasgou suas roupas e as de Isabel. Ao mesmo tempo que desejava por aquele momento, a jovem estava assustada com a brutalidade do rapaz. Rodolfo estava fora de seu juízo perfeito e a possuiu ali mesmo, no chão, perto da porta.

Logo depois de aconchegar-se no colo de Berta, Eulália sentiu uma angústia perturbadora.

— Preciso fazer algo.

— Não há o que fazer. O doutor Inácio está lá embaixo. Não pode sair agora.

— Ele não manda em mim. Se eu não falar com Rodolfo, enlouquecerei.

— Ligue para Cora.

— Por que ligaria para ela?

— Bem, além de sua amiga, ela é sensata, correta. Poderia ajudá-la a se acalmar.

— Tem razão, Berta. Vou tentar.

Eulália saiu em disparada do quarto, desceu as escadas em saltos e parou no corredor. Pegou o telefone e discou para a amiga.

— A senhorita Cora não está. Quer deixar recado?

Eulália colocou o fone no gancho desolada.

— O que foi? — interpelou-a Berta.

— Não está. Preciso falar com ela, com alguém.

— Tenha calma. Pode ser que esteja na casa de Diógenes.

— Oh, Berta! Por que não pensei nisso? Acha que Rodolfo poderia estar lá?

— Numa situação dessas, ele deve ter procurado o amigo em busca de apoio.

— Isso é verdade. Quem sabe estão juntos? Vou ligar já.

Cora estava sentada com Diógenes segurando suas mãos, enquanto ele lhe contava à sua maneira o que havia ocorrido com Rodolfo. Diógenes procurou omitir a maioria dos detalhes para salvaguardar o amigo. Cora assustou-se ao saber da maneira como ele saíra da casa de Diógenes.

Enquanto Cora tentava concatenar seus pensamentos, a empregada adentrou a sala de estar:

— Senhor Diógenes, há uma ligação para o senhor.

Ele se levantou e foi até a mesinha de telefone.

— Alô.

— Diógenes, aqui é Eulália.

— Parece que as coisas não estão bem, não é?

— Não, não estão. Você não imagina o que nos aprontaram. Preciso tanto falar com Cora!

— Ela está aqui.

— Posso ir até aí?

— Venha. Cora tem o dom de acalmar as pessoas, e você precisa de tranquilidade.

— Obrigada. Diga a ela que estou indo.

Eulália desligou o telefone. Correu até o saguão, pegou sua bolsa e saiu. Inácio e Honório não tiveram tempo de impedi-la.

— Aonde ela foi, Berta?

— Foi encontrar-se com Cora, doutor Honório.

— Não as quero juntas — replicou Inácio.

Berta objetou:

— São amigas há muito tempo.

Inácio olhou-a com rancor.

— Fique quieta, sua insolente. Onde já se viu uma governanta que se mete nos assuntos de família?

Berta baixou os olhos.

— Desculpe, doutor Inácio.

— Assim está melhor. Quando casarmos, você irá conosco. Quero ver se vai se meter em nossas vidas. Qualquer deslize de sua parte e eu a mando de volta à Alemanha.

— Por favor, doutor Inácio, não faça isso. Eu gosto muito da menina Eulália. Adoro dona Laura. Não me mande embora, por favor.

— Então não se meta. Depois não venha dizer que sou mau patrão. Eu avisei.

Berta esfregou as mãos com força. O que o destino reservava a ela e a Eulália? Cabisbaixa e pensativa, deu meia-volta e foi para a cozinha providenciar o jantar.

Capítulo 18

Eulália chegou em pouco tempo à casa de Diógenes. Ao abraçar Cora, não conteve o pranto.

— Veja o que está acontecendo conosco. Não pode ser verdade.

— Calma, minha amiga. Tudo se ajeita nesta vida. Venha, entre.

Eulália entrou e, ainda em lágrimas, cumprimentou Diógenes. Depois, tirou o bilhete amassado de sua bolsa e entregou-o ao casal.

— Acham que ele seria capaz disso?

Diógenes tentou acalmá-la:

— Só pode ser uma farsa!

— Mas eu tenho de perguntar a Rodolfo se foi ele quem escreveu. Estou muito ansiosa.

— Calma — salientou Cora. — Não se desespere. Diógenes é advogado, Elói também. Todos podem reunir-se e procurar uma saída.

— Tenho medo do que Inácio possa nos fazer. Temo pela integridade física de Rodolfo. Por falar nele, pensei que estivesse aqui.

— Ele esteve — retrucou Diógenes.

— E aonde foi? Liguei para a casa dele. Não está.

Diógenes sabia aonde Rodolfo tinha ido. Não podia falar. Mentiu:

— Disse que ia dar umas voltas. Estava muito nervoso.

— Há algo que não se encaixa nessa história. Ele me ama, não vai me trocar por um punhado de libras. E está na cara que ele foi forçado a escrever este bilhete.

— Não é bem assim. Ele fez uma escolha.

Eulália levantou-se indignada.

— Como pode falar-me assim? Então sou uma mercadoria, que Rodolfo escolhe se quer ou não? Inácio é sórdido.

Aprontou alguma, tenho certeza. Além do mais, confio no amor que Rodolfo sente por mim. Ele nunca seria capaz de me trair.

— Não coloque toda a culpa nas costas de Inácio. Rodolfo fez o que achou certo.

Eulália olhou desconfiada para Diógenes:

— Sabe de algo que não sei?

Ele procurou dissimular:

— Não sei de nada. Rodolfo é meu amigo.

— E o que ele lhe contou?

— Que trocou o casamento de vocês pela liquidação das dívidas da família.

Eulália balançava a cabeça para os lados.

— Não é verdade. Não pode ser.

Cora tranquilizou-a:

— Calma. Vamos esperar que ele chegue em casa. Se quiser, eu e Diógenes a acompanhamos. Faremos o que for possível.

A empregada apareceu novamente na sala.

— Doutor Diógenes, há uma moça aflita na linha. Quer falar com o senhor.

Cora e Eulália entreolharam-se. Quem poderia ser?

Diógenes foi até o aparelho. Eulália fez sinal a Cora, e ambas foram logo atrás.

— Quem fala?

— Diógenes, é Chiquinha.

— Olá, Chiquinha. Como vai?

Eulália e Cora carregavam uma expressão interrogativa no semblante. Por que Chiquinha estava ligando para a casa de Diógenes?

Do outro lado da linha, Chiquinha falava aflita:

— Papai e mamãe não estão. Elói deve estar a caminho, não consigo localizá-lo. Restou-me você.

— O que está havendo?

— Rodolfo está aqui.

Diógenes procurou disfarçar.

— É mesmo? Que coisa!

— Ele está no quarto com Isabel Cristina. Ela não para de gritar. Venha para cá, por favor. Estou com medo. Pensei em chamar a polícia, mas não quero escândalos.

O semblante de Diógenes transformou-se e ele empalideceu. Em instantes, ficou branco como cera.

Cora pegou o telefone da mão do namorado.

— O que foi, Chiquinha?

— Cora, é você?

— O que está acontecendo?

— Já falei para Diógenes. Rodolfo está aqui. Corram para cá, pelo amor de Deus.

Cora ia falar, mas Chiquinha desligou. Eulália estava atordoada:

— O que foi desta vez?

— Chiquinha pediu para irmos até sua casa. Rodolfo está lá.

— Rodolfo na casa de Chiquinha? — gritou histérica.

— Parece que sim.

— Só pode ser Isabel Cristina.

Diógenes ia falar, mas conteve-se.

"Essa história ainda vai dar muito pano para a manga", pensou.

Sem tempo de manter uma linha lógica de pensamento, Diógenes pegou o carro e logo estavam os três — ele, Eulália e Cora — estacionando na porta da casa de Chiquinha.

Com o barulho do automóvel, Chiquinha correu até o jardim. Estava visivelmente abalada. E assustou-se ainda mais com a presença de Eulália. Por essa ela não esperava.

— Diógenes, suba. Não sei o que acontece. A porta está trancada.

— Onde está Rodolfo? — inquiriu Eulália.

Chiquinha, olhos suplicantes, pediu ajuda a Cora.

— Venha, Eulália, vamos nos sentar. Diógenes vai ter com Rodolfo.

— Mas o que ele faz aqui na casa de vocês? Onde está sua irmã?

Chiquinha estremeceu. Não sabia o que responder.

— Onde está sua irmã? — reinquiriu Eulália.

— Bem... humm...

Eulália desgrudou-se de Cora, empurrou Chiquinha com força e correu atrás de Diógenes.

Ele começou a bater na porta, porque também se assustara com os gritos angustiantes de Isabel Cristina.

— Abram! Sou eu, Diógenes. Vamos, Rodolfo. Abra a porta.

Isabel implorava por socorro. Diógenes não se conteve e, com gestos fortes, foi arremessando o próprio corpo contra a porta, até arrombá-la.

A cena que se seguiu foi de extrema repugnância visual e emocional. Diógenes permaneceu hirto, e Eulália só não foi ao chão porque havia sido amparada por Chiquinha e Cora, que estavam logo atrás dela. Ficaram todos estarrecidos.

Ao lado da cama, no chão, Rodolfo continuava deitado sobre Isabel Cristina. A moça estava praticamente despida, toda arranhada, com os olhos arroxeados. Rodolfo, semidespido, continuava cavalgando sobre ela com fúria bestial. Após o horror a que assistiam, Diógenes correu e a muito custo arrancou Rodolfo de cima de Isabel Cristina. Ela, desesperada, vendo-se livre daquele brutamontes, puxou uma coberta e enrolou-se, abatida e constrangida, chorando compulsivamente.

Eulália sentiu-se aniquilada em seus sentimentos. A cena selava seu destino. Agora tudo se encaixava. Rodolfo amava seu dinheiro, era verdade.

— Rodolfo, o que significa isso?

Ele nada respondeu. Permaneceu mudo, cabeça baixa, as lágrimas escorrendo pelas faces.

— Como pode dizer-se apaixonado? Depois de tudo que aconteceu hoje, vem deitar-se nos braços dessa vagabunda?

— Não sei o que dizer...

Diógenes interveio:

— Calma, Eulália, ninguém tem condições de conversar no momento. Volte para casa. Cora irá acompanhá-la. Depois conversaremos.

— Não temos o que conversar. Ninguém veio fofocar. Eu mesma presenciei essa imundície. Meus Deus do céu! Há quanto tempo isso vem ocorrendo?

Rodolfo balbuciou:

— Foi a primeira vez...

Eulália explodiu em fúria. Foi até Rodolfo e deu-lhe forte tapa no rosto.

— Cretino! Ainda por cima tem coragem de dizer-me que foi a primeira vez? Então você realmente foi o autor deste bilhete.

— Que bilhete?

— Ora, não se faça de desentendido. — Eulália pegou novamente o bilhete da bolsa e jogou-o na cara do amado. — Agora tudo se encaixa. Inácio pode ser um crápula, mas você é pior do que ele. Você não presta.

Eulália não conseguia mais articular palavra. Encontrava-se emocionalmente fragilizada. Cora abraçou a amiga com força.

Chiquinha, que até aquele momento assistia a tudo emudecida, correu até a irmã. Isabel Cristina nada falava, estava alheia, as lágrimas escorriam pelo canto dos olhos. Sentia a dor física e moral massacrar-lhe o espírito.

Rodolfo começou a chorar copiosamente e Diógenes tentou, a custo, acalmá-lo.

Eulália perdeu o rumo. Pela primeira vez na vida sentiu-se desamparada, sem apoio, sem ninguém.

Ninguém sabia o que dizer ou fazer. Estavam chocados demais com o ocorrido. De repente, Eulália afastou-se de Cora, colocou as mãos no rosto e deu um grito rouco, que ecoou por toda a casa. Enfurecida, dizia:

— Nunca mais quero vê-los! Estavam todos tramando nas minhas costas.

Cora voltou a abraçá-la e Eulália empurrou-a com força.

— Você só fala em forças universais. Como me explica uma cena dessas? Qual sua explicação para algo tão repugnante? E por que tenho de passar por isso? Como posso continuar sendo amiga de uma mulher que vai se casar com o melhor amigo de um crápula como Rodolfo?

Cora não teve tempo de esboçar reação, e Eulália continuava afogada em sua fúria:

— E você, Chiquinha? Não tem vergonha do que fez a Elói? Como pode ser tão falsa?

Chiquinha carregava uma expressão singular no semblante.

— Não estou entendendo.

— Você sabe o que quero dizer. Agora, vendo tudo isso, sei que você e Isabel Cristina são farinha do mesmo saco. Ela enganando a mim, e você a Elói.

— O que está querendo me dizer? Está fora de seu juízo perfeito.

— Fora de juízo? Você também não presta. Eu a odeio.

Ainda abraçada à irmã, Chiquinha não sabia o que mais dizer. Mas Eulália continuou, colérica:

— Estou certa de que você já sabia da relação entre Rodolfo e sua irmã. Meu Deus! Como fui tola, imbecil; a única que nunca percebeu nada.

Com olhos injetados de fúria endereçados a Diógenes e Rodolfo, sentenciou:

— Vocês não perdem por esperar! Quanto a você, Diógenes, um dia ainda vai lhe arder a consciência por ter acobertado essa relação aviltante entre seu amigo e essa vagabunda. E você, Rodolfo...

Eulália mal conseguia falar. O choro entrecortava suas palavras. Estava no limite de suas forças. Fez um esforço hercúleo para continuar:

— Não merece o amor de nenhuma mulher. Espero que morra sozinho e infeliz. Só assim poderá um dia sentir um pouco da dor que sinto neste momento.

E, antes de sair, voltou o corpo para trás, encarando cada um deles, olhos nos olhos, pela última vez:

— Vocês nunca foram meus amigos. Não merecem credibilidade. A partir de hoje, estão todos mortos e enterrados.

Disse isso e saiu cambaleante, passos lentos, os cabelos em desalinho e uma dor profunda a dilacerar-lhe a alma.

Diógenes continuava serenando o amigo. Chiquinha levantou Isabel Cristina com cuidado e conduziu-a até o banheiro. Cora ficou ali, sentada na cama, fazendo uma prece, solicitando do Alto forças para serenar aqueles corações aflitos.

Eulália saiu da casa de Chiquinha caminhando lentamente, olhando para o chão, e levou um bocado de tempo até chegar a sua casa. A distância entre as duas residências não era grande, e em meia hora ela chegou, olhos esbugalhados, cabelos em desalinho, o corpo alquebrado.

Berta estava na porta, aflita. Correu até o portão:

— Minha menina, o que houve?

Eulália encarou-a de frente. Sem mover um músculo ou esboçar qualquer reação, disse laconicamente:

— Nada. Estou ótima.

Sua aparência estava horrível. A coloração roxa acentuara-se e estendia-se sob os olhos. A pele estava branca como cera. Berta balançava a cabeça para os lados enquanto falava:

— A menina não está bem. Vou chamar sua mãe.

— Não faça isso! Vou até a sala de jantar. Inácio ainda está aí?

— Sim, está.

— Venha comigo, Berta.

A governanta nada entendeu. Eulália adentrou a casa, parou no saguão, olhou-se no espelho e ajeitou timidamente os cabelos. Fez sinal para Berta e dirigiram-se até a sala de jantar.

Inácio e Honório levantaram-se. Laura permaneceu sentada, olhos tristes para a filha.

— Estávamos preocupados. Onde esteve?

— Despedindo-me de amigos.

Inácio e Honório entreolharam-se. Eulália falava estranhamente.

— Não quer sentar-se?

— Não. Estou enjoada. Prefiro comer mais tarde.

A jovem deu mais um passo em direção a Inácio. Encarando-o friamente, considerou:

— Aceito seu pedido de casamento. Quanto mais cedo o realizarmos, melhor.

Inácio surpreendeu-se.

— Mesmo? Posso correr com os proclamas?

— Pode. Faça isso o mais rápido possível.

Honório ficou ressabiado.

— Por que mudou de ideia tão rapidamente?

Inácio dirigiu-lhe um olhar reprovador. Por que questionar a filha? Se ela estava concordando de bom grado em casar-se, por que o velho não mantinha a boca fechada?

Eulália concluiu:

— Papai, Inácio é o homem certo para mim. Serei sua esposa.

Laura levantou-se. Correu até a filha e abraçou-a com ternura.

— Não precisa tomar uma decisão dessas tão rapidamente. Afinal, temos tempo. Trata-se de uma resolução que mudará o rumo de sua vida. Seja cautelosa.

— Não importa, mamãe. Papai estava certo: Rodolfo não presta. Foi melhor saber de tudo antes. Inácio será um bom marido e procurarei ser uma boa esposa.

O jovem advogado sorriu maravilhado, feliz. Nunca imaginou que tudo fosse correr tão facilmente. Laura olhava a filha penalizada. Sabia que havia feito uma escolha guiada por emoções desconcertadas, não condizentes com os nobres sentimentos de sua alma.

Eulália, muito enjoada, puxou Berta pelo braço.

— Preciso subir. Não estou bem.

— Quer que eu vá junto? — inquiriu Laura.

— Não, mamãe. Berta me ajudará a trocar de roupas. Mais tarde ela me levará um lanche. Estou bem.

Dirigiu-se até Inácio e beijou-lhe a face.

— Boa noite, querido. Até mais.

O rapaz não encontrou palavras para responder à futura esposa. Estava extasiado. Eulália finalmente o aceitara. Era o homem mais feliz do mundo. Não precisaria mais tramar contra Rodolfo. Estava tudo certo.

Aliás, estava tudo tão certo e Inácio estava tão inebriado de felicidade que se esqueceu de registrar os documentos assinados horas antes por Rodolfo. Já que conseguiu tão facilmente desposar Eulália, o que mais lhe importava?

Honório e Laura voltaram a sentar-se e entreolharam-se ressabiados. O que havia feito a filha mudar de atitude tão rapidamente? O que a fizera aceitar um casamento forçado? O que estaria escondendo? Sem nada dizer, cada um com seus pensamentos fervilhando na mente, permaneceram cabisbaixos e jantando em silêncio.

Berta ajudou Eulália a despir-se e banhar-se. A jovem continuava enjoada e regurgitou duas vezes.

A governanta assustou-se.

— Vou ligar para o médico. Você não está nada bem. Os acontecimentos de hoje foram além da conta.

Eulália terminou de se arrumar. Até então nada falara.

— Sente-se, Berta. Precisamos conversar.

Berta atendeu-a e, solícita, sentou-se a seu lado na cama.

Eulália então começou a contar tudo que acontecera, desde a saída de sua casa até encontrar-se com Cora e Diógenes. Relatou a chegada à casa de Chiquinha e a cena horripilante que vira. Berta estava chocada com o que ocorrera. E o estranho era que Eulália não derramava uma lágrima sequer. Estava completamente desprovida de sentimentos.

Berta abraçou-se a ela para confortá-la.

— E agora, acha prudente tomar essa decisão? Não está fazendo isso por raiva de Rodolfo?

— Não. Rodolfo é um canalha que nunca mais quero ver nesta vida. Nem ele nem as pessoas que faziam parte de nosso meio, entre elas Cora e Diógenes, Chiquinha e Elói. Não os quero mais em minha vida. Eu a proíbo de atender a uma ligação que seja ou de recebê-los em casa.

— Mas casar-se com o doutor Inácio? Você não o ama.

Eulália sorriu. Havia uma ponta de sarcasmo no canto de seus lábios.

— Inácio vai pagar por tudo isso. E começo minha vingança com isto aqui.

A moça fez sinal com a mão apontando para a barriga. Berta não entendeu o gesto.

— Com isso o quê?

— Ora, estou grávida de Rodolfo.

Berta tapou a boca com a mão, para evitar o grito de surpresa e horror.

— Grávida de Rodolfo? Como sabe?

— Estive com o doutor Antunes há alguns dias. Foi confirmado o diagnóstico.

— Tem certeza? Ele é moço, recém-formado.

— Isso é besteira! Trata-se de excelente médico. Resolvi tratar-me com ele porque é jovem. Imagine eu procurar um médico de nossas relações... Estaria frita! Ligue para o doutor Antunes, se quiser. Estava me sentindo estranha, enjoada. Achei que seria ótimo ter um filho. Seria uma maneira de papai aceitar de vez nosso casamento. Rodolfo seria meu, não haveria escapatória.

Berta tornou aflita:

— Então, minha menina, converse com seu pai. Podem reverter a situação. Ainda há tempo. Ademais, Diógenes é advogado e pode ajudar Rodolfo a se defender.

Eulália levantou-se colérica:

— Está louca? Aquele canalha nunca saberá que espero um filho dele!

— Não vai contar a Rodolfo? Nem mesmo ao doutor Inácio?

Eulália virou-se para Berta feito bicho raivoso:

— Nunca! E, se algum dos dois ou alguma outra pessoa souber disso, eu juro que enlouqueço de vez e mando-a de volta para a Alemanha.

— Não há necessidade de ameaças. Pode confiar em mim.

— Não sei, não confio em mais ninguém. Se queriam que eu me tornasse uma mulher fria e sem sentimentos, conseguiram. Nunca mais serei a mesma. E infelizmente terei de parir esta criança.

— Não fale desse jeito. Uma criança é uma bênção.

— Nas condições em que estou? Acho que não serei capaz de amar esta criança. Não percebe que, toda vez que a encarar, estarei vendo Rodolfo em minha frente? Cheguei a pensar em arrancar este infeliz de dentro de mim.

Berta levantou-se assustada.

— Não faça isso, menina Eulália. Esse espírito precisa reencarnar. Está tendo a preciosa chance de voltar à Terra. Você não pode tirá-lo.

— Que espírito? Acha que vou compactuar com a linha de pensamento de Cora, de espíritos e tudo o mais? Pegue todos os livros que ela me emprestou e devolva-os o mais rápido possível. Não quero mais nada dela aqui em casa, entendeu?

— Entendi. Mas não faça nada. Essa criança precisa nascer.

Eulália passou a mão na barriga como se estivesse tocando algo asqueroso. Com ar repugnante, serenou a governanta:

— Pode ficar tranquila que não cometerei desatinos. Infelizmente esse filho vai ser minha vingança contra Inácio. Ele pode ter-me, serei sua esposa, mas o capricho de enganá-lo e de saber que esse filho não é dele vai trazer-me um pouco de felicidade.

Berta apanhava os livros na estante do quarto e alguns outros sobre o criado-mudo. Enquanto fazia isso, orava com fervor, pedindo aos amigos espirituais que ajudassem sua pobre menina.

— Queridos amigos, não permitam que Eulália cometa essa loucura. Sei que o momento é difícil, muito delicado. Esse espírito precisa reencarnar e viver conosco, tenho certeza. Ajudem-na a serenar e aceitar essa gravidez. Que Deus a proteja!

Capítulo 19

Rodolfo partiu para a Europa dois dias depois daquela tarde triste e inesquecível. Ao ver seus pais acenando para os outros familiares, sorrindo alegres, sentiu-se bem. Vê-los felizes e livres de dívidas deixava-o em paz com sua consciência.

Mas e seu coração? Ao pensar nisso, uma densa nuvem pairou sobre sua cabeça. Era melhor esquecer o amor, como falara Diógenes. De que adiantava se apaixonar? Isso só trazia dor e sentimentos desagradáveis. Ele nunca mais deixaria seu coração envolver-se com mulher alguma. Todas eram venais e não mereciam respeito.

Rodolfo ruminava os pensamentos e pensava, pensava. E o que fizera com Isabel Cristina? Ao pensar nela, sentiu-se envergonhado. Andando no convés, dizia de si para si:

— Por que não consegui me segurar? Que força foi essa tão violenta que me fez praticar ato tão hediondo? Espero que Isabel um dia me perdoe; eu não queria magoá-la.

O jovem falava e chorava, em soluços:

— E agora? Nunca mais poderei ver Eulália. Por que tenho de ficar sem meu amor? Por quê?

Rodolfo não conseguia mais articular palavras. Seu coração estava dilacerado, o peito oprimido. Sentia fortes dores na fronte. Foi emocionalmente fragilizado que chegou à Europa.

Isabel também ficara arrasada. Envergonhada e triste, pediu socorro à irmã, mas Chiquinha, indignada com o ocorrido, não lhe deu suporte.

— Você nos envergonhou a todos.

— Ele me tratou feito animal. Senti-me humilhada. Jamais pensei que Rodolfo fosse capaz de uma atitude tão vil.

— Os homens são capazes de qualquer coisa. Olhando para você, noto que terei de adotar nova postura em relação a Elói.

— Mas ele não tem nada a ver com tudo isso. Elói é diferente, vai casar-se com você. Ele a ama.

— Mas no fundo todos os homens são iguais. Nunca deixarei Elói abusar de mim. Eles fazem isso só porque nós, mulheres, somos mais fracas? A sociedade pode nos diferenciar dos homens, mas eu sei de meus valores. Antes que Elói tome qualquer atitude machista, vou me prevenir.

— Está sendo muito dura com ele.

Chiquinha estava transtornada.

— As aparências enganam. Tornando-me fria, tenho certeza de que Elói me respeitará. Mesmo amando, os homens não gostam das libertinas. E eu já cometi meus deslizes, poderia ter cometido desatinos piores.

— Está falando de mim, não é mesmo?

— Você procurou e achou. E eu quase participei desse jogo sujo! Minha consciência chegou a pesar, mas eu não fiz nada. Você colocou na cabeça que queria Rodolfo a qualquer custo.

As lágrimas escorriam pelas faces de Isabel.

— Não precisava ser desse jeito. Eu não merecia passar por tamanha dor e vergonha.

— Quanto à dor, talvez possa ter havido excessos, mas, quanto à vergonha, acho melhor tomar providências.

Isabel assustou-se:

— Que providências?

— Ora, vai continuar morando aqui, conosco? Se fosse só eu a presenciar aquela cena... Mas não, outras pessoas presenciaram. Isso é um dos motivos que está fazendo com que eu não queira mais vê-los.

— Vai cortar os laços de amizade com Cora só por causa disso?

— Como posso continuar sendo amiga de Cora se ela vai casar-se com Diógenes? Não vê que ele se tornará sócio de Rodolfo?

— Não fale mais o nome dele nesta casa!

— Não falarei, e você também não vai continuar nesta casa.

— Não estou entendendo.

— Eu tenho um nome a zelar, vou casar-me. Em festas de casamento sempre há fuxicos. Não posso permitir que você participe.

— E o que quer que eu faça? Que fique escondida? Nunca!

Chiquinha enfureceu-se. Chegou até Isabel e balançou seus braços com força:

— Escute aqui, você não dá ordens. Você foi a culpada de tudo. Você ficou atrás de Rodolfo, teve o que mereceu. Agora está na hora de sumir, de tomar seu rumo. Ou acha que algum homem decente aqui vai querer uma mulher desonrada?

— Como ousa? E por acaso você também não é uma desonrada?

Chiquinha estapeou a irmã com força.

— Meu caso é diferente. Eu amo Elói, e ele vai casar-se comigo. Mas e quanto a você? Isabel, por Deus, você se tornou uma perdida! Precisa mudar-se, sumir do mapa.

Isabel Cristina estremeceu mais uma vez. O que Chiquinha estava tramando?

— Pois bem, eu sumo e vou para onde?

— Já está tudo acertado. Partirá na semana que vem para Portugal. Vai ficar naquela quinta que papai herdou de tia Socorro.

— E quem disse que vou morar lá? Está louca, Chiquinha? Nem arrastada!

— Assim que papai chegar, conversaremos. Ou conto tudo que aconteceu aqui.

— Você não seria capaz. Eu nego!

— Não adianta. Eu guardei suas vestes rasgadas. E, se isso não for prova suficiente, eu mostro a papai as mordidas que tem no corpo todo.

Isabel não sabia o que dizer. Chiquinha tornara-se uma mulher fria, presa às aparências sociais, sentia medo de ter a reputação arranhada. Por causa disso, teria de pagar o preço, indo viver longe dos pais, dos amigos? Por que a vida estava sendo tão rude?

Restou à pobre Isabel, dias depois, suplicar aos pais para deixá-la passar uns tempos na quinta instalada em Coimbra, que o pai herdara anos atrás.

Os pais de Isabel Cristina nunca souberam do triste incidente e estranharam o pedido da filha. Chiquinha tentou convencê-los até a exaustão. Como estavam acostumados aos mimos e extravagâncias que Isabel sempre fez a vida toda, atenderam a seu pedido e providenciaram uma passagem o mais rápido possível.

Os pais decidiram a princípio que ela partiria rumo a Portugal logo após o casamento de Chiquinha e Elói, que se realizaria dali a alguns dias. Mas Chiquinha infernizou tanto os pais que, uma semana depois daquele incidente, Isabel Cristina, aniquilada em seu íntimo, violada física e moralmente, partiu, para nunca mais voltar.

Chiquinha levou seu plano adiante. Passou a viver dali em diante uma relação fria e insípida com Elói, por conta do incidente envolvendo sua irmã e Rodolfo.

Elói tentou, mas o orgulho de Chiquinha foi mais forte. Ele foi acomodando-se à nova postura da esposa, não reclamando. Pelo contrário, com o passar do tempo, também se fechou em seu mundo e tornou-se um homem sisudo e hostil.

O casal deixou de atender às ligações de Cora e por duas vezes não quis recebê-la, nem mesmo quando ela se mudou para casa próxima.

Chiquinha, nas raras vezes que saía de casa, caso avistasse a amiga, desviava os olhos e fingia não notá-la. Cora compreendia a atitude dela e, sempre que possível, enviava-lhe vibrações de bem-estar, para que, quem sabe um dia, pudessem voltar a se relacionar.

Passados seis meses, Rodolfo regressou da Europa. Não era mais o jovem achincalhado e desesperado que partira meses antes. Agora ele estava mais bonito, mais sedutor e, infelizmente, cada vez mais longe dos verdadeiros propósitos firmados antes de nascer.

Além de desprezar o sentimento das mulheres, Rodolfo associou-se a homens de pouca ou nenhuma fé e tornou-se um dos primeiros empresários brasileiros a adulterar as mesas de jogos nos cassinos, juntamente com Diógenes.

Diógenes e Cora casaram-se logo depois. O dinheiro fácil que ele ganhava adulterando as mesas de jogos era muito mais atrativo do que o que obteria montando um humilde escritório no centro da capital. Cora insistia para que ele não seguisse por caminhos tortuosos, que um dia tudo isso lhe seria cobrado, mas Diógenes não se preocupava com o futuro. Sempre dizia:

— Não acredito em nada, nem mesmo em Deus. Eu respeito seu modo de pensar porque é minha mulher. Pode ter as ideias mais disparatadas possíveis, como acreditar em espíritos, por exemplo. Eu prefiro acreditar no dinheiro fácil e na vida boa que poderemos dar a nossos filhos.

Não havia quem pudesse demovê-lo de tal ideia. Diógenes e Rodolfo permaneceram no ramo, e com o passar dos anos ficaram ricos. Rodolfo, mais esperto, transformava boa parte do ganho ilícito em moeda estrangeira, como dólar ou libra.

Diógenes gastava sua parte em viagens, restaurantes e tudo o mais que o dinheiro pudesse comprar. Não economizava um tostão. Apaixonara-se pelo luxo, e fazia questão de ostentá-lo em todo lugar.

Cora, percebendo a ganância desmesurada do marido, economizava nas despesas domésticas e, sem que Diógenes percebesse, transformava as pequenas economias do cotidiano em poupança feita em nome dos filhos. No fundo, ela sabia que a maior parte do dinheiro ganho por Diógenes era ilícito e, vindo de maneira torpe, esvaía-se rapidamente.

Eulália, por sua vez, fechara-se em seu mundo. Aparentemente, toda a sociedade acreditava que ela fosse a esposa mais feliz do mundo, pois ela sempre soube, como ninguém, manter as aparências.

Com o passar do tempo, Inácio foi percebendo que não havia como atravessar o bloqueio que ela criara. Percebera, tarde demais, que fora inútil forçá-la a casar-se com ele. Não alimentava mais a esperança de que um dia Eulália mudasse e se entregasse a ele.

A barriga dela foi crescendo e era com sabor vingativo que se deliciava com a gravidez. Ao ver o rosto de Inácio feliz, acreditando ser aquilo o fruto do amor de ambos, ria intimamente, antegozando o prazer de um dia esfregar na cara do marido que aquele filho não era dele. Eulália pedia todos os dias que seu filho nascesse do sexo masculino e a cada ano se parecesse mais e mais com Rodolfo, a fim de espicaçar os brios de Inácio.

Berta ajudou-a muito durante a gestação, mas, pouco tempo antes de o bebê nascer, Laura veio a desencarnar. Eulália sentiu-se muito triste. Sua mãe vibrava muito com a vinda do neto; mas, faltando pouco mais de um mês para o nascimento, ela partiu.

Após o casamento, Eulália mudou-se com Inácio para a casa que pertencia a Rodolfo, na avenida Angélica. A princípio Eulália recusava-se até a sair do quarto. Tudo lá lembrava Rodolfo. Por outro lado, embora sufocando seus sentimentos, era-lhe agradável morar na mesma residência que fora o lar de seu grande e inesquecível amor por tantos anos.

Embora mantivesse sentimentos contraditórios, nunca mais permitira Berta ou quem quer que fosse pronunciar o nome do ex-noivo. Isso fazia parte do passado, e Rodolfo infelizmente viveria através do filho prestes a nascer. Podiam tirar-lhe tudo, mas nunca o desejo de vingar-se secretamente de Inácio.

O tempo foi passando e os destinos se emaranhavam nos fios tecidos pelas escolhas de cada um.

Numa colônia espiritual próxima à orbe terrestre, a situação dos envolvidos por laços espirituais era um pouco diferente. Numa das várias praças arborizadas da colônia, um jovem de aspecto familiar corria célere. Com ar preocupado, parou defronte a um prédio enorme, todo envidraçado, com flores coloridas em vários matizes, descendo em cascata do topo do prédio.

O rapaz puxou um pequeno cartão do bolso esquerdo de sua camisa e conferiu-o. Na entrada, numa placa em bronze, lia-se:

Departamento de Orientação e Auxílio à Reencarnação.

— É aqui mesmo — disse de si para si.

Ele entrou a passos largos no saguão até deparar com sorridente moça:

— Tenho hora marcada no setor de Escolha de Provas. Qual andar, por favor?

— Vá até o final do corredor e tome o elevador. Fica no sétimo pavimento.

— Obrigado.

Ele continuou com passos rápidos até o elevador. Em instantes, chegava ao setor solicitado.

Um senhor de aspecto juvenil e olhar percuciente o saudou:

— Como vai, Wilson?

— Bem, senhor Emídio. Quer dizer, estou aflito.

— Primeiro esqueçamos os formalismos.

— Está certo. Mas encontro-me aturdido.

— Por quê? A falta de Amauri o deixou assim?

— Nem tanto. Amauri sempre foi um irmão para mim. Estou já com saudade.

— Você chegou na hora aprazada, como de costume. Mas onde estão Lúcia, Murilo e Maria Eduarda?

Wilson pigarreou por um momento. Tentou explicar a ausência dos demais, mantendo os olhos voltados para baixo:

— Lúcia está na casa de Chiquinha. Bem, sabe como é: ela quer participar do nascimento de Amauri. O senhor, quer dizer, você bem sabe quanto ela o ama. Está energizando a casa, já que Chiquinha mantém a mente com aqueles pensamentos perniciosos. Se as mães soubessem quanto um pensamento ruim atrapalha a gestação!

Emídio riu matreiro:

— É verdade. Bons pensamentos ajudam uma boa gestação. Infelizmente Chiquinha abriu um fosso em sua memória. Está confundindo-se nos sentimentos em relação a uma outra encarnação ao lado de Elói. Mas vamos dar tempo ao tempo. Ela terá muitos anos na Terra para livrar-se de suas culpas. E os outros?

— Murilo continua no vale. Disse que vai trazer Maria Eduarda a todo custo para cá. Sabe quanto ele a ama, não é mesmo?

— Sim, e como! Mas ela não consegue enxergar isso. Acha que os outros irão se aproveitar de sua ingenuidade. Pobre Maria Eduarda... Precisaremos estar atentos, ou então ela vai perder-se de Murilo novamente. Ainda bem que Rodolfo está reencarnado. Não poderão ficar muito íntimos, senão, bem, você sabe o que poderá vir pela frente.

Wilson ficou pensativo por um instante. Não se preocupava com Maria Eduarda. Aliás, eles tinham algumas diferenças e dispunham de toda a eternidade para saldá-las. Sua preocupação estava em outro lugar, muito distante daquela colônia.

Emídio captou com facilidade os pensamentos de Wilson e retrucou, generoso:

— Está certo. Você se encontra equilibrado. Vamos até lá.

Wilson dirigiu um olhar de agradecimento a Emídio e, num piscar de olhos, ambos estavam no interior de um quarto ricamente decorado com motivos infantis.

Os dois espíritos pararam a um canto. Wilson ia falar, mas Emídio fez sinal para que permanecesse quieto e observasse.

Wilson perpassou um olhar perscrutador pelo ambiente e qual não foi sua surpresa ao avistar o espírito de Laura. Parada próxima à cama de Eulália, Laura emanava fluidos salutares que entravam pelo coronário da filha e desciam por sua coluna, preparando-a para um parto saudável e sem complicações. Mas não eram os fluidos que saíam das mãos de Laura que admiraram os olhos de Wilson. Ela mantinha um aspecto jovial, os cabelos soltos e encaracolados deslizando suavemente pelas costas. Laura estava linda. Wilson não se conteve:

— Como a senhora está bonita! — exclamou.

Laura sorriu.

— Tive um desencarne tranquilo e meu espírito está com a consciência tranquila. Pelo menos foi proveitoso estudar as leis da vida antes de morrer. O resultado não poderia ter sido melhor.

— Soube que está fazendo um curso sobre sexualidade humana. Pretende especializar-se?

— O mais rápido possível. Afinal de contas, o que são vinte anos para nós? Quase nada. O tempo em nossa dimensão anda mais rápido. E lá na frente estarei em melhores condições de ajudar a todos vocês que me ampararam enquanto estava na Terra.

— É muita generosidade de sua parte, dona Laura.

— Esqueça o formalismo e me chame somente pelo nome.

Wilson olhou para Emídio e sorriu. Laura tornou amável:

— Sabe quanto gosto de Celina e de você. Ela nascerá dentro de um ambiente conturbado e crescerá assim. Inácio precisa desenvolver o amor genuíno e incondicional, porquanto ainda mantém traços de paixões obsessivas. Seu espírito vai aprender muito com o nascimento de Celina.

— Mas e se descobrir que ela não é sua filha?

— E o que importa o sangue? — interpelou-o Laura. — O amor é mais forte do que o sangue. Essa dura lição será benéfica para Inácio. Ele vai amá-la tanto, julgando-a ser fruto de seu amor com Eulália, que de nada desconfiará e somente saberá a verdade depois de cumprir seu tempo na Terra.

— Mas é esse ambiente perturbado que me aflige — replicou Wilson.

— Tem medo de que ela se perca novamente? Não acredita que seu amor seja mais forte do que os desejos mal conduzidos que ela traz de outras vidas?

— Não sei. Tentei por duas vezes, e o resultado foi desastroso. Tenho medo de que novamente Celina se perca na vida fácil. Não sei se suportarei.

— Cada um é responsável por si. As experiências e o meio onde Celina irá reencarnar facilitarão seu contato com o mundo do amor fácil, porquanto essa será a melhor maneira de ela se libertar das crenças erradas que tem acerca do sexo.

— É por essa razão que vai especializar-se nessa área?

— Também. Sabe que Honório partirá logo?

— Emídio me disse. Daqui a dois meses.

— Logo após o nascimento de Celina. Além do curso, preciso me preparar para voltarmos.

— Gostaria muito de participar do desenlace do doutor Honório — declarou Wilson —, mas os planos estão traçados e devo retornar logo.

— Já fez a reunião com Cora e Diógenes?

— Sim. Eles aceitaram com prazer. Afinal, somos amigos de longa data.

Emídio interrompeu-os:

— Wilson não precisava partir. Poderia dar assistência a Celina aqui do astral. Mas como ele é cabeça-dura...

— Não poderei errar de novo. Eu a amo e precisamos nos casar, pelo menos desta vez.

Laura riu com gosto.

— Sei o que é o amor. Sinto o mesmo por Honório. Infelizmente ele fez suas escolhas e terá de arcar com as consequências. Daqui a uns anos ele voltará à Terra junto a vocês. Vai ser difícil no início, mas, com o treinamento aqui no astral, acho que ele sairá vencedor.

Wilson considerou:

— Ele fez o que fez por amor à filha.

— Sim, eu compreendo. Mas ele não pode interferir desta maneira na vida das pessoas. Assim que desencarnar, vai especializar-se no comportamento humano.

Emídio riu sorrateiro:

— Honório ficará pouco tempo no astral. Vai se reciclar em alguns estudos e logo voltará à Terra. Fará parte de um grupo de encarnados responsáveis pela introdução do divórcio no Brasil.

— Divórcio? Logo Honório?

— Sim. O propósito real do casamento é unir as pessoas por meio de laços de sentimentos nobres. Infelizmente, muitos o vêm usando como artifício para unir fortunas, interesses outros que estão muito aquém dos sentimentos verdadeiros que unem os espíritos. No estágio em que se encontram, os encarnados necessitam ter um amparo legal.

— Você diz condições de poderem se separar sem carregar as marcas do desquite?

— Isso mesmo. Todos têm direito ao livre-arbítrio. A Terra é um grande laboratório para burilar os sentimentos. Os espíritos encarnados estão em evolução moral e emocional. Por esta razão, precisamos contar com escolhas erradas. As pessoas casam-se muito cedo, não têm discernimento suficiente para afirmar que a relação será duradoura até "que a morte os separe".

— Torcerei por Honório.

— Ele vai conseguir. E haverá ainda um dia em que as pessoas na Terra não mais precisarão de papéis para selarem o compromisso de união.

Após palestrarem por mais um tempo, Emídio fez sinal com as mãos. Wilson entendeu e prontamente o atendeu. Colocou-se próximo a Berta e deu-lhe um passe reconfortante. Beijou sua face com amor. Sussurrou em seus ouvidos:

— Obrigado, Berta. Mesmo abrindo mão de ser mãe de Celina nesta encarnação, tenho certeza de que irá amá-la como filha. Deus a abençoe.

Emídio pigarreou:

— Agora está na hora.

— Quero acompanhar tudo, inclusive o parto.

— Não, senhor! Já demos concessões demais. Precisamos voltar ao departamento. O tempo urge e, afinal, daqui a alguns anos vocês estarão juntos, e tenho certeza de que serão muito felizes.

— Assim espero.

Wilson despediu-se de Laura e pousou delicado beijo na fronte de Berta. Depois beijou delicadamente a testa e a barriga de Eulália. Entre lágrimas, Wilson abraçou-se a Emídio e em instantes ambos volitavam pelo espaço em direção ao Departamento de Orientação e Auxílio à Reencarnação.

Capítulo 20

O silêncio na casa era quebrado por alguns soluços entrecortados. Ainda recostada no sofá, Cora olhava para um ponto indefinido da sala, fitando o nada. De seus olhos ainda escorriam algumas lágrimas.

Amauri tirou o lenço do bolso do paletó e delicadamente estendeu-o a Cora. Nem ele nem Lúcia e Wilson sabiam o que dizer. Estavam com suas mentes processando pensamentos os mais variados possíveis.

A história contada por Cora aos meninos limitava-se somente aos fatos dos quais ela havia tomado conhecimento ou participado. Portanto as mentiras de Rodolfo acerca da gravidez de Chiquinha não eram de seu conhecimento. Em seu íntimo, após contar tudo que sabia aos meninos, Cora perguntava-se o porquê do comportamento estranho de Eulália em relação ao namoro de Lúcia com Amauri. Ainda passando o lenço que o rapaz lhe dera, considerou:

— Pelo menos agora vocês sabem sobre nosso passado.

— Pelo visto, Rodolfo não era tão crápula assim — interveio Lúcia.

Wilson dirigiu um olhar raivoso à irmã. Amauri aduziu:

— No final das contas, ele se tornou um homem infeliz. Não temos condições de julgá-lo. Era um homem apaixonado, teve de fazer uma escolha. Sabia que tanto uma opção quanto a outra seriam capazes de mudar o curso de seu destino e das vidas ao redor.

Cora aquiesceu:

— Isso é verdade. Eu vi em seus olhos a dor da perda. Acredito que até hoje ele esteja sofrendo as consequências de suas escolhas. Entendem que Rodolfo nada mais é do que um infeliz que não aceita o que escolheu e usa uma vida de comportamento duvidoso por medo de encarar a realidade?

Wilson meneou a cabeça.

— Pelo que ouvi da senhora, ele tinha tendências gananciosas quando se uniu a papai. Se amasse tanto assim dona Eulália, poderia ter acumulado riqueza e, agora que ela está livre, poderia casar-se com ela. Por que não o fez?

— Não sei. Contei aos três sobre minha amizade com Eulália e Chiquinha. Infelizmente, percebo em seus semblantes que falei coisas de Diógenes de que não gostaram. Mas a verdade precisa ser dita, por pior que seja.

Lúcia abraçou-se à mãe.

— Estou um pouco chateada, talvez. Mas no fundo sempre achei que papai tivesse essa maneira de lidar com o dinheiro. Eu e Wilson conversamos a respeito algumas vezes, mesmo quando papai estava vivo.

— É verdade — aquiesceu Wilson. — E tudo ficou muito mais claro quando o doutor Rodolfo me fez a proposta de lavagem de dinheiro. Estava claro que papai sempre soube como o sócio se comportava. Mas eu tenho outro tipo de crença em relação ao dinheiro e ao poder, por essa razão caí fora o quanto antes.

— Está certo, meu filho. Você não se deixa levar pelas aparências. A vida para você possui outros valores, tem outro sabor. Tenho certeza de que vai se dar muito bem. Afinal de contas, pude notar esse comportamento torpe de seu pai e economizar algum dinheiro. Graças a essas economias, não estamos vivendo tão apertados assim.

Wilson aproximou-se da mãe e beijou-lhe a testa, sem nada dizer. Amauri tomou a palavra, por fim:

— Bem, estou um pouco chocado...

Cora levantou-se e sentou-se ao lado dele, na outra ponta do sofá.

— É natural que esteja assim. Sei que para você é muito difícil ver que certos fatos não são como parecem. A vida realmente nos prega surpresas. Desculpe se me excedi ao falar em demasia de seus pais. Mas eles fizeram parte de minha vida por muito tempo.

— E ainda fazem, dona Cora. Enquanto a senhora falava, eu me recordava do passado, de minha infância. Essa mulher ardente, cheia de desejos e voluntariosa, não combina com minha mãe.

Lúcia riu.

— Mas combina com sua irmã. Agora sabemos de onde vêm certos traços de Maria Eduarda.

— Não é bem assim. Pelo que ouvi sobre minha mãe, ela nunca trapaceou ou tripudiou sobre ninguém. Teve suas desavenças com tia Isabel Cristina, e só.

Cora tornou amável:

— Após a ida de sua tia para Portugal, sua mãe ficou muito triste. Por mais doidivanas que Isabel fosse, ela era amiga de sua mãe. Chiquinha ficou sozinha e sem suas melhores amigas. De uma hora para outra, sua vida mudou. Ela se casou e logo depois você nasceu.

— Mas não era o que ela queria, dona Cora?

— Sim, mas o que aconteceu à sua tia deixou marcas profundas em Chiquinha. Tenho certeza de que ela se fechou em seu mundo, estarrecida e abalada. Achou que, se permanecesse assim fechada nos sentimentos, passando um verniz de frieza e sobriedade, pudesse distanciar-se de tudo que lembrasse sua juventude.

Amauri coçou o queixo, pensativo.

— Às vezes vejo um brilho reluzir nos olhos de minha mãe. Parece que há uma força, um desejo de amar...

— Chiquinha voltará a ser a mulher que sempre foi. Tudo tem seu tempo.

Amauri ia fazer outras perguntas a Cora. De uma certa maneira estava eufórico, porque sempre achou que um casamento deveria ser feito à base de amor e não de interesses. Desde pequeno acreditava ter sido o casamento dos pais feito à base de interesses, e agora, surpreso com as revelações de Cora, começava a mudar de ideia.

O jovem percebeu que seus pais se casaram por amor, mas por despreparo não souberam como conduzir o matrimônio. Por outro lado, pensava em sua tia Isabel Cristina. Ela lhe parecia tão diferente daquela mulher descrita por Cora! Será que sua tia tinha sido tão desmiolada assim? Agora podia perceber melhor as afinidades espirituais e entender o porquê de Maria Eduarda ser como era. Na verdade eram todas semelhantes, a irmã, a mãe e a tia. Essa revelação fez com que Amauri em seguida também pensasse na irmã. Perguntou a Cora:

— A senhora acha que minha irmã é uma cópia de minha tia?

— Não sei ao certo. Não conheço sua irmã, fica difícil perceber suas tendências.

— Mas ela se parece mais com minha tia do que com minha mãe. Por que teria de ser filha de minha mãe e não de tia Isabel Cristina?

— Porque a vida sempre faz tudo certo. Sua mãe despachou sua tia, temendo os comentários maledicentes e reprovando seu comportamento, ao invés de ajudá-la. Mas o casamento e a reputação eram mais importantes para ela. Chiquinha achou que, afastando a irmã do convívio diário, estaria livre de enfrentar seus medos e preconceitos. Então a vida lhe deu de presente Maria Eduarda. Chiquinha, assim, foi forçada a olhar para seus preconceitos. Já havia se afastado de você, não seria muito difícil estar longe dos dois filhos de uma vez só.

— Mas nunca vi minha mãe preocupar-se com Maria Eduarda. Pelo contrário, ela a trata com frieza.

— Sua mãe é apaixonada por Maria Eduarda. Tem medo de decepcionar-se outra vez.

Amauri estava preso num emaranhado de pensamentos. Wilson tornou, educado:

— Sei que você se encontra em estado de torpor, mas nada que mamãe nos contou explica o comportamento de dona Eulália em relação a seu namoro com Lúcia.

Cora ajuntou:

— Isso é verdade. Eulália sabe de algo que não sei. Precisamos nos encontrar e conversar.

— Dona Eulália não irá recebê-la. Trata-se de mulher amargurada que sufocou seus sentimentos.

— Amanhã iremos até lá. Ela vai receber-me.

— Mãe! — considerou Lúcia. — Vai até a casa de dona Eulália? Depois de tantos anos?

— Ela vai receber-me. Está na hora de nos encontrarmos. Se fomos amigas inseparáveis, aprendemos muito durante esse tempo todo afastadas. É imperioso termos uma conversa neste momento. Estamos cheios de dúvidas, precisamos passar a limpo o passado. Por que vocês se tornaram amigos sem que estivéssemos procurando amizade?

Os três fizeram uma expressão interrogativa no semblante. Cora concluiu:

— Se nossos filhos estão se relacionando, é porque devemos encarar o passado e resolver todas as pendengas que ele nos deixou.

— Está certa, mãe — concluiu Wilson. — Precisamos deixar tudo às claras. A senhora precisa conversar com dona Eulália. Afinal de contas, pretendo me casar com Celina.

Lúcia e Amauri arregalaram os olhos. Cora sorriu, feliz.

— Eu tinha certeza de que você se encantaria com essa moça.

— Estou apaixonado desde o dia que pousei meus olhos nos dela. Ela será muito feliz a meu lado.

Lúcia interpelou o irmão, preocupada:

— Mesmo tendo um comportamento condenável? Não está se precipitando?

— Não. Conversei muito com Amauri. Celina na verdade precisa de alguém que a ampare e a ame. O amor é capaz de grandes feitos. O que sinto por ela é muito forte e vai ajudá-la a se recuperar.

— Não está querendo forçar uma mudança? Pode ser que ela não esteja preparada.

— Não me importo. Eu vou correr esse risco. Eu a amo. Se ela sentir um pouquinho desse amor que brota em meu peito, terá condições favoráveis de refletir e mudar. Tenho certeza disso.

Cora levantou-se e beijou o filho.

— Estou orgulhosa de você. Sempre o achei sensato, e está agora usando sua sensibilidade para acertar-se com alguém que as pessoas em geral nunca aceitariam, por causa do preconceito. Você passou por cima de tudo. Parabéns.

— É amor, mãe. Mais nada.

Lúcia e Amauri também abraçaram Wilson e ficaram emocionados.

Após delicioso café preparado por Lúcia, Amauri despediu-se deles e prometeu apanhá-los no dia seguinte à noite, a fim de seguirem juntos até a casa de Eulália.

Amauri acordou e espreguiçou-se com vontade. Havia dormido muito bem e sentia-se disposto. Uma sensação de paz e ânimo apoderara-se dele. Sentia-se firme e com o propósito de continuar em seus intentos. Levantou-se da cama, foi até o banheiro e, após lavar-se e trocar-se, desceu para o desjejum.

Elói havia saído mais cedo e Chiquinha encontrava-se sozinha à mesa. Ao ver o filho, esboçou terno sorriso.

— Bom dia, querido. Caiu da cama?

— Dormi bem.

— Ouvi o barulho de seu carro. Era quase manhã.

— Passei a madrugada conversando com amigos. Dormi pouco, mas sinto como se tivesse dormido horas a fio.

Chiquinha passou a mão pela cabeça do filho.

— Desculpe por ontem. Seu pai perdeu a cabeça, e você sabe como Maria Eduarda não perde a oportunidade de espicaçá-lo.

Amauri puxou a cadeira e sentou-se. Começou a tomar seu café. Chiquinha sentou-se a seu lado e fez o mesmo. Ele passou a observar mais a mãe. Ela estava perto dos cinquenta anos, mas sua pele ainda mantinha o viço. Seus cabelos, se fossem mais bem ajeitados, poderiam realçar alguns traços e melhorar sua aparência. Ela continuava muito bonita, só era preciso cuidar-se um pouco mais.

Chiquinha notou o olhar percuciente do filho. Meio sem jeito, perguntou:

— O que foi? Por que me olha assim?

— Estava vendo como a senhora ainda está linda. Precisa de um corte de cabelo mais apropriado e um pouco mais de maquiagem. No resto está muito bem, o corpo continua bem-feito.

Chiquinha sentiu as bochechas arderem em brasa.

— Amauri! Você nunca falou comigo assim. O que está havendo?

— Nada, só estou dizendo quanto é bela, mamãe. Imagino o amor que papai sentiu quando a viu pela primeira vez.

Uma luz passou pelos olhos dela. Amauri tornou:

— Foi amor à primeira vista?

Chiquinha não estava acostumada a falar de suas intimidades com os filhos, ainda mais com Amauri.

— Acho que foi. Faz tanto tempo, meu filho.

— Mas são coisas que não esquecemos. E acredito que esse amor tenha sido suficientemente forte para que a senhora rompesse com o doutor Diógenes.

Chiquinha estava entornando o bule de café sobre sua xícara. Ao ouvir Amauri dizer aquilo, tremeu qual vara sacudida pelo vento e derrubou o bule na mesa. Por pouco não se queimou com o líquido fumegante. Levantou-se assustada:

— O que é isso?! O que disse?!

Amauri fez sinal para que ela se sentasse.

— Calma, mãe. Deixe-me ajudá-la.

Ele chamou a empregada e logo a mesa estava ajeitada e limpa. Chiquinha sentia os lábios tremerem, mal sustinha a respiração.

— Agora sente-se. Vamos tomar nosso café.

Ele mesmo pegou o bule e colocou o líquido quente na chávena da mãe. Fez o mesmo para si e sentou-se a seu lado.

— Sinto que se encontra sozinha, sem amigos ao redor. Gostaria muito de ser seu amigo.

— Você é meu filho.

— E qual o problema? Posso ser filho e amigo. Pode contar comigo.

Chiquinha olhava com reserva para Amauri. Será que seu filho sabia sobre seu passado? Se sabia, quanto desse passado tinha sido revelado a ele? Perdida no emaranhado dos pensamentos, arriscou:

— O que está sabendo?

— Nada demais.

— Cora contou-lhe sobre nosso passado. É isso?

— Sim.

— E o que ela contou?

— Falou sobre a amizade de vocês. Sobre quanto a senhora, ela e dona Eulália eram amigas.

Chiquinha exalou um suspiro emocionado. Amauri continuou:

— Ignorava que houvessem sido tão amigas. Sabia que nossas famílias se conheceram no passado, mas dona Cora contou-me sobre o dia a dia de vocês. É impressionante como uma amizade que parecia ser tão sólida possa ter ruído.

— Fomos muito amigas. Éramos confidentes, estávamos sempre juntas.

— O que aconteceu entre a senhora e papai?

— Como assim?

— Nunca os vi em demonstrações de afeto. Dona Cora disse que a senhora e papai se amavam para valer. Como pode um casal tão apaixonado viver de maneira tão fria?

Chiquinha estremeceu. Era-lhe difícil entabular essa conversação com o filho. Mas sentia-se cansada da vida que levava ao lado de Elói. Nem mesmo ela percebera o porquê de estar vivendo uma relação insípida.

— Após o casamento, senti-me muito só. Meus pais morreram em seguida e fiquei sozinha.

— Por que não tentou reaproximar-se de suas amigas?

— Estávamos todos vivendo o início de nossos casamentos. De uma hora para outra, tudo mudou. Eulália riscou-nos do mapa. Eu às vezes irritava-me facilmente com ela e também encontrava-me cansada das perturbações e também de Rodolfo. Ele nos causou muitos dissabores. Eu e seu pai queríamos ficar livres de tudo isso.

— Mas dona Cora era sua amiga. Por que se afastou dela?

— Cora era casada com Diógenes, e ele, por sua vez, era sócio de Rodolfo. Depois do que Rodolfo fez...

Chiquinha corou. Mordeu os lábios e baixou os olhos.

— Eu sei o que aconteceu a tia Isabel Cristina. Dona Cora me contou. Deve ter sido muito duro para vocês, principalmente para titia.

— Sua tia passou da conta; teve o que mereceu.

— Não fale assim de tia Isabel. Ela é uma mulher fantástica, está rodeada de amigos interessantes e inteligentes. Ela é tida em alta conta lá em Coimbra.

Chiquinha levou a mão até a boca:

— Não me diga que você se encontrou com sua tia! Você nos prometeu jamais procurá-la!

— Infelizmente eu omiti esse detalhe quando regressei de Portugal. Eu vivi todos esses anos morando na casa de tia Isabel.

Chiquinha abriu a boca, mas não articulou som. Amauri continuou:

— Eu sabia que vocês não se falavam e, caso contasse que morava com ela, provavelmente me trariam de volta.

— Com certeza! Não acredito que você tenha convivido todos esses anos com sua tia...

Uma ponta de remorso passou pelo semblante de Chiquinha. De repente, uma saudade imensa brotou-lhe na alma. Lembrou-se da maneira como Isabel Cristina partira do Brasil. Estava emocionalmente fragilizada. Se ela, casada com Elói, sentia-se sozinha, como sua irmã vivera esses anos todos? Foi com tristeza que se recordou de quão dura fora com ela. Não pensou em nada a não ser nas aparências. Procurando não se deixar levar pela emoção, sentenciou:

— Uma pessoa não muda assim tão fácil. Sua tia aprontou muito. Claro, o que Rodolfo fez com ela foi imperdoável, mas ela procurou. E, quando vejo sua irmã, é como se estivesse vendo sua tia. Isso me deixa aflita, nervosa.

Chiquinha levantou as mãos e cobriu o rosto. Para ela também não era fácil voltar ao passado. Por que tinha de reviver tudo aquilo agora? Já não bastava a vergonha a que tinha sido submetida anos atrás? O que a vida queria cobrar dela?

Amauri abraçou a mãe com força.

— Estou a seu lado, mãe. Sei que tia Isabel errou, mas ela era obcecada pelo doutor Rodolfo. E se a senhora fosse obcecada por papai e ele não lhe desse bola?

— Acha que eu teria um comportamento igual ao de sua tia?

— Não sei, quem pode saber? Somente vivenciando saberemos como iremos agir. A senhora teve a sorte de papai amá-la. Tudo ficou mais fácil. Mas imagine o drama de tia Isabel Cristina. Ela era apaixonada pelo doutor Rodolfo e ele só queria saber de dona Eulália.

— Nesse ponto Rodolfo foi digno. Mas o que fez com sua tia aqui nesta casa é imperdoável! Rodolfo não precisava chegar a tanto.

— Faz parte do passado. A vida agora é outra, estamos com outros propósitos. Não posso falar do doutor

Rodolfo porque não o conheço, mas convivi bastante com tia Isabel Cristina. Ela mudou muito. Não se parece em nada com a moça voluntariosa descrita por dona Cora.

— Sua tia era terrível. Seus avós a enchiam de mimos, faziam todas as suas vontades. É por isso que sou dura com sua irmã. Talvez eu não erre como meus pais erraram com sua tia.

— Tia Isabel aprendeu muito com a vida e também com a espiritualidade.

— Não me diga que ela...

— Sim, mãe. Ela se reuniu a um grupo de médiuns em Portugal e passou a compreender melhor os fatos da vida. Eu nunca soube o que a tinha feito mudar-se para Portugal, mas garanto que, se havia mágoas criadas aqui no Brasil, ela conseguiu livrar-se delas. Tia Isabel é uma mulher de fibra.

— Ela se envolveu com alguém?

— Que eu saiba, não. Agora até entendo por que ela recusava os inúmeros convites que recebia. Ela sempre foi muito assediada em Coimbra.

— Nunca namorou ninguém? Não posso acreditar.

— Nunca. Eu disse que ela não tem nada a ver com a pessoa que conviveu com vocês vinte e cinco anos atrás. Tia Isabel Cristina possui atitudes nobres e muito me ajudou no domínio e estudo de minha mediunidade.

— Você só pode estar brincando. Acredita nessas coisas?

— Em coisas que você acreditou no passado?

— Eu era muito nova. Nunca estudei mediunidade. Cora bem que tentou, emprestando-me livros, conversando comigo. Mas, depois do incidente entre Rodolfo e Isabel Cristina, ficou difícil aceitar essa maneira de pensar.

— Mas a senhora não me disse há pouco que tia Isabel teve o que mereceu? Acho que as coisas funcionam mais ou menos assim. De acordo com nossa atitude, teremos consequências agradáveis ou não. Tia Isabel era obcecada pelo doutor Rodolfo, e ele tinha o direito de querer ou não namorá-la. Afinal de contas, somos livres para escolher as pessoas com quem queremos nos relacionar. Tia Isabel insistiu e acabou levando um puxão de orelhas da vida.

Ter sido tomada à força pode não ter sido agradável, acho repugnante uma coisa dessas, mas ela procurou. Provavelmente tia Isabel, ao invés de afastar-se do doutor Rodolfo e procurar ser feliz ao lado de outra pessoa, passou a assediá-lo cada vez mais e até quis arruinar o romance dele com dona Eulália.

Chiquinha estava perplexa. Como o filho tirava conclusões tão acertadas?

— Você está certo. Pelo visto, Cora contou-lhe muitas coisas.

— Nem tantas. Ela me contou muita coisa, mas o resto dá para saber pela intuição. Isso eu devo à minha tia, tão repudiada por todos.

— Mas ela era uma doidivanas. Como fazer naquele tempo?

— Por que não escreve para ela?

— Eu?!

— Sim, por que não? Talvez seja de uma carta sua que ela esteja precisando. Se eu voltei bem melhor de Portugal, convivendo com sua irmã, dá para perceber que ela mudou, certo?

— Não sei. Ela deve ter ficado com muita raiva de mim. Não acho certo agora esmiuçar o passado e tirá-la de seu sossego. Fui muito dura com ela. Às vezes me arrependo do que lhe disse.

— A senhora é quem sabe, mas cada um deve fazer o seu melhor. Faça sua parte e deixe o resto por conta da vida. Ela sabe nos conduzir quando estamos do lado da verdade e, acima de tudo, do bem.

— Desculpe-me por ontem. Eu não quis ser indelicada com a menina, mas você tem mania de surpresas. Poderia ter nos contado antes.

— Estava impraticável mantermos um discurso aberto aqui em casa. A senhora estava sempre preocupada com seus compromissos sociais, com a reputação de nossa família. Do jeito que as coisas estavam indo, duvidava que a senhora e papai fossem capazes de concordar com meu namoro. Lúcia é íntegra, digna, mas não é rica. E por não ser rica não podemos assegurar que ela não tenha valores.

— Conversei com seu pai antes de deitarmos. Achamos que não devemos nos meter. Você é adulto, formado, está começando sua vida. Eu escolhi casar-me com seu pai e iria contra todos se não pudesse realizar esse matrimônio. Claro que sempre idealizamos para nossos filhos um casamento perfeito, com uma moça fina, elegante, de posses, com sobrenome pomposo. Mas estou cansada das aparências. O que mais vale na vida são os valores que trazemos aqui dentro — fez apontando para o peito. — Não perca isso, meu filho.

— Nunca, mãe. Você vai adorar Lúcia. Além de nora, tenho certeza de que será uma grande amiga. Você vai ver.

Chiquinha abraçou o filho comovida. Havia muito tempo não conversava tão francamente com alguém. Sentia-se feliz por estar compartilhando sua intimidade com o filho. Como não percebera quão companheiro e amigo Amauri sempre fora? Como não percebera que, enquanto se sentia sozinha naquela casa, pretextando ataques dos nervos, estava impedindo seu filho de achegar-se e tornar-se amigo para valer?

Ela ficou alguns instantes abraçada ao filho e conteve a emoção. Mudou o rumo da conversa:

— Então já sabe de meus desatinos e de minhas amizades! Quem diria, hem?

Amauri dirigiu olhar malicioso para a mãe:

— Pelo menos a amizade entre a senhora, dona Eulália e dona Cora poderia voltar a se tornar realidade. Ou pelo menos com dona Cora. Não se esqueça de que, se as coisas continuarem assim, ela se tornará minha sogra.

— Não havia pensado nisso. Cora vai ser sua sogra! Eu sempre gostei dela. Nunca se meteu em briga, sempre foi reta em seus valores. Só afastei-me dela por causa de Rodolfo ser sócio de Diógenes e frequentar a casa deles. Mas, quanto a Eulália, acho difícil uma aproximação. Ela é determinada. Não quis mais saber de nós.

— Ela não é determinada, é orgulhosa. Também se sentiu só esses anos todos. E deve ter sido difícil para ela casar-se com quem não amava.

— Isso é verdade. Não conheci Inácio. Eulália era apaixonada por Rodolfo. Deve ter sofrido muito.

— Então, mãe, não acha que chegou a hora de conversarem? Mesmo que seja para tirarem as dúvidas daqueles tempos que ainda as incomodam. Dona Cora acha que há algo de obscuro nesse passado que talvez a senhora a ajude a desvendar.

— O que seria?

— Não sei. Ontem, após a discussão aqui em casa, fui com Lúcia até a casa de dona Eulália, porque Celina havia oferecido um jantar a Wilson. Berta nos convidou a entrar e logo depois chegou dona Eulália.

— Ela o desrespeitou?

— Não. Cumprimentou a todos e sentou-se para jantar conosco. Foi então que aconteceu aquilo...

— Aquilo o quê?

— Celina comentou que eu e Lúcia éramos namorados. Dona Eulália ficou branca como cera e desmaiou. Disse que não podíamos ficar juntos, que não era certo, coisas do tipo.

Chiquinha meneou a cabeça para os lados.

— Vejo que é uma reação esquisita. Não sei a razão de atormentar-se com o namoro dos dois.

— É isso que dona Cora também não entende. Tanto que decidimos ir até a casa de dona Eulália hoje à noite.

— Você vai com Cora até a casa de Eulália?

— Vou, mãe. Dona Cora quer tirar o passado a limpo, nem que seja a última vez que encontre dona Eulália.

— Posso ir junto?

Amauri surpreendeu-se.

— Quer ir também?

Chiquinha estendeu-lhe as mãos. Num gesto gracioso, acercou-se do filho.

— Estou cansada de manter as aparências. Afastei-me de minhas melhores amigas, tentei ser feliz, mas não consegui. Tinha raiva de Eulália de vez em quando, mas era passageira. Acho que ficava assim porque não aprovava seu namoro com Rodolfo. Hoje olho para trás e me pergunto: como poderia saber o que ia em seu coração? Como poderia julgar seus sentimentos? E agora, com você a meu lado, percebo que não errei. Fiz o meu melhor. Procurei ser uma boa amiga, boa mãe. Mas como esposa...

Amauri riu com graça. Após passar delicadamente os dedos pela face da mãe, considerou:

— Você precisa largar o papel de esposa. Por que não volta a ser a Chiquinha de vinte e tantos anos atrás?

— Isso é impossível. Seu pai também já não sente o mesmo por mim. Não vejo mais em seus olhos o brilho que reluzia anos atrás. Acho até que ele deve ter outra; não me procura há tempos.

— Bobagem. Papai é sisudo, mas por trás daquela máscara esconde-se um homem apaixonado. Se tinham um fogo danado quando se conheceram, impossível ele ter se apagado.

— Isso já seria demais. Seu pai e eu não temos mais idade para viver como namorados.

— Coisa de sua cabeça, são seus valores. Reavalie suas crenças e perceba que seu marido ainda está vivo, a seu lado, gozando de saúde física e mental. Acho que ambos têm muitas coisas boas para viver.

— Acha mesmo?

Chiquinha levantou-se e olhou-se no espelho, sobre o aparador da sala de almoço. Virou-se para o filho, insegura:

— Preciso marcar um horário no salão. Meus cabelos precisam de cuidados, afinal de contas vou rever amigas de muitos anos. Não posso decepcioná-las. Acha mesmo que há tempo de seu pai e eu nos acertarmos?

— Claro que sim, mãe. Olhe seu rosto no espelho.

Chiquinha voltou a olhar-se.

— O que tem?

— Só de falar em papai, está radiante.

— Quem está radiante?

Os dois olharam pelo espelho e viram refletida nele a imagem de Maria Eduarda.

— Vejo que dobrou mamãe. Pelo jeito, ela aceitou seu namoro com a pobretona.

Amauri lembrou-se da conversa com Cora e de como Maria Eduarda é parecida com sua tia Isabel Cristina. Se a tia havia mudado, sua irmã também tinha essa chance. Naquela hora, Amauri teve uma ideia que o animou e procurou mudar o tratamento concedido à irmã.

Na verdade, ele queria que Maria Eduarda fosse diferente, desenvolvendo seus potenciais, como muitas mulheres vinham fazendo na Europa após a guerra. Ficou um tempo parado, sem nada dizer, somente observando os traços da irmã. Ela era bonita, com certeza. Sua aparência lembrava a da mãe, anos atrás. Amauri disse para si:

— Bem, se Maria Eduarda despertasse para os verdadeiros valores do espírito, seria uma mulher encantadora.

A irmã ficou fitando-o e já esperava pelo ataque, quando Amauri aproximou-se:

— Eu e mamãe estamos nos entrosando. Faz bem.

O rapaz pousou delicado beijo numa das bochechas de Maria Eduarda.

— Você está linda, minha irmã!

Maria Eduarda não sabia o que responder. Estava pronta para a briga, iria rebater e espicaçar o irmão, mas em vez disso ganhou um beijo. Por essa ela não esperava. Será que Amauri voltaria a ser o irmão companheiro e amigo de anos atrás? Será que tudo voltaria a ser como antigamente?

Chiquinha baixou os olhos comovida e satisfeita. Enquanto Maria Eduarda passava a mão no rosto úmido e quente pelo beijo que recebera de Amauri, ele saía contente em direção ao escritório do pai, com planos e mais planos de vida.

Capítulo 21

Amauri chegou perto da hora do almoço ao escritório do pai, no centro da cidade. Elói estava terminando uma reunião, e a recepcionista indicou-lhe gentilmente uma poltrona, para que ele aguardasse. Confortavelmente instalado, Amauri recostou-se na poltrona e olhou ao redor. Disse de si para si:

— Papai sempre teve bom gosto. O escritório é bem decorado, sem afetação, próprio para um advogado. Os quadros, a pintura sóbria e discreta das paredes, a recepcionista sobriamente vestida... É, gostaria muito de trabalhar aqui. Se papai não fosse tão duro e inflexível, não postergaria o prazo.

Amauri estava preso nesse emaranhado de pensamentos quando a recepcionista o chamou e o conduziu até a sala do pai. Elói recebeu-o surpreso:

— O que veio fazer aqui?

— Vim visitá-lo.

— Sei, sei. Só pode ser sobre ontem à noite. Não gosto de misturar assuntos pessoais no ambiente de trabalho. Discutiremos depois.

— Não vim falar sobre meu namoro com Lúcia, papai.

— Assim fica melhor. Eu e sua mãe não dormimos bem à noite. Sabe como ela fica afetada dos nervos. A presença daquela moça não lhe fez bem.

Amauri estranhou a atitude do pai. Sua mãe tinha dito que ela e o marido haviam conversado e não se intrometeriam no namoro do filho com Lúcia. Por que o pai agora dizia isso? Será que ele também usava a desculpa do ataque de nervos para não ter de tomar decisões? Dissimulando, perguntou a Elói:

— Desde quando mamãe sofre dos nervos?

— Por que pergunta?

— Curiosidade. Cresci ouvindo que ela não podia ser contrariada, que sofria dos nervos. Por acaso foi logo depois que tia Isabel Cristina partiu para Portugal?

Elói deu meia volta e sentou-se em sua cadeira. Encarava o filho com olhar percuciente.

— Por acaso chegou a ter algum contato com Isabel Cristina enquanto morou em Portugal?

— Não sou de mentiras. Sim, conversei com ela, todos esses anos.

— Eu sabia que isso poderia acontecer. Vocês estavam tão próximos.

— Mais próximos do que imagina. Eu morei todos esses anos com ela.

Elói levantou-se de um salto da cadeira, estupefato.

— Manteve ligações com sua tia esses anos todos sem que soubéssemos?

— E daí? Tia Isabel mostrou-se excelente amiga.

— Ai, ai, se sua mãe sabe disso!

— Já sabe. Contei-lhe tudo. Não quero mais ocultar--lhes a verdade. Quero jogar limpo.

— Vou ligar já para casa. Sua mãe deve estar passando mal.

— Pode ligar, garanto que está muito bem.

— Você não podia fazer um negócio desses. Traiu a confiança que depositamos em você todos esses anos.

— Não seja tão dramático, pai.

— Sua tia contou-lhe sobre o passado?

— Ela nada mencionou. Falar do Brasil ou de seu passado era proibido naquela casa. Mas, pelo que ouvi sobre titia, ela mudou muito esses anos todos. A Isabel que conheço é outra mulher.

— Duvido. Ninguém muda. Você não sabe de nada, não tem como entender.

— Como não sei de nada? Pensa que não sei sobre ela e o doutor Rodolfo lá em casa, mais precisamente no quarto que hoje me pertence?

Elói não se conteve.

— Quem foi que lhe contou? Por acaso aquele pulha do Rodolfo andou atrás de você? Contou-lhe algo?

— Imagine, eu nem o conheço.

— Soube como, então?

— Por meio de dona Cora.

— Oh, meu Deus! Ela é mãe de sua namorada. Como pude me esquecer desse detalhe?

— Fiquei sabendo que foram muito amigos no passado. Não é verdade?

Elói passou os dedos nervosamente pela orelha. Não gostava de conversar sobre o passado.

— O que ela contou?

— Tudo, e mamãe confirmou.

— Sua mãe? Impossível. Se fosse tratar desse assunto com sua mãe, ela sofreria dos nervos.

— Ainda acredita nessa história? É tudo mentira. Os ataques serviram como excelente desculpa para mamãe afastar-se e não encarar os problemas. O senhor fala que ninguém muda, mas e quanto a vocês? Pelo que soube, você e mamãe eram apaixonados. Ela até desmanchou o namoro com o doutor Diógenes para ficar com o senhor.

Elói enrubesceu.

— Você não tocou nesse assunto com sua mãe, tocou?

— Claro que sim! Ela ficou emocionada ao falar de quanto o amava. Nunca pensei que por trás daquele semblante austero estivesse escondida uma mulher tão apaixonada. O senhor teve sorte.

— Sua mãe não falaria de sua intimidade, ainda mais com o próprio filho.

— Mas ela falou, confidenciou-me hoje cedo. A partir de agora, além de filho, sou seu amigo. Mamãe precisa de amigos e, mais do que tudo, do seu amor.

Elói pigarreou.

— Éramos tão apaixonados! Nunca pensei que nos tornaríamos um casal medíocre.

— Ainda há tempo de mudar. Cabe ao senhor tratar mamãe diferente.

— Mas como? Sua mãe afastou-se de mim nos últimos anos. Ela acha que tenho amante, implica comigo. Sei que ao casarmos eu me distanciei. Mas o que poderia fazer? Eu precisava trabalhar, mostrar a meu sogro que era competente, que tinha valor. Você estava para nascer. Era muita coisa de uma vez só. Eu também não tinha ninguém a meu lado. Seu avô morreu logo depois. Seu tio Adamastor veio trabalhar comigo e morreu de repente. Senti-me só. Por tudo isso, deixei os arroubos da paixão de lado e esforcei-me para manter este escritório, que graças a Deus está indo muito bem. Conforme os anos foram passando, acomodei-me no casamento.

— E quem disse que o senhor precisava renunciar ao amor que sempre nutriu por mamãe? Poderia amá-la e dedicar-se à família e aos negócios na mesma proporção.

— Sua mãe transformou-se em outra pessoa após o incidente com sua tia. Nunca conversamos a respeito. Penso que ela ficou demasiadamente chocada. De uma hora para outra, ela se tornou uma mulher fria, e eu também tornei-me frio e sisudo. Só agora que estou velho vejo que poderia ter sido diferente.

— O senhor não está velho.

— Estou beirando os cinquenta anos. Já passei da conta.

— Ora, papai, o senhor ainda tem muita coisa para fazer, para viver.

— Se eu pudesse, deixaria este escritório em suas mãos. Resgataria o tempo perdido com sua mãe. Mas ela está tão longe da Chiquinha que amei... Não sei se poderia tê-la de volta.

Amauri considerou:

— Nessas horas, alguém precisa ceder, geralmente aquele que tem uma visão mais larga da situação. Parece-me que o senhor está mais preparado para iniciar o processo de reaproximação. Aposto que, usando um pouco de galanteios, tudo poderá voltar a ser como antes. Afinal de contas, vocês são os mesmos de anos atrás, só engessaram as posturas. Posso dar uma sugestão?

— Deve.

— Por que não voltam, ambos, a ser como eram na época em que namoravam?

— Acha isso possível? Não temos mais vinte anos.

— Mas têm amor. O coração não envelhece, meu pai.

Ainda há tempo de resgatar o tempo perdido. Amem-se e sejam felizes.

Um brilho de emoção reluziu nos olhos de Elói e ele se lembrou do tempo em que se encontrava com Chiquinha nos arredores do aeroporto. Ah, que saudade daqueles tempos, quando não havia responsabilidades, filhos, o peso da família! E talvez seu filho tivesse razão. Mesmo tendo trabalho a realizar e família para sustentar, Elói ainda se sentia em plena forma e era louco de amor pela esposa. Haveria como reconquistá-la?

Após divagar, perguntou ao filho:

— Acho que está na hora de você vir para cá e assumir os negócios do escritório.

— Não ia começar ano que vem?

— Podemos antecipar o início de suas atividades.

— Se eu entrasse aqui, teria de fazer muitas mudanças.

— Confio em você, meu filho.

— Não sei se conseguiria assumir sozinho. O escritório tem muitos clientes. A responsabilidade teria de ser dividida.

— Se quiser, pode trazer um amigo para dividir as tarefas.

— Deixaria eu trazer alguém para trabalhar comigo?

— E por que não? Você hoje mostrou-me que tenho coisas mais importantes a fazer na vida do que me dedicar única e exclusivamente ao trabalho.

— Vai me deixar fazer as mudanças necessárias, fazer tudo do meu jeito?

Elói riu com gosto.

— Você se parece muito comigo quando jovem. E só fui perceber tudo isso ontem, ao vê-lo ao lado daquela linda moça. Lembrei-me de quando conheci sua mãe. Seus olhos ontem brilhavam tanto quanto os meus, anos atrás.

— Não está mais chateado de eu estar namorando a filha dos Lima Tavares?

— E de que adiantaria reclamar? Você a ama?

— Muito. Quero casar-me com Lúcia.

— Então não perca a chance. Esqueça as imposições de sua mãe e as minhas também. Se o coração está feliz, nada mais importa. Você tem boa cabeça, é ajuizado.

Amauri debruçou-se na mesa e abraçou o pai.

— Obrigado. Sabia que poderia contar com o senhor.

Amauri beijou o pai e saiu. Elói ficou fitando o nada, imerso em seus pensamentos, procurando uma maneira de aproximar-se da esposa e compartilhar o amor que ainda pulsava em seu peito.

Amauri chegou radiante ao Cambuci. Saltou correndo do carro e dirigiu-se até a mercearia.

Wilson estava ensinando Zezinho a passar as compras pela máquina registradora. Amauri bradou:

— Boa tarde.

— Boa tarde — respondeu Wilson.

— Olá, seu Amauri.

— Como vai, Zezinho?

— Vou bem. Estou aprendendo a mexer na máquina registradora.

— Está gostando?

Zezinho fez muxoxo:

— Não muito. Gosto de ajudar o seu Wilson, mas minha vida não é essa, não.

Amauri olhou para Wilson e ambos voltaram os olhos para Zezinho. Wilson interpelou-o:

— Isso é algo que nunca lhe perguntei, a bem da verdade. O que gostaria de fazer?

— O senhor diz como? Trabalhar, estudar, coisas assim? Ora, seu Wilson, já estou no grupo escolar graças ao senhor.

— Sabemos disso — ajuntou Amauri —, mas o que tem vontade de ser quando se tornar adulto?

Zezinho pousou o dedo displicentemente no queixo, fazendo um gesto gracioso, arrancando risadas dos rapazes. Após pensar, respondeu:

— Quero ser advogado!

Os rapazes levaram um susto. Amauri perguntou:

— Advogado? Por quê?

— Não sei. Desde pequeno gosto de estudar aqueles livros grossos, cheios de leis e mais leis.

— Você tem muita determinação, garoto — ajuntou Amauri.

— O senhor vai ver.

— E sua mãe, como está?

— Vai indo, com a ajuda de Deus. Um dia está bem, outro dia piora. Estou acostumado.

— Se precisar de algo, pode me ligar — respondeu Amauri, tirando um cartão do bolso e entregando-o a Zezinho.

— Obrigado, seu Amauri. O senhor parece ser um bom moço. Dona Lúcia merece um marido assim.

Amauri olhou admirado para o menino.

— Como sabe?

— Pelos olhos. Vocês se amam.

— E você, tão novo, o que sabe do amor?

— Não muito, mas as pessoas que demonstram sentimentos verdadeiros entre si devem ficar juntas. Por isso vou estudar as leis e fazer de tudo para implantar o divórcio no nosso país. As pessoas precisam ser livres para amar, bem como livres para fazer novas escolhas, se o casamento não der certo. Não acho justo as pessoas manterem um casamento sem amor e, ainda por cima, ficarem presas por falta de leis que as amparem.

Amauri estava mudo. Olhou estupefato para Wilson, que retrucou:

— Esse menino solta essas de vez em quando. Ele tem muita lábia, isso sim. Vai se tornar um bom advogado.

— Vou, sim, senhor. E sinto também que o senhor está perdendo muito tempo. Precisa fazer a corte a dona Celina.

— Ora, Zezinho, o que é isso?

— Aquele dia que fiquei tomando conta da venda, pensa que não vi os olhos do senhor brilharem ao falar dela? Eu sou bem jovem, mas percebo algumas coisas.

Amauri colocou a mão nos lábios para abafar o riso. Wilson estava paralisado. Zezinho não deixava escapar nada. Que garoto esperto!

Wilson deu um tapinha na cabeça do garoto.

— Vamos lá, concentre-se na máquina. Deixe que das mulheres cuidamos nós.

— Só faltava essa agora! Eu ter de ajeitar o namoro do senhor com a dona Celina.

Continuaram a rir e, enquanto Zezinho aprendia a controlar o caixa, Amauri subia para encontrar-se com Lúcia.

Capítulo 22

Era pouco mais de sete da noite quando Amauri entrou correndo em casa. Os pais e a irmã já haviam iniciado o jantar.

— Desculpem o atraso.

Ao sentar-se, Amauri decepcionou-se. Sua mãe não havia mudado a aparência.

— A senhora não tinha hora no salão? — arriscou.

— Não tive tempo. Fiquei no escritório presa em lembranças e quando dei conta já não dava tempo. Fica para uma outra hora. Fiz coisas mais importantes hoje.

Elói olhava disfarçadamente para Chiquinha enquanto fazia sua refeição. Ela mantinha a aparência séria, mas em seu semblante havia mais viço. Resolveu que conversaria seriamente com a esposa após o jantar. Para quebrar o silêncio reinante, perguntou-lhe:

— Disse-me há pouco que sairão logo mais.

— Iremos até a casa de Cora.

— Não acha melhor ligar antes? Vai aparecer assim, depois de anos?

Chiquinha balançou os ombros.

— Está mais do que na hora. Nosso filho pretende casar-se com Lúcia. Chegou o momento de uma reaproximação. E estou intrigada com o comportamento de Eulália. Não há mais o que esperar. Precisamos nos encontrar e limpar o passado.

— Tenho medo de que volte a fechar-se.

Chiquinha dirigiu um olhar amoroso e confiante ao marido.

— Não tenha esse medo. Amauri ajudou-me a enxergar além dos fatos, e particularmente sinto-me capaz de olhar para trás, remexer no passado e mudar minhas posturas. Estou farta de ser uma sombra. Quero voltar a brilhar.

Elói comoveu-se. Maria Eduarda, para surpresa geral, tocada pelo beijo daquela manhã e pela sinceridade das palavras da mãe, confidenciou ao irmão:

— Quisera eu ser como você! Mas somos diferentes. Você é homem, não há problemas em casar-se com uma mulher sem posses. Poderá sustentá-la. Agora eu, como poderei casar-me com um homem sem posses?

— Não enxergue as coisas por esse ângulo, minha irmã. Se realmente apaixonar-se para valer, não vai levar as posses do pretendente em consideração.

— Acho difícil. Sabe que fiquei pensando hoje em Murilo?

Chiquinha e Elói entreolharam-se. Amauri não se conteve.

— E o que a faz pensar tanto nele? Não acha que é uma obsessão? Afinal de contas, nunca manteve amizade com ele.

— Eu sei, mas cheguei a vê-lo em alguns bares. Claro que conta o fato de ele ser milionário, mas há algo nele que me atrai, além de tudo. Juro que estou falando a verdade!

— Não sei, não sei. Posso conversar com ele, saber como anda sua vida afetiva.

Maria Eduarda exalou um suspiro sentido:

— Você faria isso por mim? Se ele estiver só, o que acho impossível, conseguiria uma aproximação?

— Isso não custa nada. Pode contar comigo. O que puder fazer por você, farei.

Maria Eduarda baixou os olhos comovida. Nunca imaginara que o irmão pudesse voltar a ser seu amigo. Aliás, nunca pensara que na vida as pessoas pudessem ser amigas, sem ter algum interesse por trás. Elói e Chiquinha entreolharam-se e suas mãos se tocaram. Ambos sentiram um calor percorrer-lhes o corpo. Elói apertou a mão da esposa e deu-lhe uma piscada.

— Estarei esperando por você.

— Não espere, querido. Pode ser que os assuntos a serem tratados se estendam bastante.

— Não importa. Estarei acordado, no quarto.

Chiquinha apertou a mão do marido em gesto significativo. Procurando ocultar a emoção, levantou-se rápida.

— Vamos, Amauri, termine logo. Vou subir e retocar a maquiagem. Não gosto de atrasos.

— Está certo, mãe. Vá se arrumar e logo sairemos.

— Vão em paz. Eu ficarei com papai.

A admiração foi geral. Elói não cabia em si de tanta felicidade. Parecia que uma nova vida começava a surgir naquela casa. Sua filha estava fadada a não ter mais jeito e agora estava se revelando uma outra pessoa. Comovido, ele sentenciou:

— Isso mesmo. Enquanto o filho sai com a mãe, a filha fica com o pai. Temos muito o que conversar.

Maria Eduarda nada disse. Baixou a cabeça e continuou fazendo sua refeição. Amauri intimamente riu satisfeito. Sua família finalmente estava entrando nos eixos.

Às oito e trinta daquela noite, Amauri e Chiquinha chegaram à casa de Cora. Chiquinha não conteve a indignação.

— Ela não pode estar morando num lugar desses!

— Para a senhora ver como são as coisas...

Chiquinha sentiu uma ponta de remorso. Disse entre dentes:

— Se ao menos eu a tivesse procurado depois que Diógenes morreu.

— Paciência, mãe. Acho que agora terão tempo de aparar as arestas do passado.

Chiquinha ia continuar lamentando, quando Lúcia abriu a porta.

— Boa noite.

Amauri e Chiquinha responderam juntos:

— Boa noite.

Chiquinha ordenou ao filho:

— Não vai cumprimentar sua namorada?

Amauri sorriu e beijou Lúcia. Depois, Chiquinha beijou-a.

— Como vai, minha filha?

— Muito bem. Amauri esteve em casa hoje à tarde e me falou de sua vontade de vir até aqui. Fico muito feliz.

— Eu também estou feliz, minha filha. Amauri e eu conversamos muito hoje e de repente senti uma vontade muito grande de reencontrar sua mãe.

Lúcia conduziu Chiquinha pela escada até chegarem à sala. Cora estava sentada com Wilson, e qual não foi o susto de Chiquinha ao ver o filho de Cora:

— Meu Deus! Esse menino é a cópia do pai. Não dá para negar que não seja filho de Diógenes.

Cora levantou-se e abraçou a amiga como nos velhos tempos.

— Como está, querida?

Chiquinha ficou longo tempo abraçada a Cora, com a cabeça encostada em seu ombro, deixando escorrer lágrimas sentidas. Os meninos ficaram em silêncio e Cora também nada disse, alisando suavemente os cabelos da amiga.

— Como é bom revê-la! Por que será que nos deixamos levar pelas aparências?

Cora selou dois beijos na face da amiga. Comovida, considerou:

— A insegurança, o medo, a falta de comunicação... São tantas coisas, tantos pensamentos negativos a respeito de nós e dos outros, que fica difícil livrar-se de tais conceitos e viver somente na verdade.

— Você tem razão, minha amiga. Quanto tempo perdido nas amarguras, vendo meu casamento tornar-se enfadonho e nada fazer para reverter a situação. Oh, Cora, como você me fez falta!

Chiquinha não conseguia articular bem as palavras, estava emocionada demais. Cora novamente abraçou-se à amiga. Procurando diminuir a emoção, esboçou um sorriso:

— Você ainda tem a chance de reverter a situação malograda de seu casamento. Eu só terei chance de fazer algo semelhante em outro plano, talvez em outra vida.

— Temos tanto o que conversar! Preciso saber como foram esses anos ao lado de Diógenes e estou pronta para ajudá-la.

— Não precisamos de ajuda. Eu e meus filhos vivemos muito bem. Claro que nosso padrão diminuiu muito, mas eu fazia economias e graças a isso temos um dinheirinho para nos ajudar nas despesas. A propósito, este aqui é Wilson.

O rapaz apertou educadamente a mão de Chiquinha.

— Prazer.

Chiquinha continuava admirando a beleza do rapaz e notando os traços que o faziam parecido com o pai. Ela já começava a dar sinais de que estava resgatando a Chiquinha de anos atrás, viva, alegre, desinibida, verdadeira. Abraçou o rapaz com carinho e beijou-lhe as faces.

— O prazer é todo meu, filho. Pena que você esteja apaixonado por Celina, pelo que ouvi.

O rapaz fitou-a inquieto:

— Desculpe-me, senhora. Mas por que me diz isso?

— Ora, você seria um excelente marido para Maria Eduarda. Eu adoraria tê-lo como genro.

Todos caíram em sonora gargalhada. Amauri estava emocionado. Cora lançou-lhe um olhar percuciente e tornou:

— Sua mãe está voltando a ser a mesma de antes. Graças a Deus.

Amauri fez o sinal da cruz e olhou para o alto, agradecendo aos céus. Comovido com o reencontro, solicitou:

— Sei que vocês têm muito o que conversar, mas está na hora de irmos até a casa de dona Eulália. Celina e Murilo nos aguardam impacientes.

As amigas de juventude foram conversando e, animadas, entraram no carro de Amauri. Continuaram a conversar no banco de trás, enquanto os meninos e Lúcia iam felizes no banco da frente.

Minutos depois chegaram à casa de Eulália. Amauri contornou o carro pelo chafariz e estacionou no pórtico. Antes mesmo que todos descessem do carro, Berta já estava à porta. Foi com emoção contida que cumprimentou Cora e Chiquinha.

— Como estão?

Ambas abraçaram-na e responderam em uníssono:

— Estamos ótimas!

A governanta baixou os olhos e deixou que uma lágrima escorresse pelo seu semblante.

— Estou muito emocionada. Não é típico ter esse comportamento, mas vendo-as aqui anos depois, e os nossos meninos sendo amigos, fico muito feliz.

Cora concordou:

— Estamos também muito felizes de poder nos reunir novamente. Estou encantada de ver nossos filhos relacionando-se como nós naqueles bons tempos.

Chiquinha falou com ironia:

— Pode ser que desta vez dê certo. Pelo menos, parece que não há um Rodolfo entre os nossos filhos.

Chiquinha falou sem pensar, e ao virar os olhos notou que Eulália estava bem atrás de Berta, no hall de entrada.

Eulália dirigiu-lhe um olhar fuzilante, como nos velhos tempos das agruras juvenis. Chiquinha baixou os olhos envergonhada. Cora procurou amenizar o clima que parecia tornar-se tenso:

— Olá, Eulália, como vai?

— Muito bem, e vocês? — perguntou secamente.

— O tempo passa, mas vamos indo — replicou Chiquinha.

— Vamos indo — tornou Cora, simpática.

Eulália fez sinal e elas, juntamente com Wilson, Lúcia e Amauri, adentraram a casa. Ao chegarem à sala, Lúcia correu para cumprimentar Celina e Murilo. Os filhos de Eulália a cumprimentaram e depois ficaram próximos da mãe. Eulália continuou seca:

— Estes aqui são meus filhos.

Cora e Chiquinha cumprimentaram o casal. Alguns traços de Celina chamaram a atenção de Cora. Ela ficou analisando o semblante da menina.

"Meu Deus! Essa garota é muito parecida com Rodolfo! Será?", pensou.

Celina percebeu ser notada e perguntou:

— Por que olha tanto para mim? Acha que estou muito diferente daquele distante fim de semana em sua casa?

Antes de Cora responder, Murilo disse:

— Sempre falaram que eu era muito parecido com minha mãe.

Chiquinha concordou:

— E se parece mesmo. Você possui os mesmos traços de Eulália. Mas Celina é muito diferente. Teria puxado ao pai?

— Também não. Nenhum de nós se parece com papai.

Chiquinha estava alheia e inocentemente disse:

— Talvez seja algum outro parente, não é mesmo?

Eulália já estava ficando nervosa com os comentários e sentenciou:

— Bem, vamos até o escritório. E vocês — disse, apontando para os rapazes e moças — fiquem aqui na sala de estar. Berta vai servir-lhes algo. Até mais.

Enquanto os jovens sentavam-se e conversavam animados, as três senhoras reuniam-se no escritório para desvendar as obscuridades do passado.

Rodolfo estava impaciente. Já passava das nove e meia da noite e nada de Maria Eduarda chegar. Ficou andando de um lado para outro da sala, acendia um cigarro atrás do outro. A campainha tocou. Ele correu até a porta e atendeu-a com raiva:

— Até que enfim! Onde estava? Não disse que estaria aqui às oito em ponto?

— Sim, disse. Mas fiquei conversando com papai. Fazia muito tempo que não conversávamos para valer.

— Agora está amiguinha de Elói? Muito estranho.

— Ele é meu pai, e hoje descobri que temos afinidades. Ademais, estou cansada deste tipo de vida. Quero mudar.

Rodolfo respondeu irônico:

— Desistiu de correr atrás de Murilo? Temos um trato.

— Tínhamos. Eu não quero mais saber de trato algum. Você me disse que eu poderia sair ou não com o advogado.

Rodolfo olhou-a com estupor.

— Como disse?! Não estava saindo com o advogado de Eulália? Não ia descobrir o que ela faria com meus bens?

Maria Eduarda deu de ombros.

— Ia fazer isso para compensá-lo pelo dinheiro que Salvatore me deu. Cansei de sair com quem não gosto. Aquele advogado, além de velho, era uma companhia desagradável. Ademais, meu irmão é muito amigo de Celina e Murilo. Você disse que tomaria coragem e falaria com Eulália se eu não conseguisse nada. Ainda sente medo de encará-la?

— Não se meta em minha vida. Não sabe do que sou capaz.

— Não me venha com ameaças. Por que não vai falar com o advogado ou com Eulália? Por que não vai atrás de suas coisas?

— Por mais que queira, não posso chegar perto dela.

— Ainda acredita que todos os documentos que assinou no passado tenham validade? Ora, ora, Rodolfo, você me surpreende de vez em quando. Como pode ser tão tolo? O doutor Inácio morreu há quase dois anos e somente ele poderia ter força para afastá-lo de Eulália. Não percebe que agora está livre? Não percebe que agora talvez você possa mudar, como vem apregoando nos últimos tempos, e talvez até consorciar-se a seu verdadeiro amor?

Rodolfo olhou para Maria Eduarda com expressão singular. O que ela falava lhe tocava fundo na alma. E, pela primeira vez, ela estava sendo sincera. Sim, Maria Eduarda tinha um comportamento torpe, mas agora mostrava sinais de clareza emocional.

— Acha que posso bater na porta dela e pedir que devolva minhas escrituras? Acha que Eulália seria capaz disso? Ela me odeia.

— Com toda razão. Eu também o odiaria se fosse trocada por um punhado de casas e cruzeiros.

— Você não sabe o que aconteceu no passado, não tem ideia do que passei.

— Sem dramas. O passado está morto e não pode ser mudado. Livre-se dele e faça o que tem de fazer. Esqueça o ódio de Eulália. Afinal, se você fazia com ela o que fez algumas vezes comigo, duvido que ela o odeie.

Rodolfo perdeu a compostura. Maria Eduarda replicou:

— É isso mesmo! Eulália pode ter ficado muito magoada com suas atitudes. Não faço ideia do que aconteceu no passado, mas tudo pode ser mudado. Você pode ser canalha, um sedutor de primeira, mas sabe como cortejar uma mulher. Eu caí em suas garras porque você desperta nas mulheres desejos incontroláveis. E se você realmente amou Eulália, como dizem, tenho certeza de que ela ainda não o esqueceu.

Rodolfo estremeceu levemente. Um arrepio correu pelo seu corpo. Será que o que Maria Eduarda dizia era verdade? Será que Eulália ainda nutria por ele um pouco do antigo sentimento? Procurou dissimular, a fim de ocultar o que lhe ia na alma:

— Você diz isso porque está tirando o corpo fora. Agora não precisa mais de mim.

— Isso também é verdade. Vim me despedir. Espero que, ao encontrá-lo novamente, possamos nos relacionar educadamente. Afinal, não tenho vergonha de tê-lo conhecido, eu até gosto de você.

— Se tem intenção de namorar Murilo, pretende contar-lhe sobre nosso envolvimento?

— E por que eu contaria? Ele não está comigo no momento, portanto não lhe devo satisfações acerca de meu passado. O que fiz ou deixei de fazer é um problema meu. Eu posso ser inescrupulosa e talvez tenha ainda de aprender muitas coisas nesta vida, mas há algo importante que aprendi: confiar na vida. Murilo saberá o necessário quando chegar a hora.

— E o que é?

— Que o amo, mais nada. As pessoas se perdem nos relacionamentos. Tentam justificar os comportamentos passados, para quê?

— Não sei. Mas como pode ter certeza de que ama Murilo?

— Meu irmão perguntou-me a mesma coisa hoje cedo. Não sei. É algo inexplicável, eu sinto o coração pulsar ao pensar nele. Nem sei se é amor, mas é algo puro, tenha certeza.

— Puro como a conta bancária dele!

— Pode falar o que quiser. O dinheiro sempre me atraiu e, se Murilo o tem, melhor ainda. Pouco me interessa o que os outros pensem de mim. Sempre haverá alguém dizendo que estou com Murilo pelo dinheiro. Os comentários dos outros não me importam.

— Você tem um jeito peculiar de encarar a vida. Tão diferente que desperta ódio e amor nas pessoas, tudo misturado.

— Sei disso. Talvez seja uma qualidade de meu espírito.

— Essa é boa!

— Por que a ironia, Rodolfo? Sou livre para pensar como quiser. Acredito em reencarnação, vidas passadas. Tenho certeza de que o que sinto por Murilo vem de outros tempos.

— Cada um com a sua loucura.

— Pode ser. Mas não vou discutir, tenho mais o que fazer. Vim mesmo para me despedir. Espero que uma hora você largue esse monte de rameiras ao seu redor e tome coragem.

— Para quê?

— Ora, para ir atrás de seu grande e verdadeiro amor.

Maria Eduarda falou e pegou sua bolsa. Remexeu e retirou pequeno pacote.

— Isto aqui lhe pertence. Falta muito pouco. Assim que me casar, devolvo o resto.

— O que é?

— O dinheiro do cofre. Não é correto ficar com o que não me pertence. Sei quanto isso significa para você.

Antes de Rodolfo responder, Maria Eduarda virou-se e partiu. Ele ficou olhando para a porta. Disse, com a voz alteada:

— O que deu nessa menina? Como pode ter mudado tão rapidamente? E ainda por cima devolveu meu dinheiro? Ela é maluca, mesmo.

Ele riu alto e, para comemorar, serviu-se de generosa dose de uísque. Após se jogar no sofá, algumas formas-pensamento começaram a tomar vida.

E agora? O que fazer? Será que Maria Eduarda tinha falado a verdade, sem blefar? Como se aproximar de Eulália? Será que suas escrituras estavam presas mesmo? Estava na hora de averiguar. Amanhã tomaria providências, mas só de pensar em Eulália...

Um calor avassalador percorreu-lhe o corpo. Rodolfo estava deixando-se levar pelos sentimentos de outrora. Como amara aquela mulher! Mas e seus pais? Fora injusto ter de escolher entre um e outro. O que Inácio fizera foi cruel. Por mais canalha que fosse, Rodolfo nunca deixaria seus pais jogados em um canto qualquer.

De certa maneira, sentia-se feliz. Seus pais ficaram muito orgulhosos da maneira como ele negociara todas as dívidas da família e morreram alguns anos depois amparados e amados até o último suspiro.

Às vezes incomodava-se com o passado, principalmente com Isabel Cristina. Será que ela estava bem? Será que os anos a ajudaram a esquecer aquele triste episódio? Onde ela se encontrava? Estaria viva? Se pelo menos ele fosse mais firme e controlasse as emoções, talvez hoje tudo fosse diferente. Mas quem poderia afirmar? E Eulália, será que ainda o odiava por tamanha desfaçatez?

Os pensamentos iam e vinham, atormentando Rodolfo.

— O que faço agora? O que será de minha vida daqui em diante? Estou ficando velho, não sou mais um rapaz. Estou tão desesperado...

Ele se levantou, andou de um lado para outro e deixou-se cair pesadamente no sofá. Lágrimas incontidas banhavam suas faces. O que fazer? Estava perdido e sentindo-se impotente. Mesmo tendo cometido muitos desatinos, Rodolfo não deixou de receber amparo espiritual durante aqueles anos todos.

Em um canto da sala estavam os espíritos de Inácio e Laura.

— Não poderia dizer que você é culpado, porque cada um é responsável por si. Mas sua intenção de prejudicar Rodolfo e afastá-lo abruptamente de Eulália o manteve ligado a campos densos de energia.

Inácio carregava o semblante amargurado. Sentia-se triste:

— Sei que contribuí para que ele ficasse assim, mas o que poderia fazer? Eu era enlouquecido por Eulália.

— Agora já pode diferenciar amor de paixão. Em verdade, por sucessivas voltas à vida terrena, você não amou Eulália, mas mantinha por ela verdadeira obsessão. Tentamos a todo custo, quando deixava a Terra e tornava-se um espírito errante, elucidá-lo e esclarecê-lo sobre esse apego desmesurado. Mas você nunca nos deu chance.

— Sim, já sei. Sou um espírito errante. Tenho errado muito, mesmo.

Laura sorriu levemente.

— Tem muito o que aprender, Inácio. Um espírito errante é o oposto de um espírito encarnado. Logo, você é errante porque se encontra em intervalo de encarnação. É o termo que usamos para distinguir um espírito encarnado de um desencarnado, por exemplo.

— Humm... Interessante. Estou sempre aprendendo.

— Só o trouxe aqui porque me prometeu ajudar Rodolfo.

— Você não teve culpa de nada. Honório foi conivente comigo. A culpa pela separação de Eulália e Rodolfo é minha e de Honório. Ele deveria estar aqui comigo.

— Ele não pode. Você sabe que ele já retornou à Terra. Se voltarmos para aquele quadro — apontou Laura para uma tela projetada na parede —, verificaremos que você obrigou Honório a concordar com tudo.

— Ele poderia ter usado seu livre-arbítrio e não concordar.

— Poderia, mas não quis. Ele teve sua dose de responsabilidade, mas você o influenciou negativamente.

Antes de Inácio responder, Laura fez delicado gesto com as mãos e a tela passou a mostrar cenas de um passado conhecido. Inácio assistia comovido ao momento em que ele, ainda encarnado, ensandecido e tomado por violenta onda de ciúme e apego, obrigava Honório a concordar com aquele plano indecente. Logo depois, a cena sumia e aparecia outra, e mais outra, até a cena em que Eulália tentava em desespero reanimar o noivo, prostrado numa cadeira.

— Pode desligar — suplicou Inácio.

— Então, o que pode fazer?

— Já afastei aquelas entidades que cercavam Rodolfo e sugavam-lhe os fluidos. Não percebeu que ele tem tido menos vontade de procurar companhias sexuais?

— Claro que percebi. E você tem me ajudado muito, sem dúvida. Mas seu intento, na verdade, é reaproximá-lo de Eulália. Não foi o que suplicou a Emídio?

— É verdade. No meu ponto de vista, acredito que só vou dissipar essa onda negativa que me mantém preso energeticamente a Rodolfo e Eulália quando eles voltarem a se unir.

— Os cursos e as palestras o ajudaram muito. Faz pouco mais de dois anos que está aqui conosco e já melhorou bastante.

— Eu estava aprendendo antes de partir da Terra. Quando Celina começou a crescer, notei que possuía traços incomuns. Nunca toquei nesse assunto com Eulália, porquanto nossa relação limitava-se a cumprimentos formais. Estávamos, inclusive, dormindo em quartos separados nos últimos anos de casados.

— Sua preocupação com Celina me comove.

— Sei que ela não é minha filha de sangue, mas já foi minha filha em outras vidas. Estamos ligados por laços de amor. Eu a amo como filha.

Laura deixou que uma lágrima furtiva escapasse de seu rosto.

— Bem, hoje foi um dia de muito trabalho.

— Estamos desde cedo acompanhando nossos amigos.

— Começamos com Maria Eduarda.

— É impressionante como ela tem mudado.

— Além da vontade interior, ela conta com o amor do irmão e precisa muito dele. Maria Eduarda cresceu como outra garota qualquer. No fundo, tinha medo de ficar igual a Amauri.

— Como assim? — perguntou Inácio, confuso.

— Maria Eduarda tinha medo de aceitar a mediunidade. Sofreu calada, sentindo-se impotente para ajudar o irmão. Quando ocorreu o episódio em que os pais o mandaram para Portugal, a menina ficou desnorteada. Fechou-se em seu mundo a tal ponto que seu comportamento nada mais era do que uma defesa para evitar que as pessoas se acercassem dela.

— Boa menina. Uma pimentinha, é verdade, mas gosto dela.

— Uma pimenta que fará muito bem a Murilo.

— Como ela pode ter tanta certeza de que o ama?

Laura sorriu.

— Maria Eduarda e Murilo estão juntos há muito tempo. Pelo temperamento forte, ela se deixou levar pelas paixões passageiras e em última encarnação teve trágico fim.

— Você chegou a mostrar-me certa vez.

— Murilo sempre esteve a seu lado. Foram incontáveis as vezes que vasculhou o umbral à procura da amada. Ele a ama verdadeiramente. É por essa razão que Maria Eduarda sente que o ama. É um sentimento muito forte, de muitas vidas em comum.

— Sim, entendo. Torço por eles.

— Eu também. Agora precisamos ajudar Rodolfo.

— Como podemos começar?

— O que acha de um passe para afastarmos as formas-pensamento?

— Excelente ideia.

Laura foi até o sofá onde Rodolfo estava estirado e ministrou-lhe um passe calmante. Ela beijou-lhe a testa e sussurrou:

— Eu poderia ajudá-lo naquele dia e nada fiz. Agora tenho nova oportunidade e estou fazendo minha parte. Que Deus o abençoe! Seja feliz.

Inácio veio do outro lado e passou carinhosamente a mão pela testa do antigo rival.

— Não temos tempo a perder.

Após receber os fluidos benéficos, Rodolfo sentiu-se recomposto. Levantou-se e, sem mais, saiu do apartamento. Apanhou o carro e dirigiu sem rumo pela cidade. Laura e Inácio acompanhavam-no no banco de trás.

— Faça um esforço.

— Não consigo.

— Vamos lá, Inácio. Preciso que ele pare naquela padaria.

— Por quê?

— Ele precisa encontrar-se com alguém. Vamos.

Inácio pensou, pensou. Em instantes começou a sussurrar no ouvido de Rodolfo:

— Cigarro, cigarro. Ai, que vontade de fumar...

Rodolfo captou a onda energética de Inácio e colocou as mãos no bolso.

— Diabos! Esqueci minha carteira de cigarros sobre a cômoda.

Rodou mais um pouco e estacionou o carro em frente a uma padaria.

— Ele registrou — disse Inácio, triunfante.

— Veja o poder que temos de influenciar e de ser influenciados tanto por encarnados quanto por desencarnados — considerou Laura.

— Não havia pensado nisso. Mas e agora?

Laura piscou para Inácio e ambos saltaram do carro. Rodolfo estava entregando o maço ao atendente, quando colocou as mãos no bolso. Disse sem graça:

— Estou sem dinheiro. Esqueci minha carteira em casa.

O atendente sorriu com ironia. Um senhor, logo atrás de Rodolfo, interveio solícito:

— Está sem dinheiro?

— Oh, sim. Imagine, saí de meu apartamento sem carteira, sem nada.

— Eu pago para você.

— Estou com tanta vontade de fumar! O senhor faria isso por mim? Eu juro que lhe pago de volta.

O homem sorriu e foi até o balcão. Pagou sua compra e o cigarro. Rodolfo coçou o queixo e olhou desconfiado para o homem.

— Difícil encontrar pessoas assim.

— Assim como?

— Ora, que façam o que fez.

— Tudo na vida é feito à base de troca.

Rodolfo intrigou-se. Perguntou à queima-roupa:

— Afinal, quem é o senhor?

— Prazer, Antero.

— Meu nome é Rodolfo.

Antero tirou um cartão do bolso e entregou-o a Rodolfo.

— Quando quiser me devolver o dinheiro, ou mesmo conversar, estou neste endereço todas as noites, de terça a sexta, a partir das sete da noite.

Rodolfo ficou fitando o cartão. Antero despediu-se e partiu. Inácio correu atrás e abraçou-o. Ele registrou o abraço do espírito e mentalmente disse:

— Fiz o que deveria fazer, nada mais.

— Está na nossa hora — sentenciou Laura.

— Mas já?

— Sim. Aproximamos Rodolfo e Antero. Agora é deixar que as coisas sigam o fluxo natural.

Inácio concordou com um meneio e partiram rápidos. Ele e Laura estavam ansiosos para dar as boas-novas a Emídio.

Rodolfo voltou a olhar o cartão.

— Esse senhor faz parte de um centro espírita. Isso me faz lembrar dos tempos em que Cora incutia ideias de espiritualidade na cabeça de Eulália. Eu sempre fui contra, nunca acreditei nessas coisas. Será que o mundo espiritual é real? Esse senhor pareceu-me distinto, não tem cara de quem brinca com o assunto. Bem, estou tão perdido, tão necessitado de ajuda... Não vai custar nada dar um pulo até lá. Vou ver que pito toca...

Capítulo 23

Eulália fechou a porta do escritório e solicitou que Chiquinha e Cora se sentassem.

— Desejam um café, uma água?

— Não, obrigada — respondeu Cora.

Chiquinha fez sinal negativo com a cabeça.

Eulália passou pelas duas e sentou-se na poltrona atrás da mesa. Fitando-as de frente, disparou:

— Bem, não entendi o que querem, mas meus filhos rogaram por esse encontro e acabei por ceder. O que temos de tão importante para conversar?

Cora sentiu a hostilidade nas palavras de Eulália. Baixou a cabeça e rogou aos céus pedindo auxílio. Em seguida, tornou amável:

— Faz anos que não nos falamos. Hoje tive o prazer de reencontrar Chiquinha. Estava saudosa de vocês.

— Não sei, os anos passaram, temos filhos crescidos. Não acho viável retomarmos a amizade.

Chiquinha só escutava. De vez em quando sua respiração saía do compasso. Cora procurou manter a amabilidade:

— Nossos filhos estão se relacionando, sem que uma de nós tivesse movido uma palha sequer para que isso ocorresse. Não acha que a vida está nos unindo novamente, para limparmos o passado de vez?

Eulália esbravejou:

— Ora, ora. Lá vem você de novo com suas conversas místicas. Os anos passaram e, pelo visto, você não mudou.

— Mudei, e muito. Tive dois filhos maravilhosos, um marido companheiro...

— Que a deixou na miséria. Belo marido você teve!

— Tanto eu quanto Diógenes arcamos com as consequências de nossas atitudes. Ele era ganancioso, não ambicioso. Eu poderia tê-lo demovido de tamanha ganância, mas nada fiz. Paguei alto preço pela omissão.

— Você não pagou por nada. Não teve culpa se Diógenes fazia negócios escusos — salientou Chiquinha.

— Paguei o preço, sim. E me sinto bem nessa situação. Infelizmente, perdi meu companheiro. É só o que lamento. Eu sempre amei Diógenes e sinto muito sua falta.

Cora parou por um instante. A emoção veio forte e ela não pôde segurar o pranto. Chiquinha condoeu-se pela amiga. Naquele momento, imaginou o que seria de sua vida se não tivesse mais Elói a seu lado. Falou em alto tom:

— Você tem razão. Eu perdi tantos anos de minha vida presa às convenções sociais, ao casamento, ao papel de esposa, que me esqueci de expressar a Elói o amor que sinto por ele. Vendo-a chorar saudosa de Diógenes, sinto um remorso muito grande, uma vontade de mudar mais do que depressa e reconquistar meu marido.

Cora estancou o choro. Pegou um lenço de sua bolsa, assoou o nariz. Sorriu novamente.

— Tenho certeza de que logo estarei com Diógenes.

— Você vai morrer? Está doente?

— Não, Chiquinha, não estou. Mas algo me diz que ele logo estará perto de mim. Quanto a você, não perca a oportunidade de acertar-se com Elói. Não faço ideia de como vivem hoje, mas me lembro de quando estávamos para nos casar. Você era louca por ele, tão apaixonada! Custo a acreditar que seu casamento esteja tão morno!

— Está. Eu perdi muito tempo me lamentando, cuidando da casa, preocupando-me acima da conta com Maria Eduarda e principalmente com Amauri. Esqueci a mulher que havia dentro de mim. Confesso que tenho medo de não ter tempo suficiente para consertar.

— Ora, querida, sempre há tempo para tudo. Vocês se amam, e isso já é o bastante para assegurar um futuro feliz. Você e Elói têm muito tempo pela frente.

— Acha possível?

— Não acredita em seu poder de sedução?

Cora deu uma piscadela para Chiquinha e ambas riram. Eulália interveio:

— Bem, vieram para falar de seus maridos? É um assunto que não me agrada.

Chiquinha sentiu pequena onda de raiva, um resquício dos velhos tempos. Respondeu com secura:

— Claro que não! Você não sabe o que significa um casamento de amor, nem mesmo o que significa ter um marido que a ame e admire.

— Sua insolente! Como ousa?

— É verdade! Estou farta e cansada de sua mediocridade. Nenhuma de nós aqui dentro tem culpa de você não ter se casado com Rodolfo. Não tenho culpa de ter uma irmã que enlouqueceu e levianamente entregou-se a ele. Não tenho culpa de nada, Eulália. Não adianta ficar na sua amargura, querendo culpar o mundo pelas suas frustrações. Se sua vida é cinza e amarga, foi você quem a criou.

Eulália levantou-se encolerizada:

— Sua rameira! Quem é você para falar-me assim? Logo você, que se entregou a um e casou-se com outro?

— Eu não me entreguei a Diógenes! Tivemos momentos de intimidade, mas nada comprometedor. Cora sabe disso. Ela está aqui para afirmar.

— É verdade. Chiquinha excedeu-se em carinhos desmedidos com Diógenes, nada mais.

— Não é o que consta — tornou Eulália raivosa.

— Como não é o que consta?

— Agora quer me fazer de palhaça? Pensa que não sei o real motivo que a fez casar-se às pressas com Elói?

— O que sabe?

— O que todos sabíamos, inclusive sua irmã.

— Não estou entendendo. O que está querendo me dizer?

— Que você se casou grávida!

— Então é isso? Tanto drama por isso? Casei-me grávida, sim.

— E ainda tem o desplante de falar-me assim?

— De que adianta jogar-me isso na cara? Eu estava apaixonada, entreguei-me a Elói. Talvez pudesse esperar um pouco mais, mas éramos jovens, eu me excedi. Mas veja o resultado: tenho dois filhos maravilhosos e um casamento que ainda tem chance de voltar a ser harmonioso.

— Você não presta, é igual à sua irmã. Como pôde enganar Elói por tanto tempo?

— Eulália, estou perdendo a paciência com você! O que está tentando insinuar?

Cora tentou apaziguá-las:

— Calma. Assim não chegaremos a lugar nenhum. Parece que Eulália sabe de algo que não sabemos. Talvez esteja aí a chave para desvendar as pendengas do passado.

— Eu não sei nada demais. Ela é que deve satisfações a você — gritou Eulália.

— Por que a mim?

— Ora, Cora, nunca lhe ocorreu que Amauri fosse filho de Diógenes?

Chiquinha não tinha palavras para expressar seu estupor. Cora, por sua vez, estava perplexa diante de infame comentário:

— Eulália, acho que você perdeu o senso de realidade. Quem foi que disse uma coisa dessas a você?

Chiquinha considerou, nervosa:

— Logo que rompi com Diógenes, comecei o namoro com Elói, todas sabem disso. Algum tempo depois fiquei grávida, e foi por isso que corremos com os proclamas. Eu juro que nada tive com Diógenes, além de beijos e carícias. — E, virando-se para Cora, disse aflita: — É verdade, amiga, eu nunca tive nada demais com seu marido. É verdade, é verdade...

Chiquinha jogou-se nos braços de Cora e deixou que as lágrimas banhassem o ombro da amiga. Cora permaneceu quieta, alisando seus cabelos, procurando demover as lágrimas de seu rosto.

Eulália estava aturdida. Não sabia o que dizer ou fazer. Pensou:

"Rodolfo pode ter sido um crápula, mas o que lucraria com isso tudo? O que o faria mentir? Por que fazer com que eu acreditasse nessa história? Por que tentou afastar-me de Chiquinha?"

Enquanto ela pensava, as outras duas continuavam abraçadas. Cora, após se recompor, afastou-se delicadamente de Chiquinha.

— Quer um copo de água, querida?

— Não, obrigada. Estou me sentindo melhor. Seu abraço aliviou-me o coração.

— Sente-se. Precisamos terminar esta conversa. — E, voltando-se para Eulália, sentenciou: — Sente-se você também.

Eulália permaneceu calada e sentou-se como solicitado. Ela encarava Chiquinha e, ao olhar para a amiga, percebeu que não tinha fundamento acreditar nas lorotas de Rodolfo. Disse de si para si:

— Como fui burra! Por que não fui perguntar a ela?

Chiquinha, após se recompor no sofá, tornou:

— Você sofreu duro golpe. Avalio a dor em seu coração ao se deparar com aquela cena hedionda. Até eu fiquei chocada e triste. Mas você não nos deu ouvidos, jogou toda a culpa sobre nós. O que poderia fazer? Recusou-se a me atender. Senti-me, no início, parcialmente culpada, porque tive a intenção de afastá-la de Rodolfo.

— Por que quis afastar-me dele? O que lucraria com esse afastamento? A menos que estivesse aliada a Isabel Cristina. Era isso?

— Não. Você sabe quanto Isabel era obcecada por Rodolfo. Na verdade, eu o julgava um sedutor barato e, como amiga, achava que ele não era um bom partido.

Eulália bradou:

— E como poderia saber o que ia em meu coração?

Cora contemporizou:

— Calma, desse jeito ficará impossível continuarmos. Precisamos manter toda a calma do mundo. Vamos, Chiquinha, continue. Quando terminar, Eulália poderá se pronunciar.

— Está certo. Bem, eu não aprovava determinadas atitudes de Rodolfo e algumas vezes sentia raiva dele e até mesmo de você. Tentava controlar essas ondas, mas em vão. Isabel veio pedir-me para interceder e ajudá-la a conquistar Rodolfo.

Eulália perguntou, aturdida:

— E qual a vantagem?

— Bem, se eu a ajudasse a conquistar Rodolfo, ela me ajudaria a dobrar papai a fim de que ele aceitasse Elói. Você bem sabe que naquele tempo as coisas eram diferentes. Eu e Diógenes estávamos praticamente noivos. Seria difícil conseguir convencer meu pai, e Isabel sabia mais do que ninguém como fazê-lo. Mas nunca fiz nada para aproximar minha irmã de Rodolfo, tudo ficou somente na intenção. Eu me arrependi de compactuar com Isabel Cristina e fui postergando, até que aconteceu tudo aquilo.

— Tem certeza de que não contribuiu para aquele triste episódio entre sua irmã e Rodolfo?

— Oh, Eulália! Eu jamais seria tão venal. Fiquei chocada com tudo aquilo e ordenei que Isabel sumisse de nossas vidas. Seus mimos e caprichos já haviam ido longe demais. Por outro lado, eu estava grávida, com medo de que mais um escândalo pudesse arranhar nossa reputação. Não tive tempo de contar a você e Cora. Logo depois daquela noite, fiquei com muito medo de tudo. Você já havia nos espicaçado com seu ódio. Fiquei indignada com o comportamento de Rodolfo e afastei-me de Cora, porque o marido dela era sócio daquele pulha.

Cora interveio:

— Foi por isso que não atendeu a minhas ligações e não quis me receber?

— Sim. Quanto mais longe eu ficava, mais fácil era para mim não entrar em contato com toda aquela sordidez. Mas, afinal de contas, quem lhe disse que fiquei grávida de Diógenes?

Eulália remexeu-se nervosamente na poltrona. Não imaginava que a situação seguisse esse rumo. Tudo que Chiquinha disse fazia sentido. Pigarreou e respondeu:

— Rodolfo.

Chiquinha e Cora olharam-se aturdidas.

— Ele me contou que havia presenciado você e Diógenes na cama.

Chiquinha ficou fula da vida:

— Pelo jeito, ele contou para todos! E ele me prometeu nunca contar nada...

— Sabe quanto eu o amava. Ele jurou que vocês mantinham intimidades constantemente. Não foi difícil acreditar, quando soube estar grávida, que a criança fosse de Diógenes.

— Acreditou nisso durante esses anos todos?

— Infelizmente. E quando vi seus filhos aqui em casa, apresentados como namorados, fiquei em estado catatônico. Mas logo depois passei a desconfiar, pois você não seria louca de permitir uma relação dessas, caso Amauri fosse filho de Diógenes.

Chiquinha levantou-se. As coisas estavam ficando claras.

— Então acreditou nessa mentira por anos? Por que não foi averiguar? Por que não veio até mim?

— Fiquei com muita raiva. Vocês não sabem o que é ver o homem que amava nos braços de outra, e de uma maneira tão aviltante. Foi muito difícil libertar-me daquela cena. Quantos pesadelos por conta daquilo! Fiquei atormentada e estava cansada, impotente. Mesmo que tentasse ficar com Rodolfo, papai e Inácio já haviam traçado meu destino. Eu não tinha mais escapatória. Meu destino estava selado.

Cora levantou-se e abraçou Eulália.

— Imagino como deve ter sido horrível, querida. Nosso corpo registra todo tipo de emoção que presenciamos, seja ela agradável ou não. Imagino sua dificuldade para lidar com esse sentimento de frustração, sem amparo, sem suas amigas, sem ninguém.

Eulália não conteve as lágrimas:

— Vocês não sabem o que é a dor do ciúme ferindo o coração. Perdi minha vida por conta disso.

Chiquinha dirigiu-se até elas e também abraçou Eulália.

— Chore, querida. Liberte-se de suas mágoas. Estamos juntas, graças a Deus. Ainda há chance de refazer sua vida.

— Estou velha.

— Velha?! — bradou Cora — Nunca! Você não tem mais Inácio para atrapalhá-la. Não percebe que está livre?

— Livre para quê? Para amar novamente? Não quero admitir, mas meu coração ainda vibra por Rodolfo, essa é a verdade.

Eulália chorava e tremia qual folha sacudida pelo vento. Cora e Chiquinha acercaram-se dela e abraçaram-na com amor. O tempo havia passado, mas laços de amor, perpetuados por vidas a fio, uniam seus corações. Agora que tudo estava esclarecido, podiam retomar a amizade dos velhos tempos.

Cora orou intimamente agradecendo por aquela oportunidade de limparem as mágoas e as dúvidas que estavam instaladas em seus corações havia anos. As três sentiram grande alívio. Eulália separou-se das amigas e se recompôs. Após exalar sentido suspiro, perguntou:

— Como vai sua irmã, Chiquinha?

— Nunca mais falei com Isabel Cristina. Permaneci todo esse tempo sem contato.

— Ela nunca ligou, nunca mandou uma carta?

— Não. Soube hoje que meu filho, nesses anos em que esteve em Portugal, ficou hospedado em sua casa. Ele me disse que ela não se parece com a mulher mimada e sedenta de caprichos que descrevi.

— Se pensarmos bem, não deve ter sido fácil. Isabel foi traída nos sentimentos, sentiu-se humilhada.

— É verdade. Amauri conversou muito comigo hoje e confesso que senti um pouco de remorso. Marquei horário no cabeleireiro, mas resolvi trancar-me no escritório. E, após muito pensar, resolvi escrever-lhe.

— Acha que ela vai responder?

— Não sei, mas senti grande alívio ao terminar a carta. Nela, coloquei tudo que se passou comigo esses anos todos, o porquê de tê-la tratado tão secamente. Pedi desculpas, porque afinal somos todos vulneráveis.

— Acredita que ela volte para cá?

— Ora, Eulália, minha irmã não tem motivos para voltar ao Brasil. Amauri contou-me que ela é muito bem relacionada em Coimbra, vive cercada de amigos. Disse-me inclusive que ela mantém um grupo de estudos acerca da vida espiritual.

Cora riu satisfeita:

— Quando Amauri me contou que recebeu orientação de Isabel Cristina, fiquei surpresa. Quem diria que sua irmã pudesse estar ligada à espiritualidade?

— Isso é prova de que podemos mudar. Parece que, ao estudar as leis universais, o mecanismo mágico da vida, Isabel compreendeu o que lhe aconteceu e hoje é uma outra pessoa, mais amadurecida.

Eulália fez muxoxo:

— Quisera eu perceber minha maturidade, conhecer essas leis...

— Você pode. O encontro com Deus nos ensina a enxergar a verdade. Será que não chegou seu momento de conhecer um pouco mais sobre a vida que nos cerca?

— Talvez. Eu também estou cansada. Celina, que era uma preocupação constante, está equilibrada. E seus filhos muito a ajudaram. Murilo nunca me deu trabalho, e logo eles estarão seguindo suas vidas.

— Espero que não cometam os mesmos erros que nós — interveio Chiquinha.

As três amigas caíram em sonora risada.

Seus filhos, em sala contígua, estavam ansiosos e perguntavam-se o porquê de tanta risada.

Berta, sentada ao redor deles, ria satisfeita. Intimamente fez comovido agradecimento aos amigos espirituais que tanto os ajudaram. Agora, tudo voltava a ser paz e alegria.

Capítulo 24

Nos dias, meses e alguns anos que se seguiram, tudo foi alegria. Cada envolvido procurou, à sua maneira, conduzir-se no caminho do bem, triunfando em suas conquistas.

Eulália, Cora e Chiquinha voltaram a se encontrar, como nos velhos tempos. A retomada da amizade foi benéfica para as três.

Isabel Cristina respondeu com carta comovente à irmã. Como Amauri afirmara, ela estava muito bem e não mais intencionava voltar ao Brasil. Chiquinha e Elói, que aos poucos iam resgatando o amor perdido nas conveniências sociais, tomaram decisão surpreendente: mudaram-se para Portugal.

No início, Cora e Eulália ficaram muito tristes. Justo quando haviam retomado a amizade, Chiquinha partia?

A despedida do casal foi emocionante. Elói deixou o escritório nas mãos de Amauri e Wilson. O amor de ambos à profissão só trouxe ao escritório prosperidade e credibilidade. Mostraram-se excelentes profissionais.

Diante de carreira bem-sucedida e com o escritório prosperando a olhos vistos, Amauri casou-se com Lúcia, e o par fixou residência na casa de Chiquinha. Maria Eduarda não se opôs à mudança e, muito pelo contrário, ajudou a cunhada a redecorar toda a casa, com graça e estilo.

Wilson casou-se com Celina, e foi com muita emoção que ele conseguiu, por conta de seu escritório, retomar a casa que lhe pertencera no passado. O casal mudou-se para o casarão e foi com muita insistência que convenceram Cora e levaram-na para morar com eles.

Para Cora, a emoção tinha sabor duplo, porque, além de voltar a morar na casa que lhe trazia deliciosas recordações do passado, estava também próxima à filha e ao genro, a algumas casas de distância.

Maria Eduarda conseguiu o que tanto queria. Apresentada a Murilo pouco depois do reencontro de suas mães, despertou nele um sentimento nunca antes vivido. Murilo apaixonou-se perdidamente por ela, ajudando Maria Eduarda a burilar seu espírito e usar seu temperamento voluntarioso em ações positivas para ambos e para os demais ao redor. Meses após se conhecerem, casaram-se e ganharam de presente de Eulália uma linda casa situada em bairro elegante. Murilo montou fino restaurante na cidade e logo tornou-se próspero comerciante, fazendo fortuna própria.

Dotada de um dom natural para moldes e costura, Lúcia montou pequeno ateliê no centro da cidade e teve Celina como sócia. A cunhada mostrou com o tempo que tinha um tino natural para administrar os negócios e em pouco tempo ambas estavam instaladas num ateliê bem maior. As encomendas não paravam de crescer e foi com emoção que Maria Eduarda aceitou o convite para associar-se a elas.

Eulália continuou morando em sua casa na companhia de Berta. Aos poucos, com a ajuda da governanta e de Cora, entregou-se com vivacidade aos estudos espirituais. A cada dia compreendia mais e mais tudo que lhe ocorrera até então. Percebia, algumas vezes admirada, outras tantas estarrecida, a responsabilidade que cada um de nós tem em atrair determinadas situações para o crescimento de nosso espírito. Era com vontade única que se dedicava cada vez mais ao estudo das leis de Deus.

Chegou o dia em que a curiosidade tornou-se incontrolável e Eulália decidiu frequentar o centro espírita de Antero. Disse para si, sentindo-se sem argumentos:

— Se nossos filhos frequentam e são felizes, por que eu não poderia dar uma olhadinha?

Cora riu satisfeita:

— Tudo tem hora certa. Acho que aprendeu bastante comigo e com Berta. Você se deu a chance de melhorar. Antero e Aparecida são amigos preciosos.

— Acha que estou adequadamente vestida?

— Você está muito bonita. Há mais brilho à sua volta.

— Estou muito feliz...

Eulália começou a chorar.

— Ora, o que é isso, minha amiga?

— Ah, Cora. Não sei, mas preciso confidenciar-lhe algo. Somente um ponto obscuro de nosso passado não foi revelado.

— Sente-se segura para me contar?

Eulália mordeu os lábios, nervosa. Cora deu uma mão:

— Vai me falar sobre Celina, certo?

— Como sabe?

— Quando estivemos aqui para conversar, anos atrás, notei características peculiares no semblante de sua filha.

Eulália abraçou-se a Cora, em lágrimas:

— Oh, minha amiga! Você percebeu?

— Sim. Foi então que pude entender por que você continuava nutrindo sentimentos por Rodolfo. Ele é o pai, não é mesmo?

— É. No princípio, pensei até em aborto. Mas com o tempo, e com a ajuda de Berta, fui serenando. Afinal, estava tão enfurecida que julguei estar me vingando de Inácio. E veja só: Celina está tão bem casada, nunca mais teve aqueles distúrbios.

— Ela melhorou muito. O amor promove muitas curas no espírito. Wilson a ama, era disso que ela precisava.

— Não tenciono contar-lhe sobre a verdadeira identidade de seu pai.

— Isso é uma escolha sua. Quem sabe, no momento certo, isso não vai acontecer?

Eulália tapou a boca:

— Não! Celina sofreu demais. Não merece isso. Sempre foi muito apegada a Inácio. Não seria justo.

— Fiquei sabendo que ela conversa muito com um senhor lá no centro.

— É verdade. Diz que tem muita afinidade com ele, que parece um pai para ela. Então, acha que eu deveria lhe contar a verdade? Não! O momento já passou.

Cora esboçou sorriso malicioso.

— A vida sempre nos prega surpresas. Por ora, afaste isso de seu coração. Não está preparada para encarar a verdade. No momento certo, saberá o que fazer.

— Está certa. Não vou preocupar-me com isso agora. Além do mais, Rodolfo não faz parte de nossas vidas.

— É, não faz...

Cora olhou para o relógio e levantou-se:

— Está na hora. Nossos filhos já devem ter chegado. Não podemos nos atrasar.

Eulália terminou de arrumar-se e pediu a Berta que o motorista preparasse o carro. Logo as três encaminhavam-se para o centro espírita.

Meia hora depois, chegaram. Cora e Berta correram a cumprimentar Ivone, na recepção.

— Boa noite. Estão um pouco atrasadas. Você e Berta podem entrar, mas essa senhora terá de esperar.

Eulália ficou visivelmente contrariada:

— Não poderia só participar um pouquinho?

— Não. As regras são claras e bem definidas. Cora e Berta podem entrar, porquanto frequentam as reuniões do centro há anos. A senhora pode dirigir-se até a sala de número dois e tomar um passe.

— E depois?

— Bem, pode ficar por aqui. Temos uma livraria logo ali — fez, apontando para graciosa tenda.

— Está certo.

Meio a contragosto, Eulália pegou o papel e dirigiu-se até a sala indicada. Cora e Berta estugaram os passos e adentraram a sala de estudos. Fizeram os cumprimentos em silêncio e sentaram-se nas cadeiras indicadas pela dirigente da sessão.

Eulália entrou em pequena sala iluminada por tênue luz verde. Sentou-se em uma cadeira e logo foi cercada por dois médiuns. Ao fechar os olhos, sentiu um calor brando percorrer o corpo e uma brisa suave tocou-lhe a face. Levantou-se bem-disposta, deixou a sala e, com olhar percuciente, percorreu todos os cantos do centro. Entrou na livraria.

— Pois não?

Eulália sentiu um frio percorrer a espinha. Ficou com seus olhos presos nos do rapaz.

— Senhora, o que deseja?

— Bem, eu... eu...

— Está passando bem?

Eulália procurou recompor-se.

— Desculpe. Deve ter sido o passe. Por acaso o conheço?

— Nunca a vi, senhora.

— Não é jovem demais para estar aqui no caixa?

O rapaz recompôs-se e alteou a cabeça, o que fez Eulália esboçar singelo sorriso:

— Gosto de ser voluntário aqui no centro. Venho estudando a mediunidade e ainda não me sinto apto a trabalhar nas salas. Prefiro tomar conta da livraria. Aprendi a mexer com máquina registradora quando trabalhava numa mercearia há alguns anos.

— Sei. Seus pais frequentam o centro?

— Não cheguei a conhecer meu pai. Minha mãe desencarnou há alguns anos.

Eulália comoveu-se:

— Desculpe-me.

— Não tem importância. Estou acostumado. Moro com seu Antero e dona Aparecida.

— Então você é Zezinho?

— Já ouviu falar de mim?

— Por certo. Você trabalha no escritório de Amauri e Wilson.

— A senhora os conhece?

Eulália estendeu a mão ao rapaz.

— Muito prazer. Chamo-me Eulália. Sou sogra de Wilson.

— O prazer é todo meu. Admiro muito seu genro.

Zezinho cumprimentou Eulália e sentiu um brando calor invadir-lhe o corpo.

— Engraçado...

— O quê?

— Parece que eu a conheço, não sei de onde...

— Por incrível que pareça, você também me parece familiar.

A conversa fluiu agradável, e Laura, a um canto da livraria, estava emocionada. Inácio pegou delicadamente uma de suas mãos.

— Chegou a hora do reencontro.

— Estou tão feliz, Inácio! Tenho certeza de que se darão muito bem.

— Honório absorveu com facilidade os ensinamentos no astral. Não é todo espírito que consegue essa feita.

— Ele mereceu. E tinha certeza de que reencarnando como Zezinho, numa vida difícil a princípio, estaria mais perto das leis de Deus.

— Como seus olhos brilham! A propósito, você conseguiu permissão para reencarnar?

— Sim. Emídio já acertou tudo. Assim que Diógenes reencarnar como filho de Amauri e Lúcia, será minha vez. Wilson muito me ajudou e agora sinto que preciso retribuir.

— E vai estar próxima de Honório. Acha que ele, agora como Zezinho, irá esperá-la?

— Sim, Inácio, irá. Ele tem muito a estudar e só poderemos nos envolver após a promulgação da lei do divórcio, provavelmente daqui a uns vinte anos. E sei que desta vez viveremos um casamento feliz.

— Assim espero.

— Emídio o chamou. É urgente?

— Não, informou-me que há uma vaga para breve.

— Onde?

— Não especificou bem. Disse-me que era uma chance de reverter e desatar os poucos nós enegrecidos que me ligam a Eulália e Rodolfo.

— Emídio sabe o que faz. Vamos aguardar.

Inácio ia continuar, mas os trabalhos no centro se findaram, e os trabalhadores começaram a se despedir.

Eulália estava em animada conversa com Zezinho, quando Celina aproximou-se, abraçando-a por trás.

— Como vai, mamãe? Estou feliz por ter vindo de livre e espontânea vontade.

Eulália deixou-se abraçar pela filha, permanecendo de costas.

— Estou ótima e em muito boa companhia.

— Ah, conheceu Zezinho. Ele é nosso mascote. Está sempre conosco.

— Eu nunca havia percebido.

— Também, a senhora raramente sai de casa!

— É verdade, preciso sair mais.

— Mamãe, gostaria de apresentá-la ao senhor de quem tanto falo.

Celina virou-se e puxou o braço do homem, que conversava com outro trabalhador. Tanto ele quanto Eulália viraram seus rostos em sincronia perfeita e não haveria palavras para expressar o que ia em seus semblantes.

Eulália deu um grito de susto e sentiu o coração bater descompassado. Segurou-se no braço da filha, cambaleante.

— Mamãe! O que foi? Não está passando bem?

Eulália queria falar, mas não conseguiu articular som algum. O senhor ao lado de Celina recompôs-se e, após pigarrear, falou com voz que procurou tornar firme:

— Deixe-me ajudá-la.

Pegou no braço de Eulália e conduziu-a até cadeira próxima. Zezinho correu para pegar um copo de água. Celina preocupou-se:

— Sente-se melhor?

Eulália fez gesto afirmativo com a cabeça.

— Deixe sua mãe sentada. Precisa refazer-se.

Ele se aproximou e falou, com voz embargada:

— Eulália, há quanto tempo!

Ela exalou forte suspiro. Seus lábios estavam trêmulos, suas mãos suavam frias.

— Como vai, Rodolfo?

— Bem. Após tantos anos estudando e trabalhando neste centro, aprendi muitas coisas.

— Ele aprendeu muito, mamãe. Tem um bom coração — salientou Celina.

— Rodolfo é o homem de que tanto me fala?

— Sim. Desde a primeira vez que nos encontramos, sentimos uma afinidade incomum. Wilson chegou a sentir um pouco de ciúme, mas todos percebem que Rodolfo me trata como filha querida.

Eulália engolia a saliva com dificuldade. Fitava a filha e Rodolfo de soslaio. Ele tornou:

— Celina sabe sobre nosso envolvimento no passado. Sempre pedi, por respeito a você, que não mencionasse meu nome. Sei quanto a fiz sofrer.

Eulália finalmente conseguiu articular som:

— O passado está morto.

— Mas temos muito o que conversar. Gostaria de ir até sua casa.

— A hora que quiser — disse, voz rouca de emoção.

Celina interveio:

— Por que não vai jantar com mamãe amanhã? Poderia rever a casa onde morou por tantos anos!

Eulália dirigiu-lhe um olhar reprovador.

— Não adianta fazer cara feia, mamãe. — E, virando-se para Rodolfo: — Creio que amanhã será um excelente dia. É sexta-feira, quando os empregados, sob o pulso firme de Berta, deixam a casa impecável, para visitas eventuais no fim de semana.

Rodolfo hesitou:

— Só irei se sua mãe permitir. Faz anos que não nos vemos. Prefiro que ela escolha o momento certo para podermos sentar e conversar.

Eulália ainda estava emocionada. Ver Celina de braços dados com Rodolfo era algo irreal durante todos aqueles anos. E agora eles estavam à sua frente, conversando, e pareciam dar-se muito bem. Será que Rodolfo tinha dito algo para Celina? Não, não podia ser. Celina poderia ser amiga de Rodolfo, mas nunca ambos poderiam saber que eram pai e filha. Isso poderia desequilibrar sua filha e afastar Rodolfo em definitivo de sua vida. Não, Eulália poderia remoer o passado, tocar em feridas ainda não cicatrizadas. Mas Rodolfo nunca saberia a verdade. Ela morreria com esse segredo.

Celina cutucou a mãe.

— Pare de me olhar como se nunca tivesse me visto antes! Vamos, mãe. Vai receber Rodolfo em casa amanhã? Responda.

Eulália voltou à realidade. Balbuciou:

— Es... Está certo — pigarreou. — Amanhã às oito, está bem?

Rodolfo tomou-lhe as mãos e pousou delicado beijo, que a fez estremecer. Depois, levantou o rosto e seus olhos se encontraram. Eulália sustentou o olhar e só conseguiu dizer:

— Até amanhã.

— Até.

Epílogo

Foi difícil para Eulália conciliar o sono. Quando os primeiros raios do sol invadiram as frestas da janela de seu quarto, finalmente adormeceu.

Passava das onze quando ela despertou. Levantou-se, tomou uma ducha e desceu para o desjejum. Berta estava a postos, na sala de almoço.

— Bom dia!

— Bom dia, Berta.

— Dormiu bem?

— Não. Passei a noite em claro, adormeci ao raiar do dia.

— Sente-se e tome seu café.

— Estou sem apetite.

— Nada disso. A menina Eulália precisa alimentar-se.

Eulália deixou que uma lágrima escorregasse pelo semblante emocionado.

— O que foi? Não está bem?

— Desculpe, Berta. Faz anos que não me chama assim.

— Assim como?

— De menina Eulália.

— Ora, ora. Depois que as crianças se foram, você se tornou minha menina de novo. Aproveite enquanto os netos não chegam.

Eulália sorriu.

— Os netos! Logo esta casa estará cheia de crianças. Que bom!

— A noite de ontem foi significativa, não?

Eulália meneou a cabeça, sorrindo:

— Todos conspirando contra mim! Você sabia que Rodolfo frequentava o centro, não?

— Seria estupidez dizer que não. Todos nós o encontramos. No começo senti-me chocada, porque ao vê-lo recordei-me dos tempos amargos pelos quais passamos.

— Eu não senti isso.

— Não?

— Não. Algo muito esquisito está acontecendo comigo. Não sei explicar, mas ao pousar meus olhos nos de Rodolfo, ontem, fiquei extasiada. Não deveria sentir raiva?

— Por que deveria? Faz anos que tudo aconteceu. Como podemos julgá-lo, se não estamos em sua pele? Se eu falar mal de Rodolfo, ao invés de perdoá-lo, estarei sendo igual aos outros.

— Tem razão. Ele não pode carregar a culpa por tudo aquilo. De uma certa maneira, cada um contribuiu para aquele infeliz desfecho.

— Mas a vida sempre nos conduz ao caminho do bem. Todos precisaram passar por essas experiências a fim de burilar o espírito, livrando-se de uma série de valores velhos e inadequados. Veja: você hoje é uma outra mulher, com novos valores. Isabel Cristina, pelo que sei, também mudou.

— É verdade. Recebi semana passada uma carta de Chiquinha. Ela e Elói estão vivendo como namorados. E confidenciou-me que Isabel é uma outra pessoa, com valores íntegros, retos.

— Está vendo? Todos temos o direito de mudar e melhorar. E, quanto a Rodolfo, ele também já sofreu bastante. Passou a maior parte desses anos perdido entre falcatruas, amor fácil. Graças a Deus teve tempo de parar e refletir sobre tudo. Bendita hora em que Deus colocou Antero em seu caminho.

— Faz tempo que ele frequenta o centro?

— Alguns anos, mais ou menos na época em que Chiquinha e Elói partiram.

— Ah, Berta. Sinto uma inveja de Chiquinha!

— Por quê?

— Ah, ela se apaixonou por Elói, desfez o compromisso com Diógenes. Seguiu o coração, e veja como está feliz. Por que o mesmo não ocorreu comigo?

— E por que não ocorreria? Por acaso vai morrer?

Eulália bateu na mesa três vezes.

— Vire essa boca para lá! Tenho muito tempo de vida.

— Bom pensar assim.

Berta sentou-se ao lado de Eulália. Após servir-lhe o café, comentou:

— Lembra-se de quando descobriu estar grávida da menina Celina?

— Lembro. Graças a você não cometi nenhuma loucura. Se tivesse feito alguma besteira, não estaria mais viva. Teria me atormentado.

— Você recebeu amparo. Os amigos espirituais lhe deram suporte constantemente.

— Pelo que venho aprendendo com Cora, fica fácil perceber que por tudo que passei tive proteção espiritual. Caso contrário, teria feito alguma besteira.

— É verdade. Você confiou em Deus, de uma certa maneira.

— Sim. E agora tenho minha filha amiga de Rodolfo.

— Como a vida é mágica! Ela cria situações com as quais não concordamos a princípio. Precisamos de anos, às vezes vidas, para perceber que ela está sempre certa.

— Ah, Berta, sou obrigada a concordar. Nem mesmo a folha de uma árvore cai sem o consentimento de Deus.

— Está indo muito bem. Eu lhe disse, anos atrás, que nem sempre as coisas acontecem como queremos, que precisamos confiar e esperar.

— Por que me diz isso?

Berta levantou-se e dissimulou:

— Por nada. Bem, chega de conversa fiada, porquanto tenho muito trabalho a fazer. Preciso supervisionar as empregadas. Hoje teremos uma noite especial.

Eulália levantou-se aflita:

— Oh, Rodolfo virá jantar! Estou horrível, mal dormi.

— Suba e passe muito creme no rosto. Descanse o quanto quiser. Eu providenciarei tudo e cuidarei de tudo. Fique tranquila.

— Obrigada.

Eulália terminou de tomar seu café e subiu. Passou o dia todo trancada no quarto. Descansava um pouco; ia até o toucador, passava os cremes; voltava ao banheiro e tentava esconder as poucas rugas. Finalmente no meio da tarde, adormeceu.

Às oito em ponto, Rodolfo tocou a campainha. Uma criada o atendeu e o conduziu ao interior da casa.

Ele sentiu um arrepio percorrer-lhe o corpo. Também, pudera: aquela era sua casa, ele morara anos lá e parecia a mesma. Os quadros, os tapetes, os móveis. Era como se o tempo tivesse corrido célere e transformado a tudo e a todos, menos o interior daquela casa.

— Esta casa ainda lhe traz boas recordações?

Rodolfo virou-se e deslumbrou-se com tanta beleza.

— Eulália! Como está linda! O que fez em um dia que a transformou tanto?

Ela foi até ele e estendeu a mão.

— Talvez paz na consciência. Levei anos para consegui-la e parece que agora a tenho.

— Sei do que fala. Também passei anos com a consciência pesada. Tudo mudou quando passei a frequentar o centro de Antero. Passei a me enxergar e aceitar-me do jeito que sou. Assim, pude fazer as escolhas com mais lucidez.

— Estou no meio do caminho. Faz pouco que iniciei meus estudos. Não me sinto tão firme quanto você. Ainda é difícil aceitar algumas coisas.

— Imagine, você sempre foi inteligente.

Ambos ficaram mudos. Eulália sentia a garganta seca, e Rodolfo, por sua vez, sentia a voz faltar-lhe por segundos. Após pigarrear, ajuntou:

— Por que não fez mudanças na casa? Parece a mesma. É como se voltasse no tempo e estivesse vivendo aqueles anos loucos.

— Não fiz a mudança por dois motivos. Primeiro, porque seus pais tinham excelente gosto, tanto que a decoração ainda hoje é elogiada. E segundo porque...

Eulália sentiu a voz embargar. Rodolfo perguntou:

— E segundo?

— Porque me faz lembrar de você. Ah, Rodolfo, cada peça, cada móvel, cada quadro. Até seu quarto eu mantive intacto.

Rodolfo emocionou-se. Tomou-a nos braços e beijou-a com sofreguidão. Com voz que a paixão tornava rouca, sussurrou:

— Eu a amo! Mais do que qualquer coisa nesta vida, como eu a amo!

Beijou-a repetidas vezes nas faces, nos lábios. Aspirou o perfume gostoso de seus cabelos. Eulália mal podia conter a emoção:

— Eu também o amo. Nunca deixei de amá-lo!

Após beijos e mais beijos de amor, Eulália deixou-se entregar ao sentimento forte que fazia vibrar a alma.

Daquele dia em diante, o casal só viveu momentos radiantes de felicidade. Foi com imensa alegria que Murilo e Celina aceitaram o pedido de casamento feito por Rodolfo. Admiravam-no e aceitavam-no incondicionalmente. Chiquinha e Elói vieram de Portugal especialmente para a cerimônia. Foram os padrinhos da noiva. Cora e Zezinho foram os padrinhos de Rodolfo. A festa do enlace reuniu um número expressivo de convidados.

Dois meses depois do casamento, Eulália amanheceu sentindo-se mal. Rodolfo preocupou-se:

— Outra vez assim? Não pode ser.

Ele desceu as escadas a toda brida e chamou por Berta.

— O que foi?

— Ela está enjoada, de novo!

— Vou fazer um chá. Logo passa.

Rodolfo enervou-se:

— Como passa? Ligue para o médico!

Berta riu, como há muito não o fazia.

— Rodolfo, você é tão experiente! Não percebeu ainda o que ocorre com sua esposa?

Ele fez singular expressão de interrogação no semblante.

— Eulália está grávida!

Um sentimento indescritível o acometeu. Rodolfo gritou, bradou, abraçou e beijou Berta.

— Vou ser pai! Berta, vou ser pai!

— Parabéns.

Rodolfo subiu a toda brida. Chegou ao quarto fazendo algazarra. Atirou-se na cama, abraçou e beijou Eulália com amor. Depois, beijou-lhe repetidas vezes na barriga.

— O que foi? Por que está fazendo isso?

— Você está grávida!
— Grávida?! Não pode ser!
— Berta confirmou. Ela sabe das coisas.
Eulália comoveu-se. Ao mesmo tempo, preocupou-se:
— Não tenho mais idade para ter filhos.
— Não tenha medo. Se está grávida, é porque Deus consentiu. E, se Ele consentiu, é porque teremos nosso filho!
Eulália emocionou-se. Olhou para o marido e arriscou:
— Temo estragar sua felicidade, mas há algo que preciso lhe contar.
— Sobre?
— Sobre a gravidez...
— Qual delas?
— Como assim?!
— Qual delas? Está surda?
— O que está querendo me dizer com isso, Rodolfo?
— Sobre Celina. Ambos sabemos.
Eulália tapou a boca para abafar o gritinho.
— Mas ninguém sabia disso!
— Tem certeza?
— Berta foi a única...
Eulália franziu o cenho.
— Que tagarela!
— Berta percebeu quanto eu e Celina fomos nos entrosando naturalmente. Desde a primeira vez que a vi, senti um amor diferente daquele que sentia por você. Era algo inexplicável, um amor sem desejos. Dá para entender?
Eulália fez sinal afirmativo com a cabeça.
— E por que nunca me contaram?
— Porque você nunca perguntou, oras!
Eulália pegou o travesseiro em que estava recostada e atirou-o sobre o marido.
— Sempre me enganando! Deve ser a minha sina.
Rodolfo pulou para cima dela e começou a fazer-lhe cócegas. Entre risadas e gritinhos, Eulália bradou:
— Eu o amo.
— Eu também a amo. E agora mais do que nunca.
Rodolfo desceu a mão e alisou o ventre de Eulália.
A um canto do quarto, Emídio e Laura riam satisfeitos.

— Acho que terminamos mais um trabalho.

— Está na hora de me preparar.

— Tenciona partir agora, Laura?

— Faz parte do plano. Diógenes foi primeiro. Depois foi a vez de Inácio.

— Iria partir antes dele.

— Sabia que poderia esperar um pouco mais. Um ou dois anos não irão atrapalhar meu encontro com Zezinho. Estava com medo de Inácio desistir.

— Será um bom filho.

— E Rodolfo será um bom pai, Emídio, pode acreditar.

— Como vê, Laura, ninguém nunca estará perdido no mundo, pois Deus está amparando tudo, sempre...

Fim

VIDA & CONSCIÊNCIA
GRÁFICA

Rua Agostinho Gomes, 2.312 – SP
55 11 3577-3200

grafica@vidaeconsciencia.com.br
www.vidaeconsciencia.com.br